王延学——编著

名著可以这样读

中国文联出版社

图书在版编目（CIP）数据

名著可以这样读 / 王延学编著. — 北京：中国文联出版社，2023.9
ISBN 978-7-5190-5299-7

Ⅰ.①名… Ⅱ.①王… Ⅲ.①阅读课—中学—教学参考资料 Ⅳ.①G634.333

中国国家版本馆CIP数据核字（2023）第160802号

编　　者	王延学
责任编辑	王　萌
责任校对	秀点校对
装帧设计	刘贝贝　李　娜

出版发行	中国文联出版社有限公司
社　　址	北京市朝阳区农展馆南里10号　　邮编　100125
电　　话	010-85923025（发行部）　010-85923091（总编室）
经　　销	全国新华书店等
印　　刷	廊坊佰利得印刷有限公司

开　　本	710毫米×1000毫米　　1/16
印　　张	17.5
字　　数	303千字
版　　次	2023年9月第1版第1次印刷
定　　价	58.00元

版权所有·侵权必究
如有印装质量问题，请与本社发行部联系调换

序言

让整本书阅读的效益最大化

不管你乐意不乐意,一个显而易见的事实是,"整本书阅读"已写进《普通高中语文课程标准(2017年版)》《义务教育语文课程标准(2011年版)》,并且是其中一个重要的学习任务群,"整本书阅读"必须纳入我们当下的课堂教学之中。与其被动地"课程化",远不如主动地爱上"整本书阅读",尽可能使整本书阅读的效益最大化。

如何让整本书阅读的效益最大化呢?途径应该有多种,这里以九年级必读书目《儒林外史》为例,来聊一聊通过批注取得整本书阅读效益的最大化。

批注批什么?简言之,阅读中发现的疑点、美点、难点,都可成为我们批注的素材。

以第一回为例,这一回主要讲王冕的故事。这个故事早已经家喻户晓,这儿不再饶舌,我们来说说另外几个可作批注的话题。

一、认识几个人物

1. 邻居秦老:一个有意思的人

第一回中,出场频繁、在王冕生活中起到重要作用的人物,除了他母亲,便是邻居秦老。古人重视择邻,我们不得不说,王冕真是找了个好邻居。王冕10岁时便给秦老放牛,除了解决个人温饱问题,还能省下每日点心钱。秦老一直很善待王冕小朋友。王冕过了七八年的牧牛生活,其间学会了画荷花,渐渐地能补贴家用,于是不再放牛。不过,两家的邻居情分一直挺好。

秦老虽说只是乡间一牧牛老者，但其为人热情、颇见智慧。王冕看不惯知县的为人，所以不愿与其交往。按秦老的意思，王冕不必拒绝知县的邀请，但听了王冕的申述，他还是从中斡旋，化解了眼前窘境。王冕自知拂逆了"灭门的知县"会招来麻烦，所以只能远走他乡。临行前，他将老母托付给了秦老。我们来读一读临别场面——

次日五更，王冕起来收拾行李，吃了早饭，恰好秦老也到。王冕拜辞了母亲，又拜了秦老两拜，母子洒泪分手。王冕穿上麻鞋，背上行李。秦老手提一个小白灯笼，直送出村口，洒泪而别。秦老手拿灯笼，站着看着他走，走得望不着了，方才回去。

这是个很动人的场面，文字朴素，蕴含深情。读着"秦老手拿灯笼，站着看着他走，走得望不着了，方才回去"，我们是不是会联想到唐人送别诗中的相关场景："孤帆远影碧空尽，唯见长江天际流。""山回路转不见君，雪上空留马行处。"真是一位难得的好邻居！

王冕后来为了躲避朝廷征召，隐居在会稽山中，最后得病去世，葬于会稽山下。同年，秦老亦寿终于家。

2. 这个母亲不一般

王冕7岁时父亲离世，靠着母亲做些针线活儿，他在村学堂读书。这样艰难地过了三个年头，母亲无奈地让王冕去隔壁秦老家放牛，做母亲的自是千叮咛万嘱咐。这王冕实在是极懂事的孩子，没辜负母亲期望。

王冕母亲临终前的遗言比较特别——

我眼见得不济事了。但这几年来，人都在我耳根前说你的学问有了，该劝你出去做官。做官怕不是荣宗耀祖的事，我看见这些做官的，都不得有甚好收场。况你的性情高傲，倘若弄出祸来，反为不美。我儿可听我的遗言，将来娶妻生子，守着我的坟墓，不要出去做官。我死了，口眼也闭！

在那个时代，在王冕那样的家庭，王冕的母亲能说出这番有高度的话吗？我感觉有些生硬，不太符合人物语言个性化的要求。不过，王冕一生绝意于官场，或许跟母亲这类教导有关？

3. 买办原来长这样

诸暨县有个姓翟的头役兼买办，在秦老家见到王冕，正好完成了知县交给他的工作——让王冕画二十四幅花卉，要拿去送上司。知县给了二十四两的润笔，翟买办克扣了十二两。

不日，尝到甜头的翟买办又碰到好事——知县让他约王冕。接下来，书里有一段精彩的行动、神态、语言描写，活画出翟买办的嘴脸——

翟买办飞奔下乡，到秦老家，邀王冕过来，一五一十向他说了。王冕笑道："却是起动头翁，上复县主老爷，说王冕乃一介农夫，不敢求见，这尊帖也不敢领。"翟买办变了脸道："老爷将帖请人，谁敢不去？况这件事原是我照顾你的，不然，老爷如何得知你会画花？论理，见过老爷，还该重重的谢我一谢才是！如何走到这里，茶也不见你一杯，却是推三阻四，不肯去见，是何道理？叫我如何去回复得老爷！难道老爷一县之主，叫不动一个百姓么？"……

这个翟买办真是个买办，他知道好事要来，所以自是"飞奔下乡"。在他心里，觉得知县大人有请，那是天大的面子；他本想着让王冕记他的好，不承想王冕竟不领他的情！这大千世界，人跟人的境界、追求，差别还真挺大。也难怪，惠子当年曾担心庄子会夺了他的相位呢。势利的翟买办顿时"变了脸"，露出其真实面目。这类欺下媚上的小人，哪容得百姓拒绝他！翟买办的这番话，我以为是最为个性化的人物语言，读之我们仿佛看到了他的颐指气使、飞扬跋扈，看到了他的贪婪无耻。

……

二、鉴赏几处写景

先看这段——

那日，正是黄梅时候，天气烦躁。王冕放牛倦了，在绿草地上坐着。须臾，浓云密布，一阵大雨过了。那黑云边上镶着白云，渐渐散去，透出一派日光来，照耀得满湖通红。湖边上山，青一块，紫一块，绿一块。树枝上都像水洗过一番的，尤其绿得可爱。湖里有十来枝荷花，苞子上清水滴滴，荷叶上水珠滚来滚去。

身处其中的王冕有了"人在图画中"的感觉，我们读之，也不能不陶醉于雨后美丽的湖光山色。大自然真是太美了！这段景物描写，除了写出自然的明亮可爱，还由荷花这一物象引出了下文王冕画荷花的故事。

再来看一段——

此时正是初夏，天时乍热。秦老在打麦场上放下一张桌子，两人小饮。须臾，东方月上，照耀得如同万顷玻璃一般。那些眠鸥宿鹭，阒然无声。

真是佩服吴敬梓写景！三言两语，境界全出。而就在这种"阒然无声"中，天气忽然发生变化，熟知天文地理的王冕仰观天象，看出了"一代文人有厄"……《儒林外史》的真正故事也由此拉开序幕。

……

我们如果能像读第一回这样一直读下去，相信最终一定会有丰厚的收获。

除了养成批注的习惯，你还可以养成写随笔的习惯。只要有心得，就及时记录下来，写着写着就容易发现问题，加深我们对整本书的理解，进而写出有见解的小论文。

你也可以尝试着设计教学案例，可以就书中的某个精彩章节，也可以着眼于整本书，写出你的教学设计或教学策略。

你也可以尝试着出名著阅读的试题。为了提高自己所拟试题的质量，不妨学习、借鉴中高考试题中的优秀试题。相信经过一半年的努力，你命题的水平会大有长进。

俗话说，伤其十指，不如断其一指。走马观花地浏览，不如含英咀华地精读。我们如果能静下心一部部细读名著，就一定能取得整本书阅读效益的最大化。

王延学

2022年10月

《西游记》：最"接地气"的神魔众生

"整本书思辨阅读"《西游记》的意义
　　——以《西游记》第十四回为例 ········· 2
从《西游记》"附录"中，你读到了哪些信息 ········· 5
八戒的"笑纳" ········· 8
宝林寺有个前倨后恭的僧官 ········· 9
不鸣则已，一鸣惊人
　　——沙和尚形象小识 ········· 11
有情有义有智的小龙 ········· 13
好厉害的红孩儿 ········· 15
给《西游记》挑错 ········· 17
教师节，读完《西游记》第五十回 ········· 19
《西游记》中的妖魔都有来头 ········· 22

《水浒传》：一曲英雄的赞歌

我也在读《水浒传》 ········· 26
阎婆惜可以不死吗 ········· 28

宋江有个同事叫张文远 ·· 32
武松故事知多少 ·· 34
名人宋江 ·· 37
黄文炳的见识 ·· 39
读《诗经》识植物，读《水浒传》认兵器 ························ 41
卢俊义被逼上梁山 ··· 42
读完《水浒传》第七十五回有感 ···································· 44
不要小看了断句 ·· 46
《水浒传》第八十五回读后感悟 ···································· 48
好一个浪子燕青 ·· 51
李逵的兽性 ··· 54

《红楼梦》：一部读不完的大书

只因为那两次回眸 ··· 58
林黛玉几岁进的贾府 ·· 61
自作聪明的门子，命运坎坷的英莲 ································· 63
《红楼梦》第五回主要人物命运的总纲 ·························· 65
刘姥姥一进荣国府 ··· 68
薛宝钗的冷香丸，林黛玉的失身份 ································· 70
黛玉和晴雯的真性情 ·· 73
贾政对宝玉为何那么凶 ··· 76
秦可卿到底是怎么死的 ··· 78
王熙凤是个好管家 ··· 82
宝玉那天参加的研学活动 ··· 85
小尼姑智能儿的爱情 ·· 87
宝玉周围的那些人 ··· 89
元妃省亲传递的信息 ·· 92

两小无猜	95
给脂评本《石头记》写批注	97
从贾政父子看旧时代父子关系	100
骗子马道婆	103
两次葬花，情感迥异	106
白玉钏与黄金莺	107
袭人的月工资	111
大观园里的第一次诗歌大赛	113
薛宝钗的闺蜜是谁	114
诗人林黛玉	117
好老师林黛玉	120
莺儿的手工直播课	123
十一月，牵手《红楼梦》	125
虾须镯案件始末	127
邢岫烟典当	129
尤二姐的悲惨结局	132
春天到来，大观园里的他们在忙什么	135

《儒林外史》：科举制度下的人物图谱

谁能抵得住功名富贵的诱惑	140
世界读书日，你读什么书	142
科举迷周进的悲喜人生	147
范进如果没有遇见周进	149
《儒林外史》中的变色龙	151
"考神"范进到底有无真才实学	153
讽刺的艺术	155
吴敬梓笔下有只"特立独行"的猪	158

赵氏对王氏的感情是真的吗	160
吴敬梓先生的冷笑话	163
《儒林外史》中最贪婪无耻的官员	165
我的老师是周进	167
《儒林外史》中的"三顾茅庐"	169
权勿用的两个版本	172
张铁臂算得上侠客吗	174
这个秀水差人不一般	177
小牛与老牛斗法,哪个更厉害	179
《儒林外史》中的景物描写	182
宰了我也要白天睡觉	185
如果是个儿子,几十个进士、状元都中了	187
编写应试作文的马二先生	189
胡三公子才是吝啬鬼	191
跟什么人在一起很重要	194
洪憨仙,你也算骗子	197
娄老爹,《儒林外史》里最会看人的老者	199
听杜少卿解读《诗经》	201
《儒林外史》中有两只弱智虎	203
心理描写的高手	206
匡太公的临终遗言	208
蜾蠃之子鲍廷玺的跌宕人生	210
听杜慎卿谈诗论人	213
不可学天长杜仪	215
杜少卿的洒脱人生	217
《儒林外史》中的小人	219
萧云仙:"儒林"外的理想人物	221
一个人的玄武湖	223
毛二胡子行骗记	225

条目	页码
"那一轮红日,沉沉地傍着山头下去了"	229
向鼎:《儒林外史》中闪耀着人性光辉的官员	231
《儒林外史》时代,当家教一年能挣多少钱	233
王玉辉的悲剧人生	235
《儒林外史》第四十六回读书笔记	237
虞博士年表中的纰漏	239
《儒林外史》中的草蛇灰线法	241
跟着吴敬梓写论文	243
《儒林外史》阅读策略与评价研究	245

《三国演义》:历史的天空闪烁几颗星

条目	页码
"温酒斩华雄"的写作启示	256
《捉放曹》主人公陈宫的命运	258
大将军何进为何死于非命	260
罗贯中怎样写董卓之死	262
蔡邕的是与非	264

《西游记》：最"接地气"的神魔众生

"整本书思辨阅读"《西游记》的意义

——以《西游记》第十四回为例

以《西游记》第十四回为例,我比较说明读一般版本的《西游记》与读"整本书思辨阅读"的《西游记》有何差异。

先说读一般版本的《西游记》。我按惯例用四个字概括本回内容"师徒相见"。我读后印象最深的片段是,行者打死"眼看喜""耳听怒""鼻嗅爱""舌尝思""意见欲""身本忧"六个毛贼后,师徒二人的对话——

……剥了他的衣服,夺了他的盘缠,笑吟吟走将来道:"师父请行,那贼已被老孙剿了。"三藏道:"你十分撞祸!他虽是剪径的强徒,就是拿到官司,也不该死罪;你纵有手段,只可退他去便了,怎么就都打死?这却是无故伤人的性命,如何做得和尚?出家人'扫地恐伤蝼蚁命,爱惜飞蛾纱罩灯'。你怎么不分皂白,一顿打死?全无一点慈悲好善之心!早还是山野中无人查考;若到城市,倘有人一时冲撞了你,你也行凶,执着棍子,乱打伤人,我可做得白客,怎能脱身?"悟空道:"师父,我若不打死他,他却要打死你哩。"三藏道:"我这出家人,宁死决不敢行凶。我就死,也只是一身,你却杀了他六人,如何理说?此事若告到官,就是你老子做官,也说不过去。"行者道:"不瞒师父说,我老孙五百年前,据花果山称王为怪的时节,也不知打死多少人;假似你说这般到官,倒也得些状告是。"三藏道:"只因你没收没管,暴横人间,欺天诳上,才受这五百年前之难。今既入了沙门,若是还像当时行凶,一味伤生,去不得西天,做不得和尚!忒恶!忒恶!"

原来这猴子一生受不得人气,他见三藏只管绪绪叨叨,按不住心头火发,道:"你既是这等,说我做不得和尚,上不得西天,不必惩般绪咭恶我,我回去便了!"那三藏却不曾答应,他就使一个性子,将身一纵,说一声"老孙去也!"三藏急抬头,早已不见,只闻得呼的一声,回东而去。

我在这儿加了简单的批注——

师徒性格不同,为下文情节埋下伏笔。唐僧仁慈、不看对象;行者爱憎分明,才是性情中人。唐僧自私,怕自己受牵连:"若到城市,倘有人一时冲撞了你,你也行凶,执着棍子,乱打伤人,我可做得白客,怎能脱身?"行者明理,知道与敌人的斗争是你死我活:"师父,我若不打死他,他却要打死你哩。"

唐僧的自私、虚伪在这一回的后面还有表现。观音菩萨送给他特别的衣帽,传授他"紧箍咒"。行者回来,问及包裹里的衣帽,唐僧平心静气地说:"是我小时穿戴的。这帽子若戴了,不用教经,就会念经;这衣服若穿了,不用演礼,就会行礼。"坦诚的行者不假思索,穿起了绵布直裰,戴上了嵌金花帽。这时,唐僧忘记了饥饿,默默地念起"紧箍咒"来。这下,唐僧有了对付徒弟的绝招。

我发现这一回原文中有一处笔误。"悟空将菩萨劝善,令我等待唐僧揭帖脱身之事,对那老者细说了一遍"中,"我"应为"其"。这里,是悟空向老者转述自己怎么从五行山下被解救出来,是第三人称叙述,文中将第三人称与第一人称用混了。

现在我们读"整本书思辨阅读"的《西游记》第十四回。

首先,我们会关注到导读者吴欣歆老师给这一回加的27处旁批。

或评叙述角度:"凡人视角。悟空经历的另一个叙述版本。"

或说人物性格:"玄奘心思缜密。"

或谈情节纰漏:"通常,这样的细节后文会有回应,遗憾的是这一笔脱漏了。"

或品一字之差:"世称'大闹天宫',自称'大反天宫',不同的说法背后是不同的理念。"

或抒人间真情:"这是师徒最美好的一段时光。互相不了解,但彼此信任。"

或说语言现象:"类似的言语值得关注。书中人物包括神、鬼、人,三界各有自己的话语体系,不通之处颇多,利用汉语的同音现象造成戏谑的表达效果,读来有趣而不失真实。"

或析语中哲理："菩萨这一句可谓醒世之言，有多少事都因为'错过了念头'，错失了机遇。行动力始终是行者的'核心竞争力'。"

……

其次，读完这回后我们会注意到后面的"思辨读写"题。

1. 本回书细致陈述了悟空最终决定"奔西而进"的心理变化过程，促进悟空发生改变的关键人物有哪几位，他们各自发挥了怎样的作用？请以"悟空皈依的关键人物"为题展开讨论。

2. 悟空听到龙王讲述"圯桥进履"的典故后，"沉吟半晌不语"，此时他在想些什么？请补充一段文字描写悟空的心理。

3. 本回书中有些句子言浅意深，请在下面的句子中选择一句，联系原文，说说你的理解。

（1）是你的主人公。

（2）你的东西全然没有，转来和我等要分东西！

（3）我若不打死他，他却要打死你哩。

（4）东边不远，就是我家，想必往我家去了。

（5）不可图自在，误了前程。

（6）赶早去，莫错过了念头。

由第1、2题，我回读了前面的一个精彩片段（从"茶毕，行者回头一看，见后壁上挂着一幅'圯桥进履'的画儿"到"别了龙王"）。我发现龙王挺会讲故事，挺会做行者的思想工作。他先是用故事打动行者，然后设身处地地劝说，最终说动了行者。

第3题是提醒读者关注文中言浅意深的句子。这6句都是小说中的人物语言，有的说得有趣，有的含着哲理。

经过以上简单比较，我们或许会认可余党绪老师的话："读书的价值不言而喻，经典名著的阅读价值更是毋庸置疑。但是，这个价值能否实现，取决于我们是否读与怎样读。说到底，带着问题去阅读，或者在阅读的过程中发现问题，才是阅读的真正快乐。一部伟大的经典所能提供的精神与文化空间，大到足够让每个读者从中找到自己的镜像，就看我们这一生，有没有这个福气，遇到这本书，遇到那个陪伴自己阅读的人。"

从《西游记》"附录"中，
你读到了哪些信息

《西游记》中的好多故事脍炙人口，引人入胜，这自不必说。不过，我读的这前十一回中，插入的古体诗太多，动辄打断阅读。我就在想，小说是讲故事的，为何要弄这么多干扰呢？

还好，这中间，有一回没有古体诗，是以"附录"形式出现的，在第八回与第九回之间，题目：陈光蕊赴任逢灾　江流僧复仇报本。既是"附录"，自然跟列入一百回各回的内容、写法不能相提并论，或者更准确地说，这"附录"并不能体现《西游记》整本书的特色。问了一位近期读过《西游记》的老师，她说她读的书上没有这个"附录"。难怪啊，有的版本连这个"附录"都删去了。删去后为何不影响阅读？因为这是一段插叙。

不过，我觉得这个"附录"写得倒蛮有意思，典型的民间文学的味道：一是讲故事的方式，二是讲故事的语言。

这个"附录"的容量真不小，故事的主人公是玄奘。陈光蕊是玄奘的生身父亲，考中状元后游街，丞相之女温娇抛绣球招婿，他成了丞相家女婿。成婚后不久，陈光蕊带着娇妻去江州赴任，路遇歹人刘洪、李彪等，他被歹徒杀害，刘洪霸占了"面如满月，眼似秋波，樱桃小口，绿柳蛮腰，真个有沉鱼落雁之容，闭月羞花之貌"的陈妻，且以陈光蕊的身份做了江州州主。温娇生下江流，写了血书，做了记号，将其缚在木板上，顺水流去。18年后，改名玄奘的江流从金山寺长老那里知道了自己的身份，到江州寻母。母子相认，约定在金山寺再见。母亲写信让玄奘去1500公里之外的万花店探望奶奶，到唐王皇城探望外公外婆，请外公上奏唐王，带兵捉拿刘贼。接下来的故事大家大概能想得出来。唐主准奏，丞相督兵赶往江州，将刘洪一干人

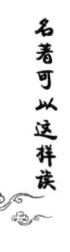

犯全部拿下，剜取刘洪心肝祭了光蕊，光蕊还魂，回京城升了学士之职。

这其中有几个典型的民间故事情节：抛绣球择婿，救金色鲤鱼，龙王救光蕊，南极星君托梦，写血书留记号，殷小姐还愿，光蕊母双目复明，光蕊还魂……

"附录"的语言完全口语化，并且是白话，好多语言跟我们今天的语言没有区别。如玄奘找到了光蕊的母亲，双目失明的婆婆从声音听出是光蕊，玄奘说："我不是陈光蕊，我是陈光蕊的儿子。温娇小姐是我的娘。"

这一"附录"传达了哪些思想？

我觉得首先是因果报应思想，这好像也是《西游记》整本书宣传的思想，唐王还魂的一系列情节就在突出这一思想。陈光蕊还魂后跟殷小姐这样解释来龙去脉："皆因我与你昔年在万花店时，买放了那尾金色鲤鱼，谁知那鲤鱼就是此处龙王。……"因果报应旨在倡导为善，善有善报，从人人应该怀有一颗感恩的心、懂得感恩的角度说，这种思想无可厚非，但其核心显然是唯心的，有其欺骗性。

其次，上天是可以被感动的。玄奘谨遵母命，不远千里，找到了他的奶奶张氏。当年因为张氏患病，不便同行，所以约好秋凉后光蕊来接。不承想出了变故，用完盘缠的张氏不得不从租住的客店搬到破瓦窑里，因为思念心切，哭瞎了双眼。玄奘向天祷告后，居然用舌尖舔了张氏双眼，双眼舔开，仍复如初。这样的情节，好像医学根据不足。不过，《西游记》是浪漫主义题材小说，我们似乎没有理由这样解读。

这段插叙中有几处写到梦，我们一起来看看。

第一处：

光阴迅速。一日，刘洪公事远出，小姐在衙思念婆婆、丈夫，在花亭上感叹，忽然身体困倦，腹内疼痛，晕闷在地，不觉生下一子。耳边有人嘱曰："满堂娇，听吾叮嘱。吾乃南极星君，奉观音菩萨法旨，特送此子与你，异日声名远大，非比等闲。刘贼若回，必害此子，汝可用心保护。汝夫已得龙王相救，日后夫妻相会，子母团圆，雪冤报仇有日也。谨记吾言，快醒快醒！"言讫而去。小姐醒来，句句记得，将子抱定，无计可施。

第二处：

那殷小姐原来夜间得了一梦，梦见月缺再圆，暗想道："我婆婆不知音信；我丈夫被这贼谋杀；我的儿子抛在江中，倘若有人收养，算来有十八岁矣，或今日天教相会，亦未可知。……"正沉吟间，忽听私衙前有人念经，连叫"抄化"，小姐又乘便出来问道："你是何处来的？"玄奘答道："贫僧乃是金山寺法明长老的徒弟。"小姐道："你既是金山寺长老的徒弟——"叫进衙来，将斋饭与玄奘吃。

第三处：

寻到皇城东街殷丞相府上，与门上人道："小僧是亲戚，来探相公。"门上人禀知丞相，丞相道："我与和尚并无亲眷。"夫人道："我昨夜梦见我女儿满堂娇来家，莫不是女婿有书信回来也。"丞相便教请小和尚来到厅上。

第四处：

来到万花店，那丞相传令安营。光蕊便同玄奘到刘家店寻婆婆。那婆婆当夜得了一梦，梦见枯木开花，屋后喜鹊频频喧噪，想道："莫不是我孙儿来也？"说犹未了，只见店门外，光蕊父子齐到。

梦跟生活到底有无联系？有人说，梦往往跟现实相左。《西游记》"附录"中的这几处梦，可以说是同一模式，都做到了跟生活的高度一致，都暗示了下文将要发生的故事。一句话，梦境推动了情节的发展。

最后，我发现"附录"中有一处时间表述上的硬伤。大家找找看，然后说一说你的发现。

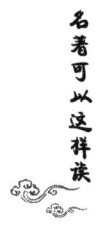

八戒的"笑纳"

《西游记》第二十三回"三藏不忘本　四圣试禅心"写八戒好色,很是有趣。

这出戏的导演是菩萨,女演员自然也是菩萨安排的。悟空早是看破了玄机,但他知"天机不可泄漏"。八戒可是真正地动了凡心,以放马为名,避开众人,径去找那个妇人及三个女子。不料他与那妇人的对话全被悟空听见。

接下来,取经队伍一致同意留下八戒成亲。八戒跟随丈母去拜堂,急切地问丈母拿哪个姐姐配他,丈母逗他:"我要把大女儿配你,恐二女怪;要把二女配你,恐三女怪;欲将三女配你,又恐大女怪。"八戒自告奋勇:"娘,既怕相争,都与我罢,省得闹闹吵吵,乱了家法。"丈母自是不许:"岂有此理!你一人就占我三个女儿不成!"八戒更有歪理:"你看娘说的话。那个没有三房四妾?就再多几个,你女婿也笑纳了。……"后面的故事更有趣,这儿暂且按下,我们就来说说八戒的"笑纳"。

我们都知道,"笑纳"是客套话,用于请对方收下礼物,潜台词是自己送的东西不好,不成敬意,让对方笑话了。所以我们一般说"请笑纳""望笑纳"。"笑纳"算得上雅词,八戒说话大多是俗语,所以,在八戒的话语体系里,"笑纳"原本就是高兴地收下,只有这样理解,才符合八戒的性格。八戒好色,倒也坦诚。

宝林寺有个前倨后恭的僧官

阅读《西游记》，人们更多关注的是书中描绘的神仙世界，因为作者笔下的神仙世界太奇幻了。不过，作者在描绘引人入胜的打斗之余，也偶尔会放慢节奏，将笔端移向俗世，让读者在剑拔弩张中偶尔感受片刻的云淡风轻。

收拾了金角大王、银角大王，行者师徒继续西行。这一日天色渐晚，他们来到宝林寺，想借宿一晚，不料僧官（方丈、住持）并不欢迎他们。作者在这里为读者刻画了一个世俗、势利的僧官——

那道人急到方丈报道："老爷，外面有个人来了。"那僧官即起身，换了衣服，按一按毗卢帽，披上袈裟，急开门迎接，问道人："那里人来？"道人用手指定道："那正殿后边不是一个人？"那三藏光着一个头，穿一领二十五条达摩衣，足下登一双拖泥带水的达公鞋，斜倚在那后门首。僧官见了大怒道："道人少打！你岂不知我是僧官，但只有城上来的士夫降香，我方出来迎接。这等个和尚，你怎么多虚少实，报我接他！看他那嘴脸，不是个诚实的，多是云游方上僧，今日天晚，想是要来借宿。我们方丈中，岂容他打搅！教他往前廊下蹲罢了，报我怎么！"抽身转去。

僧官起初不知来者何人（在他的意念中，来者应该是城里的香客），所以听到道人的禀报就着装"急开门迎接"，当看清来人是个和尚后，便"大怒"：城里来的降香士夫，"我"才出来迎接；和尚到来也要"我"迎接吗？并且，那和尚一看就是来借宿的，"我们"怎么可以由其打搅呢？《西游记》中，言辞如此激烈的僧官少有，毕竟都是出家人。何况，唐僧嫌徒弟们长相丑陋，怕言语粗疏冲撞了僧人，所以亲自去寺里求宿。显而易见，这个宝林寺的僧官很实在，会看人：你来上香我欢迎，你来借宿就去"前廊下蹲"。选段通过对人物行动和语言、神态的描写，生动地塑造了一个世俗、

势利的僧官形象。这是个受到更多世俗风气浸染的僧官。

不过，当对象发生变化时，这样的僧官待人接物的态度极容易发生改变。

果不其然，随着行者的上场，随着那根变得"盆来粗细"的棍子竖在天井里，唐僧一行的处境立马发生了改变，宝林寺上下五百个和尚列队迎接唐僧一行。

前倨后恭，宝林寺这个僧官个性很是鲜明。

不鸣则已，一鸣惊人

——沙和尚形象小识

郭英德教授在《阅读的难题——说沙和尚》一文中说："从整体上看，从小说的具体描写看，沙和尚有一个突出的特点，就是话比较少。他一般不说话，不像孙悟空、猪八戒，话非常多，而沙和尚则罕言寡语，但是一旦说出来的话都是有分量的，都是深谋远虑的，这是他的一个特点。"下面我们以小说中的两个片段为例，来印证郭教授的观点。

片段一：

却说行者斗得心焦性躁，闪一个空，一棍把那妖精打落下来，乃是一只花鞋。行者晓得中了他计，连忙转身来看师父。那有个师父？只见那呆子和沙僧口里呜哩呜哪说甚么。行者怒气填胸，也不管好歹，捞起棍来一片打，连声叫道："打死你们！打死你们！"那呆子慌得走也没路；沙僧却是个灵山大将，见得事多，就软款温柔，近前跪下道："兄长，我知道了，想你要打杀我两个，也不去救师父，径自回家去哩。"行者道："我打杀你两个，我自去救他！"沙僧笑道："兄长说那里话！无我两个，真是'单丝不线，孤掌难鸣'。兄啊，这行囊、马匹，谁与看顾？宁学管鲍分金，休仿孙庞斗智。自古道：'打虎还得亲兄弟，上阵须教父子兵。'望兄长且饶打，待天明和你同心戮力，寻师去也。"行者虽是神通广大，却也明理识时，见沙僧苦苦哀告，便就回心道："八戒，沙僧，你都起来。明日找寻师父，却要用力。"那呆子听见饶了，恨不得天也许下半边，道："哥啊，这个都在老猪身上。"兄弟们思思想想，那曾得睡，恨不得点头唤出扶桑日，一口吹散满天星。

当时悟空跟妖精打斗，不曾料到此妖擅长"金蝉脱壳"：将左脚上的花鞋脱下来，吹口仙气，念个咒语，就会变出一个假妖精，真身则借机逃脱。此妖逃脱后顺手牵羊，将唐僧活捉了去，进了无底洞。八戒、沙僧两人竟没能守住唐僧，显然是疏于防范，悟空不管好歹棍打他俩也无可厚非。问题是，打死他俩，唐僧能回来吗？在此紧要关头，沙僧显得沉着冷静，先是"跪下"承认错误，劝慰师兄，然后用激将法敦促悟空去救师父："兄长，我知道了，想你要打杀我两个，也不去救师父，径自回家去哩。"当悟空说出"我自去救他"时，沙僧说了一番挺有水平的话，其中心是团队的力量胜过单打独斗。沙僧的这番话里，又是引用谚语，又是运用典故，很有艺术性。讲完道理，沙僧还表了决心："待天明和你同心戮力，寻师去也。"最终，"明理识时"的悟空消了气，接受了沙僧的提议。

这个语段中沙僧的表现确实可圈可点，关键时刻，能放下架子，诚心认错。有道是，"伸手不打笑脸人"，好多时候，姿态极为重要。事情得到缓解后，再用激将法将话题引向救师父这一中心，而"单丝不线，孤掌难鸣""打虎还得亲兄弟，上阵须教父子兵""宁学管鲍分金，休仿孙庞斗智"等俗话、谚语、典故的贴切运用，则表现出沙僧高超的语言运用艺术。

片段二：

沙僧在旁道："哥哥说那里话！常言道：'停留长智。'那妖精倘或今晚不睡，把师父害了，却如之何？不若如今就去，嚷得他措手不及，方才好救师父。少迟，恐有失也。"八戒闻言，抖擞神威道："沙兄弟说得是！我们都趁此月光去降魔耶！"行者依言，即吩咐寺僧："看守行李马匹，待我等把妖精捉来，对本府刺史证其假佛，免却灯油，以苏概县小民之困，却不是好？"众僧领诺，称谢不已。他三个遂纵起祥云，出城而去。

犀牛怪捉了唐僧，悟空与妖魔大战一百五十回合胜负未分，天色将晚，就回至慈云寺。晚饭后悟空提议："且收拾睡觉，待明日我等都去相持，拿住妖王，庶可救师父也。"

按说，悟空的提议是有道理的，大家歇息一夜，养精蓄锐，次日救出师父。但这次，一向罕言寡语的沙僧却对悟空的提议投了反对票，并且言之凿凿。沙僧先是直接否定了悟空的提议，然后引用俗语说明夜长梦多，万一妖精在这一夜下手害了师父却如何是好！最后沙僧提出自己的建议，兵贵神速，现在就去，打他个措手不及。沙僧虑事周详，他的提议得到了八戒、悟空的赞成。

以上两个片段中，沙和尚说的话确实有分量，深谋远虑，难怪悟空动心，八戒附议。

有情有义有智的小龙

西行取经路上,白龙马的职责是默默无闻,充当唐僧的坐骑。不过,有一回例外。当时,悟空被逐,唐僧、沙僧被黄袍怪擒拿,小龙受伤,八戒意欲回高老庄。怎样扭转败局?小龙起了关键作用。我们来看小龙劝说的整个过程——

八戒道:"怎的好?怎的好?你可挣得动么?"小龙道:"我挣得动便怎的?"八戒道:"你挣得动,便挣下海去罢。把行李等老猪挑去高老庄上,回炉做女婿去呀。"小龙闻说,一口咬住他直裰子,那里肯放,止不住眼中滴泪道:"师兄啊,你千万休生懒惰!"八戒道:"不懒惰便怎么?沙兄弟已被他拿住,我是战不过他,不趁此散火,还等甚么?"

小龙沉吟半晌,又滴泪道:"师兄啊,莫说散火的话,若要救得师父,你只去请个人来。"八戒道:"教我请谁么?"小龙道:"你趁早儿驾云回上花果山,请大师兄孙行者来。他还有降妖的大法力,管教救了师父,也与你我报得这败阵之仇。"八戒道:"兄弟,另请一个儿便罢了,那猴子与我有些不睦。前者在白虎岭上,打杀了那白骨夫人,他怪我撺掇师父念紧箍儿咒。我也只当耍子,不想那老和尚当真的念起来,就把他赶逐回去。他不知怎么样的恼我,他也决不肯来。倘或言语上略不相对,他那哭丧棒又重,假若不知高低,捞上几下,我怎的活得成么?"小龙道:"他决不打你,他是个有仁有义的猴王。你见了他,且莫说师父有难,只说师父想你哩,把他哄将来;到此处见这样个情节,他必然不忿,断乎要与那妖精比并,管情拿得那妖精,救得我师父。"八戒道:"也罢也罢,你倒这等尽心,我若不去,显得我不尽心了。我这一去,果然行者肯来,我就与他一路来了;他若不来,你却也不要望我,我也不来了。"小龙道:"你去,你去,管情他来也。"

听到八戒意欲撇下师父不管，回高老庄"回炉做女婿"，小龙"一口咬住他直裰子"，不让他走。小龙"沉吟半晌"，先是"滴泪"劝八戒莫要说散伙的话，然后言明事情有转机："若要救得师父，你只去请个人来。"注意，小龙是"滴泪"劝八戒，以情动人！他不急着点出要请的人，而是陈述一个观点：只需请来一个人，师父就有救。这比直接说"你赶紧去请大师兄"效果要好，因小龙知道不久前悟空与八戒有嫌隙。这样，引出八戒的提问，小龙顺势说出这个人选，并阐明理由：他有降妖的本领，能救得师父，能为你我报得败阵之仇。理由够充分了吧！但八戒碍于自己在悟空三打白骨夫人整个事件中不光彩的表现，怕悟空迁怒报复，所以提议另请他人。针对八戒的疑虑，小龙先肯定地说"他决不打你"，然后对悟空的人品给予了高度评价："他是个有仁有义的猴王。"最后帮八戒指明了化解难题的办法，见了悟空只需说"师父想你哩"，只要把悟空引来，一切问题便迎刃而解。

　　小龙劝说取得成功，最终八戒请来了悟空，悟空救出了唐僧。探究小龙的这段劝说，其成功的原因可以归纳为如下几点：

　　一是师徒情深，以情动人。面对悟空被逐，唐僧、沙僧被黄袍怪擒拿，自己受伤，八戒要回高老庄做女婿这样不利的形势，小龙一心牵挂师父，他咬住八戒的直裰，不放他走，并能以情动人，"滴泪"苦劝。

　　二是总览全局，思路清晰。小龙对整个事件有通盘考虑，他清醒地认识到，解除目前困境的关键是请来大师兄悟空，一切行动都得着眼于如何请来悟空来进行。

　　三是知人识人，方法正确。小龙相信悟空的本领，更相信悟空的人品，深信悟空会来，"管情他来也"。"有仁有义"是对悟空的高度评价。他消除了八戒心中的疑虑，帮八戒理清了请悟空的基本思路。

好厉害的红孩儿

《西游记》里谁最厉害？

玉皇大帝？——地位最高。如来佛？——法力最深。

我觉得红孩儿也挺厉害！齐天大圣竟奈何他不得。

这红孩儿不像一般的妖怪，他智商挺高。他想吃唐僧肉，但经过多方观察，发现硬来不行，就决定智取，并且抓住了唐僧的"软肋"："或者以善迷他，却到得手。"于是，他变作一个赤条条七岁顽童，"将麻绳捆了手足"，高吊在松树梢头喊"救人"。虽说行者看穿了他的伎俩，但肉眼凡胎的唐僧不明就里，反而怪罪行者没有"一些儿善良之意"。红孩儿表演了几次，唐僧就上当了。显然，红孩儿的智商远在唐僧之上。

当行者冒充的老大王以行善为名不吃唐僧肉时，红孩儿马上起了疑心："我父王平日吃人为生，今活彀有一千余岁，怎么如今又吃起斋来了？想当初作恶多端，这三四日斋戒，那里就积得过来？此言有假，可疑！可疑！"他的推理何等严谨！接着，红孩儿出洞问六健将，是从哪里接的老大王，当得知是半路接的后更加重了疑心。为判明老大王的真假，红孩儿编了个段子，借此问自己的出生年月日和时辰，假老大王自然无法答出，红孩儿由此识破了行者的身份。红孩儿的智商真的不同一般。

红孩儿除了智商高，本领也超强。他曾在火焰山修行三百年，炼成"三昧真火"。他使一杆火尖枪，可以跟行者斗二十回合，然后开始施其法术，行者虽说神通广大，但在红孩儿法术前只能落败而逃。后来，行者请来了三海龙王，仍无济于事，还险些搭上自家性命；八戒去请观音，结果被红孩儿冒充的假观音捉进了皮袋。最终，菩萨想了许多办法，好不容易才收服红孩儿。

我欣赏红孩儿，更源于这红孩儿有一颗赤子之心。行者按菩萨的计谋，要将红孩儿引出来，由菩萨对付他。行者战不几个回合，就佯败，红孩儿觉得纳闷，但最终还是信了行者——

  那妖王骂道："猴子，你在前有二三十合的本事，你怎么如今正斗时就要走了，何也？"行者笑道："贤郎，老子怕你放火。"妖精道："我不放火了，你上来。"行者道："既不放火，走开些，好汉子莫在家门前打人。"那妖精不知是诈，真个举枪又赶。行者拖了棒，放了拳头，那妖王着了迷乱，只情追赶。前走的如流星过度，后走的如弩箭离弦。

行者是有备而来，红孩儿一无所知，他还向行者承诺"我不放火了，你上来"，何等赤诚！就因为他的赤诚，所以轻易上了行者的当，上了菩萨的当。

《西游记》里，敢于叫板菩萨的，要数红孩儿。红孩儿敢跟菩萨过招，呼菩萨为"脓包菩萨"，甚至最后，当"见那腿疼处不疼，臀破处不破，头挽了三个揪儿，他走去绰起长枪"，望菩萨劈脸刺来。这便是红孩儿，天不怕地不怕，更无丝毫的媚上之心。

红孩儿的故事在《西游记》第四十回到第四十二回，有兴趣的读者可去书中一看究竟。

给《西游记》挑错

对名著，我们应怀有强烈的亲近之情，既要流连忘返地穿行于美妙文字编织的故事里，又要从书中的优秀人物身上汲取到前行的力量。有了这样的态度，名著于你便不再陌生。

你想过吗，名著中偶尔也会有错误、纰漏？现在，我们一起来为《西游记》挑错。

一、可以说"你令尊""我家父"吗？

《西游记》第四十一回中，行者找到了号山枯松涧火云洞，他想跟红孩儿攀交情，红孩儿滴水不进。悟空的语言中三次出现了"你令尊……"，"令尊"即对方父亲，吴承恩的时代，"令尊"前习惯加"你"吗？

第五十三回中也有个片段，比较多地出现了"我之舍侄""你令兄""我舍侄"等表述。"舍侄"自然是"我的侄子"，为何要说成"我之舍侄""我舍侄"；"令兄"就是"你的兄弟"，为何还要在前面加上"你"？

另外，第四十三回中有"见我家父"，第四十四回中有"看内中那个是你令叔"，第四十七回中有"你且抱你令郎出来"，第五十四回中有"看你令兄牛魔王的情上"。按说，"我家父""你令叔""你令郎"中前面的代词都是多余的。

第八十六回中砍柴人用"家母"称自己母亲，可见当时一般人能正确使用谦称。

古代称呼对方的尊长亲友，一般要在前面加"令"（敬辞），以示尊敬；对人称自己的长辈，前面要加"家"，对人称自己的幼辈，前面一般加"舍"或"小"。

按说，《西游记》的作者自然熟悉这类称谓，吴承恩为何会频频犯表述重复啰唆的错误呢？有人说是为了突出悟空的人物的反叛精神，问题是，悟空在同一语段中有"你令兄""令侄"的表述，牛魔王兄弟的表述中也是一会儿"我舍侄"，一会儿"我侄子"，有对有错。如此说来，"你令尊""我家父"系误用。

二、那只犀牛角去了哪里？

《西游记》第九十二回里，悟空在四木禽星的协助下打败犀牛精，收获了6只犀牛角。这犀牛角是修行了千年的犀牛的角，想来比较贵重，并且悟空确实看到这牛角有一种在水中开路的神奇的功能，所以悟空作了如此处置：让四位星官带4只去上界进贡玉帝，留一只给金平府作为日后免征灯油之证，他们带一只到灵山献给佛祖。但是《西游记》里，悟空他们带去准备献给佛祖的那只犀牛角最后去了哪里？小说中没有下文。当然，如果没有必要，不交代也罢。问题是，在第九十八回里，这只犀牛角很有必要出场。

当时的情形是，如来让阿傩、伽叶给唐僧一行取经书，阿傩、伽叶明目张胆地索要"人事"："圣僧东土到此，有些甚么人事送我们？快拿出来，好传经与你去。"并说，"白手传经继世，后人当饿死矣！"这时候，我觉得唐僧他们正好可以拿出那只犀牛角来。但是没有，他们好像忘了自己持有一只珍贵的犀牛角。因为唐僧没有"人事"可送，阿傩、伽叶就给了他们无字之经。悟空明白个中缘由，就在如来前告了阿傩、伽叶，让如来惩治他们。听了悟空的申诉，如来并未站在悟空一边，相反，如来也认为"经不可轻传，亦不可以空取"。看来，阿傩、伽叶索要"人事"，也是在贯彻如来的旨意。

如来再次让阿傩、伽叶将有字的真经每部中拣几卷给唐僧，阿傩、伽叶"仍问唐僧要些人事"，万般无奈，唐僧献上了唐王所赐化斋用的紫金钵盂，"略表寸心"。最终，那只有神奇功能的犀牛角还是没有出场。

俄国短篇小说大师契诃夫谈小说创作时说过一句话：要是你在头一章里提到墙上挂着枪，那么在第二章或第三章就一定得开枪；如果不开，那枪就不必挂在那儿。这说的是小说中的伏笔与照应，所谓前有伏笔后有照应。如果前面写的内容后文没有着落，或者后面写的内容前文没有交代，那读者读起来就会感觉有失严谨，就会觉得突兀。《西游记》中没有下文的那只犀牛角，显然是作者行文的纰漏。

教师节，读完《西游记》第五十回

今日教师节。早起散步，拍了日出，拍了校园里的花。

朋友圈里除了虚应故事的"教师节快乐"，好像再没什么新鲜内容。

我的《西游记》读到第五十回了，今天就读这一回吧，给这第36个教师节留下点书香。

第五十回"情乱性从因爱欲　神昏心动遇魔头"写唐僧不听悟空叮嘱，在八戒挑唆下中妖魔圈套的故事。

下面是我读这回时的一些感想。

菩萨、唐王选三藏去西天取经的决策是失当的。作为一名取经人，三藏身上有许多致命的缺陷，确实不够胜任取经团队的领导。记得我曾在某一回的结尾写了一句批注：唐僧就是一头猪！唐僧确实是个没脑子的和尚，读《西游记》，我印象最深刻的是，悟空一次次在为唐僧的没脑子买单。有些错误，犯一次半次都是不可饶恕的，可这个唐僧，人妖不分，一次次犯错，总是不吸取教训。正常情况下，领教了第二十七回"白骨夫人"的骗术后，三藏理应对妖魔有起码的警惕，理应对悟空识妖、降妖的本领百分百相信，可是，在第五十回里，三藏仍是个不懂事的孩子，悟空三番五次告诫，到头来他还是轻信八戒挑唆，被妖怪抓走。难为悟空，遇上这样的师父，还忠心耿耿地一次次搭救。

印象中，有不少人赞扬唐僧意志坚定。唐僧在踏上取经路的开始，是几次三番起过誓，但在具体执行过程中，他意志并不坚定，我们读到的是他一次次地一惊一乍，全然没有师父风范，他的口头禅就是"徒弟啊，我这一日又饥又寒，如何是好"。以至我们在好多场合都感觉悟空更像明理、识大局的师父，悟空不只要一次次地化解危局，还要安慰这个不时叹气沮丧的师父。

最后，我们选读这一回中的几个精彩片段。

三藏道："既不可入，我却着实饥了。"行者道："师父果饥，且请下马，就在这平处坐下，待我别处化些斋来你吃。"三藏依言下马。八戒采定缰绳，沙僧放下行李，即去解开包裹，取出钵盂，递与行者。行者接钵盂在手，吩咐沙僧道："贤弟，却不可前进，好生保护师父稳坐于此，待我化斋回来，再往西去。"沙僧领诺。

在我们的意识中，沙僧老实、靠得住，悟空可能也这样认为。只是这次，沙僧后来的表现确实让我们失望。

行者又向三藏道："师父，这去处少吉多凶，切莫要动身别往。老孙化斋去也。"

"切莫要动身别往"，已经交代得很清楚了。

唐僧道："不必多言，但要你快去快来，我在这里等你。"行者转身欲行，却又回来道："师父，我知你没甚坐性，我与你个安身法儿。"即取金箍棒，幌了一幌，将那平地下周围画了一道圈子，请唐僧坐在中间，着八戒沙僧侍立左右，把马与行李都放在近身，对唐僧合掌道："老孙画的这圈，强似那铜墙铁壁。凭他甚么虎豹狼虫，妖魔鬼怪，俱莫敢近。但只不许你们走出圈外，只在中间稳坐，保你无虞；但若出了圈儿，定遭毒手。千万，千万！至嘱，至嘱！"

看来，悟空这次实在是放心不下，"转身欲行，却又回来"再现其不放心状。

三藏依言，师徒俱端然坐下。

却说唐僧坐在圈子里，等待多时，不见行者回来，欠身怅望道："这猴子往那里化斋去了？"

有这等缺城府的师父，八戒的挑唆甚至妖魔的妖言惑众才能成功。

八戒在旁笑道："知他往那里耍子去来！化甚么斋，却教我们在此坐牢！"

八戒就这样。前文唐僧怒逐悟空后，化斋的使命落在了八戒身上，他竟躲在一处去睡觉了。

三藏道："怎么谓之坐牢？"八戒道："师父，你原来不知。古人划地为牢，他将棍子划了圈儿，强似铁壁铜墙，假如有虎狼妖兽来时，如何挡得他住？只好白白的送与他吃罢子。"三藏道："悟能，凭你怎么处治？"八戒道："此间又不藏风，又不避冷，若依老猪，只该顺着路，往西且行。师

20

兄化了斋，驾了云，必然来快，让他赶来。如有斋，吃了再走。如今坐了这一会，老大脚冷！"

无奈。三藏宁信妖怪，信八戒，但好像不是很相信悟空。

三藏闻此言，就是晦气星进宫：遂依呆子，一齐出了圈外。沙僧牵了马，八戒担了担，那长老顺路步行前进。不一时，到了那楼阁之所，原来是坐北向南之家。

悟空的叮嘱，悟空的安排，就这样被打了水漂。为悟空悲哀！

八戒道："四顾无人，虽鸡犬亦不知之，但只我们知道，谁人告我？有何证见？就如拾到的一般，那里论甚么公取窃取也！"

八戒的逻辑，心存侥幸，自以为是。

三藏道："你胡做啊！虽是人不知之，天何盖焉！玄帝垂训云：'暗室亏心，神目如电。'趁早送去还他，莫爱非礼之物。"

三藏这一条倒是主意很正，跟八戒不一般见识。

那呆子莫想肯听，对唐僧笑道："师父啊，我自为人，也穿了几件背心，不曾见这等纳锦的。你不穿，且待老猪穿一穿，试试新，晤晤脊背。等师兄来，脱了还他走路。"

贪图小便宜，往往付出大代价。八戒的"笑纳"已交过学费，可惜他不长记性。

沙僧道："既如此说，我也穿一件儿。"

沙僧终于走上前台了，奈何，是在不该露脸的时候露了脸。

两个齐脱了上盖直裰，将背心套上。才紧带子，不知怎么立站不稳，扑的一跌。原来这背心儿赛过绑缚手，霎时间，把他两个背剪手贴心捆了。慌得个三藏跌足抱怨，急忙上前来解，那里便解得开？三个人在那里吆喝之声不绝，却早惊动了魔头也。

不得不说，此妖拿人的手段真是高明！或者说，妖魔的智慧远在三藏、八戒、沙僧之上。取经路上，要是没了悟空，这个三藏领着八戒、沙僧，不知会闹出什么笑话。

《西游记》中的妖魔都有来头

读《西游记》第七十一回，我写过一则批注：

厉害的妖魔有几个共同点，是大人物的坐骑之类，一个偶尔的机会逃出仙界在下界为妖，身上多有宝器，智商都不是很高。

第七十一回的赛太岁，就是观音菩萨的坐骑金毛犼，当初因为牧童打盹，失于防守，金毛犼咬断铁索，下界为妖。这赛太岁的宝器是三个能放火、放烟、放沙的金铃，悟空奈何不得。赛太岁智商也低，一次跟悟空交战，见行者手段高强，料不能取胜，就跟悟空说："孙行者，你且住了。我今日还未早膳，待我进了膳，再来与你定雌雄。"悟空知道它是要去取铃铛，并且知道它只能取回假铃铛，就爽快地说："好汉子不赶乏兔儿，你去你去！吃饱些，好来领死！"这妖怪说谎还真是有趣！

刚读到唐僧师徒过狮驼山，唐僧师徒遭遇老魔、二魔、三魔，这三个魔头也是各有来历。老魔（青狮）、二魔（白象）分别乃文殊、普贤二位菩萨的坐骑，三魔（大鹏）乃如来亲戚。

比起其他妖魔，狮驼洞的这三个妖魔明显不讲诚信。先是老魔吞了悟空。不承想，悟空在老魔的肚里好一顿折腾，最终，老魔只得求饶。三魔这时给老魔出的馊主意是悟空从口里出来时咬一口，嚼碎咽下，好在悟空识破了阴谋，先伸出金箍棒，那怪自作自受，把个门牙崩碎了。这是妖怪第一次不讲诚信自讨苦吃。接下来，三魔又生一计，用激将法骗悟空从老魔肚里出来，这时的悟空吸取教训留了一手，在妖怪的心肝上拴了一根可控制的绳，自然，妖怪的阴谋未能得逞。妖怪说好要送唐僧师徒过狮驼山，但一回洞里又变了脸，二魔还一鼻子卷走了八戒。悟空救出八戒，把二魔牵了回来。有了唐僧一句"莫伤他性命"，悟空警告一番后将二魔放了回去。

老魔、二魔已准备送唐僧师徒过狮驼山，这时三魔跳了出来，并且还设下"调虎离山"之计。三藏肉眼凡胎，自然不知是计；悟空之前已几次战胜对方，对方多次求饶，心下自放松了警惕，加上本性"忠正"，也就没有多想。于是，师徒上了妖魔的当。这次，悟空找到如来，才化解了危局。

可以说，悟空在狮驼山的一次次吃亏，都源于妖魔的反复无常。从另一角度分析，悟空头脑还是略显简单，没有悟透"兵不厌诈"的道理。毕竟是妖魔啊，并非所有的妖魔都是低智商，都讲诚信。

李卓吾评本在第七十六回的总评中说："妖魔反覆处，极似世上人情。世上人情反覆，乃真妖魔也。作《西游记》者，不过借妖魔来画个影子耳。读者亦知此否？"此处评点确实中肯！有了世间人情的反复无常，才有了作家笔下妖魔的反复多变。

《水浒传》：一曲英雄的赞歌

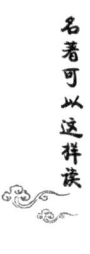

我也在读《水浒传》

看完燕子在工作室公众号写的《踢出来的时运》，我留了句言："高俅居然能官至太尉！看来皇帝真没把国家当回事。"是啊，东京城里百姓不屑一顾的破落户子弟高俅，居然靠着踢得一脚好球而官运亨通，最终掌管了整个大宋王朝的军队，这听着是有些滑稽。

这个寒假，我的读书计划之一是重读《水浒传》，并且我的进度应该在燕子之前，我已读完第十三回，燕子有可能只读了前两回。读完第十三回的人截至目前尚无只言片语，而仅读了前两回的人却来了篇开口小的精短随笔，这该作何解？惯常思维自然是自己忙这忙那，还没顾上。可问题是，哪一个人赋闲在家，无事可干？燕子是两个孩子的母亲，我还曾无端地想过，怀抱个小的去学校接大的，该是怎样一种情形？

《水浒传》虽说不如《红楼梦》《儒林外史》耐读，但只要留心，还是有一些可写的点。前十三回里，我觉得至少可以写这样一些点：①张天师祈禳瘟疫，宋朝这样抗击疫情，荒唐不荒唐？②踢得一脚好球也可以做大官，你可以吗？③洪太尉与高太尉，两个太尉有啥不同？④王教头与林教头，哪个教头更聪明？⑤九纹龙史进，原来是个刺青青年。⑥鲁提辖为何不喜欢打虎将李忠？⑦"拳打镇关西""大闹五台山""大闹桃花林""火烧瓦罐寺""倒拔垂杨柳""大闹野猪林"，鲁智深习惯用行动说话。⑧"王伦遗风"今尚在。⑨《水浒》小人知多少。⑩警惕小人的奸计。⑪900年前林冲遭遇的那场雪。⑫你有陆虞候这样的朋友吗？⑬都是"宝刀"惹的祸。⑭朱仝、雷横、杨志的绰号叫什么？⑮你会看图说话吗……

会提问，也是一种重要的能力。你有提问的习惯吗？

《水浒传》是统编本《语文》九年级上册的必读名著。从教学实际出发，学生必读，教师自然得必读。我听过几节高教社"极简通识"的直播课，有一次讲《水浒传》，讲得不错：《水浒传》只有奇，没有迷；鲍鹏山的公众号不时会编发一些读《水浒传》的随笔，能将我们的思考引向深入；徐杰老师的一个课堂实录也值得一看。

我们工作室目前读《水浒传》较熟的是俞斌老师，2020年《语文报》中考版的"名著专号"、《语文周报》九年级名著精华导读的《水浒传》都是由俞老师完成的。希望在燕子的带动下，这个寒假我们有更多的教师能熟悉"水浒"的人物。

我也在读《水浒传》，希望能不被各种琐事牵绊而一直读下去。

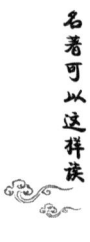

阎婆惜可以不死吗

阎婆惜的故事集中在《水浒传》第二十一回。

这回的故事在时间交代上不合逻辑。刚开始是宋江在月色下与刘唐分手，宋江不巧撞上做媒的王婆，这王婆领着阎婆和女儿婆惜，王婆跟一向有怜贫好名声的宋押司求助，宋押司不假思索，帮阎婆出了棺材钱，还另给了一锭银子。接下来的故事是，阎婆来谢宋江，注意到其下处没有女人，就跟王婆打听，然后情愿将女儿婆惜嫁与宋江，宋江初时不乐意，后来在媒婆的竭力撺掇下应允了。然后宋江在县城附近租了一所楼房，安顿阎婆母女住了下来，一应费用自然是在宋江身上。从此歌妓婆惜衣食不愁，其命运一时发生了大变化。最初宋江跟婆惜一处歇息，后来来得少了，书上说"原来宋江是个好汉，只爱学使枪棒，于女色上不十分要紧"。

日子就这样一天天过去。有一天，宋江带同事张文远（张三）去婆惜家吃酒，十八九岁的婆惜喜欢上了眉清目秀的张三，自此婆惜的心全在张三身上，宋江十天半月来一次，婆惜也不搭理，宋江呢，也没当回事。再后来，宋江也风闻婆惜与张三之事，半信不信，干脆不上婆惜之门了。

婆惜可以置宋江于不顾，阎婆则不能，她得考虑以后的生活，没了宋江，她娘儿俩如何过活？于是有一天的傍晚，阎婆死拉硬拽将宋江"请"回了家，想让其跟女儿和好。为娘的准备了酒菜，全力斡旋，但女儿就是无动于衷。此时的婆惜心里只有张三，早没了宋江。最终宋江与婆惜没能和好，天不亮宋江就离家去单位，走到半路发现匆忙中忘了招文袋。招文袋在这一回的故事中可是个重要的道具，那里面装着晁盖写给宋江的感谢信，还有一根黄金（此处存在时间交代上的不合逻辑。这都啥时候的事了？宋江初见婆惜那晚的信，怎么会在招文袋里装到此时？又不是什么珍品！就算当晚没顾上烧毁，后来有这么多的日子，难不成宋江每天怀揣着这颗威力无比的炸弹上班不成？）。婆惜是个精明女人，很快发现了宋江的秘密，于是有了宋江怒杀阎婆惜的故事——

　　那婆娘听得是宋江回来，慌忙把銮带、刀子、招文袋一发卷做一块，藏在被里，紧紧地靠了床里壁，只做鼾鼾假睡着。宋江撞到房里，径去床头栏干上取时，却不见了。宋江心内自慌，只得忍了昨夜的气，把手去摇那妇人道："你看我日前的面，还我招文袋。"那婆惜假睡着，只不应。宋江又摇道："你不要急躁，我自明日与你陪话。"婆惜道："老娘正睡哩，是谁搅我？"宋江道："你晓的是我，假做甚么。"婆惜扭转身道："黑三，你说甚么？"宋江道："你还了我招文袋。"婆惜道："你在那里交付与我手里，却来问我讨？"宋江道："忘了在你脚后小栏干上。这里又没人来，只是你收得。"婆惜道："呸！你不见鬼来！"宋江道："夜来是我不是了，明日与你陪话。你只还了我罢，休要作耍。"婆惜道："谁和你作耍，我不曾收得。"宋江道："你先时不曾脱衣裳睡，如今盖着被子睡，以定是起来铺被时拿了。"婆惜只是不与。……

　　只见那婆惜柳眉踢竖，星眼圆睁，说道："老娘拿是拿了，只是不还你。你使官府的人便拿我去做贼断。"宋江道："我须不曾冤你做贼。"婆惜道："可知老娘不是贼哩。"宋江见这话，心里越慌，便说道："我须不曾歹看承你娘儿两个。还了我罢，我要去干事。"婆惜道："闲常也只嗔老娘和张三有事，他有些不如你处，也不该一刀的罪犯，不强似你和打劫贼通同。"宋江道："好姐姐，不要叫。邻舍听得，不是耍处。"婆惜道："你怕外人听得，你莫做不得！这封书老娘牢牢地收着，若要饶你时，只我三件事便罢。"宋江道："休说三件事，便是三十件事也依你。"婆惜道："只怕依不得。"宋江道："当行即行。敢问那三件事？"阎婆惜道："第一件，你可从今日便将原典我的文书来还我，再写一纸任从我改嫁张三，并不敢再来争执的文书。"宋江道："这个依得。"婆惜道："第二件，我头上带的，我身上穿的，家里使用的，虽都是你办的，也委一纸文书，不许你日后来讨。"宋江道："这个也依得。"阎婆惜道："只怕你第三件依不得。"宋江道："我已两件都依你，缘何这件依不得？"婆惜道："有那梁山泊晁盖送与你的一百两金子，快把来与我，我便饶你这一场天字第一号官司，还你这招文袋里的款状。"宋江道："那两件倒都依得。这一百两金子，果然送来与我，我不肯受他的，依前教他把了回去。若端的有时，双手便送与你。"婆惜道："可知哩！常言道：公人见钱，如蝇子见血。他使人送金子与你，你岂有推了转去的，这话却似放屁！做公人的，那个猫儿不吃腥？阎罗王面前须没放回的鬼，你待瞒谁？便把这一百两金子与我，直得甚么！你怕是贼赃时，快熔过了与我。"宋江道："你也须知我是老实的人，不会说谎。你若不信，限我三日，我将家私变卖一百两金子与你。你还了我招文袋。"婆惜冷笑道："你这黑三倒乖，把我一似小孩儿般捉弄。我便先还了你招文袋这封书，歇三日却问你讨金子，正是棺材出了讨挽歌郎钱。我这里一手交钱，一手交货。你快把来，两相交割。"宋江道："果然不曾有这金子。"婆惜道："明朝到公厅上，你也说不曾有这金子？"宋江听了公厅两字，怒气直起，那里按纳得住，睁着眼道："你还也不还？"那妇人道："你怎地狠，我便还你不迭！"宋江道："你真个不还？"婆惜道："不还！再饶你一百个不还！若要还时，在郓城县还你！"宋江便来扯那婆惜盖的被。妇人身边却有这件物，倒不顾被，两手只紧紧地抱住胸前。宋江扯开被来，却见这鸾带头正在那妇人胸前拖下来。宋江道："原来却在这里。"一不做，二不休，两手便来夺，那婆娘那里肯放。宋江在床边舍命的夺，婆惜死也不放。宋江恨命只一拽，倒拽出那把压衣刀子在席上，宋江便抢在手里。那婆娘见宋江抢刀在手，叫："黑三郎杀人也！"只这一声，提起宋江这个念头来，那一肚皮气正没出处。婆惜却叫第二声时，宋江左手早按住那婆娘，右手却早刀落，去那婆惜嗓子上只一勒，鲜血飞出，那妇人兀自吼哩。宋江怕人不死，再复一刀，那颗头伶伶仃仃落在枕头上。……

现在我们讨论几个问题。

其一，阎婆惜可以不死吗？

根据小说情节，阎婆惜是可以不死的。论理，宋押司是阎婆母女的恩人，是衣食父母，阎婆惜嫁与押司也出于阎婆所为。宋江能默许婆惜红杏出墙，能答应婆惜前两个条件，也算仁至义尽。可婆惜仍不依不饶，非要让押司拿出一百两金子，并且明言"一手交钱，一手交货"，当时的押司确实做不到。婆惜以为拿住了押司的短处，非要置押司于死地，这显然于情于理都有些过分。贪婪，促成了她的被杀。或者说，是婆惜逼迫宋江杀人。

其二，这一情节怎样设置更合理？

应该把宋江见到王婆及阎婆的时间提前，把宋江与刘唐的见面安排在宋江与婆惜同居并且关系疏远以后，这样安排情节才合理。

其三，怎样看婆惜其人？

宋江见婆惜时，婆惜年方十八，"颇有些颜色"，是个卖唱的，因跟随父母来山东投奔一个官人不着，流落到郓城县，不巧其父突然身亡。当时阎婆母女身处困境之中，宋江不假思索地施以援手。从小说中看，宋江在感情上不能满足婆惜，所以婆惜移情别恋。从上述引文看，婆惜话语粗俗、霸道，断不是个省事的人，宋江遭遇婆惜，正是人们所说的一段孽缘。我们且不说《水浒传》作者的女性立场，单就这一回的婆惜来说，她空有好模样但无好心灵，所以她的死不值得同情。

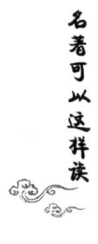

宋江有个同事叫张文远

宋江出场，是在《水浒传》第十八回，是晁盖等人劫了生辰纲的故事之后。

当时宋江在郓城县做押司。押司是一种文职，属于临聘人员。知县出于办公需要，会聘请若干处理方案的人员，一县内当有多名押司。张文远就是跟宋江一块儿做押司的。

宋江排行第三，"面黑身矮""于家大孝"，所以人们唤他黑宋江、孝义黑三郎；其为人仗义疏财，每每周人之急，扶人之困，以此有了"及时雨"的雅号。小说中说宋江"刀笔精通，吏道纯熟"，文字功夫了得，这应该符合事实；小说中说他"爱习枪棒，学得武艺多般"，这可能言过其实；小说中还说他"平生只好结识江湖上好汉"，广有口碑，这也有根据。

宋江解了阎婆之困，阎婆将女儿婆惜典与宋江做外宅，从此阎婆一家生活有了着落。宋江与婆惜的缘分很浅，有人说是因为宋江年纪大（当时宋江三十出头），婆惜年纪轻（当时婆惜十八九岁），其实这个不是主要原因，不就大10来岁嘛。按小说中的叙述，宋江"是个好汉，只爱学使枪棒，于女色上不十分要紧"，而婆惜正当妙龄，所以宋江"不中那婆娘意"。而正是在这样的背景之下，宋江做了件不该做的事，就是带同事张文远（张三）来阎婆惜家吃酒，"千不合，万不合"。

我们来简单比较一下宋江与他这位叫张文远的同事。婆惜眼中，至少宋江两方面输于张文远：宋江脸黑个头矮，张三眉清目秀、齿白唇红；宋江什么都不会，张三"品竹弹丝，无有不会"。婆惜与张三，一个是风尘娼妓，一个是酒色之徒，一来二去，就成一家了。要是婆惜略知进退，不要过于贪婪，不要一味要挟宋江，那么宋江应该不会起杀人念头。

宋江怒杀阎婆惜，最心痛的可能是张文远。阎婆尽管大闹了郓城县，但其行为多是张文远在后面挑唆。在这一事件中，我们看到好多人是站在宋江一边的，这也从侧面印证了宋江的为人。

知县和宋江最好，"有心要出脱他"，所以有意转移视线，再三地推问唐牛儿。

张文远抓住刀子是宋江的这一有力证据，力主捉拿宋江；听闻宋江在逃，张文远釜底抽薪，提议拿宋江的父亲宋太公并兄弟宋清。

公人也站在宋江一边。他们领了公文，去宋家村宋太公庄上，结果拿了宋江三年前就从家里出籍的凭据回来了。

张三再次挑唆阎婆披头散发去厅上告状，"哽哽咽咽假哭"，并威胁知县如果不做主她就要上访。知县无奈，只得差朱仝、雷横二都头去宋家村宋太公庄上搜人。

朱仝、雷横二都头显然也跟宋江要好。他们出谋划策，帮宋江兄弟连夜远走他乡。

读宋江怒杀阎婆惜的前后情节，我们对杀人的宋江恨不起来，倒是觉得婆惜恩将仇报该杀，张三内心龌龊可恶。

张文远真是个不地道的同事。估计他业务上不如宋江，做人上更没法跟宋江比，这次正好借机泄一泄内心的愤懑。

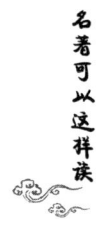

武松故事知多少

在中国，夸张一点说，3岁小孩或许都知道武松打虎的故事。武松斗杀西门庆，也算得上妇孺皆知。还有醉打蒋门神，血溅鸳鸯楼……

武松是《水浒传》着墨最多的人物，篇幅超过了鲁智深。宋江杀了阎婆惜投奔到柴进庄上，邂逅武松，武松出场，这在第二十三回；第三十二回武松醉打孔亮，醉酒后被捉，这时宋江出场救下武松。武松始于和宋江相识，终于和宋江重逢，作者用十回的篇幅写武松。这一年有余里，武松主要经历了什么？

告别宋江后，武松踏上了前往清河县看望哥哥之路。

途经阳谷县地面，发生了著名的武松打虎的故事。知县见他忠厚仁慈，抬举他做了步兵都头（郓城县雷横的角色），从此武松多了个名号武都头。

事有凑巧，武松的哥哥由清河县搬家到了阳谷县，租房居住。在街上兄弟相逢，"今夕何夕"！虽说是一母所生，但武大郎身长不满五尺，面目狰狞，而武松身长八尺，一貌堂堂，浑身有千百斤气力。因武松系哥哥抚养长大，所以武氏兄弟情深非同一般。

提及武大，就不能不说潘金莲。潘金莲不愿依从大户，被大户带有惩罚性地嫁给了武大，对武大来说这是天上掉下了一块馅饼。这门姻缘原本极不相称。武大懦弱猥琐，无法撑得起那个家。武松的到来，给潘金莲的生活中带来了亮光。当时武松25岁，潘金莲22岁。潘金莲殷勤有加，武松不为所动，最后潘金莲反目为仇。就在这个节骨眼儿上，知县派武松去东京执行任务，往返两月。这中间，经王婆牵线，西门庆与潘金莲勾搭到一起，并残忍地毒杀了武大，然后毁尸灭迹。武松回来，感觉到其中蹊跷，没费太大力就弄清其中隐情，状告县衙，哪知"县吏都是与西门庆有首尾的"。无奈之下，武松用自己的方式替兄报仇，这便有了"武松杀嫂""武松斗杀西门庆"的故事。

武松自首，知县"念武松是个义气烈汉，又想他上京去了这一遭，一心想周全他"，就让县吏写轻了武松罪责，上报东平府；东平府尹也敬武松是个"有义的烈汉"，没有难为他，帮他开脱，发配孟州牢城。

押武松去孟州牢城的两个公人，有别于当年押林冲的董超、薛霸，武松一路之上倒没受罪。临近孟州，在十字坡我们跟随武松见识了一道风景，那便是母夜叉孙二娘的人肉作坊。幸亏武松精明，才没有中招。武松跟张青、孙二娘一家算是有缘，他们在十字坡相识，后来，武松杀张都监等人，逃难中得张青、孙二娘相助，才去二龙山落草。

武松到达孟州牢城，跟当年林冲到达沧州牢城有相似之处，所不同者，武松的表现要硬气一些。管营的儿子施恩想借武松替他报仇，所以法外开恩，武松非但没有挨那一百杀威棒，反而好吃好喝，颇受优待。接下来，便有了武松醉打蒋门神的著名故事。

景阳冈酒店有"三碗不过冈"的提示，武松却吃了十五碗。我们在那一回里见识了武松的海量。在醉打蒋门神这一回里，武松酒量更大。武松提出的要求是在去快活林的路上，"遇着一个酒店便请我吃三碗酒"，武松这一路经过了十二三家酒店，施恩备了三十五六碗好酒。有道是酒壮英雄胆，这话是适合武松的。

无论是西门庆，还是蒋门神，都是地方一霸，一般人自然不敢招惹这类地头蛇，但碰上武松，他们充其量就是纸老虎，太不禁打。武松的酒量大，武松的功夫更是了得！蒋门神求饶，武松让其应了三件事便放了他。

蒋门神应的三件事中，有一件是当天交割完手续就连夜离开孟州城。武松没有想到，这个蒋门神非但没有离开孟州城，还让张团练出面，联络张都监，精心谋划了一场阴谋，要置武松于死地。这有点儿像林冲风雪山神庙的故事。

以前的武松比较警觉，这次他明显大意了。"荏苒光阴，早过了一月之上。炎威渐退，玉露生凉，金风去暑，已及深秋。"就在这一个月里，藏在张团练家的蒋门神没闲着，他用银子策划了一场惊天阴谋。武松意外地被管营的上司张都监看上，并留在身边效力。中秋之夜，张都监安排下筵席，约武松饮酒，一直到三更时分。武松回房，刚要去睡，听到"有贼"的喊声，便出来捉贼，不想被当成贼捉住，还在他房里起出了贼赃。武松就这样被下了大牢。

施恩全力打点，蒋门神一行意欲结果武松性命的阴谋未能得逞，武松最后被刺配恩州牢城，就是说换了一家监狱。

武松这次去恩州牢城的路上风景变了，两个公人一意要害他性命。非但如此，蒋门神还派了两个手下，要在飞云浦结果武松。这回武松是清醒的，他已明确感知到两个公人的不善。在飞云浦，他看到前面提着朴刀等候的两人，就先下手为强，干净利落地将身边两个公人踢入水中，然后扭断枷锁，走上前夺过朴刀，杀死了蒋门神派来的刺客，担心两个公人没死，在每人身上又搠了几刀。这便是"武松大闹飞云浦"。

《水浒传》第三十一回是武松故事的高潮。

武松返回孟州，先到张都监家后花园墙外的马院，杀了一个马夫；跳墙进去，杀了两个使女；到鸳鸯楼边，听到张都监、张团练、蒋门神三人说话，就像当年林冲隔着山神庙门听到陆虞候三人雪地谈话一样，武松听得那三人一番言语，"火高三千丈"，毫不留情地斩杀三人，然后蘸着血，在白墙上写下八个大字："杀人者，打虎武松也！"

按说，此时武松大仇得报，可以收手了。但此时的武松或许杀红了眼，又杀了两个张都监的亲随，杀了张都监的夫人，杀了张都监的儿女，杀了女仆玉兰等。感觉武松成了杀人魔王。

嗜酒的武松，嗜杀的武松。

武松逃出孟州城，疲惫不堪中落入母夜叉手中，他又一次来到孙二娘的人肉作坊。得张青、孙二娘相助，他换了一种身份——行者，去投二龙山；夜走蜈蚣岭，杀了欺男霸女的王道人，又行十数日，来到一家乡村小酒店，醉打孔亮，得遇宋江。

名人宋江

宋江别了武松，转身投东，望清风山方向走来，他要去会清风寨花荣。

行至清风山下，天色已晚，错过了投宿处，慌里慌张赶路，碰上绊脚索，被绑到山寨。就在小喽啰要取其心肝做醒酒汤之际，宋江感叹了一声"可惜宋江死在这里"，被山大王听到，山大王惊道："你莫不是山东及时雨宋公明……"看来，宋江名声不小，且是"仗义疏财、济困扶危"的好名声。接下来，自是赶紧松绑，众山寨头领"纳头便拜"。这次，宋江认识了清风山三位头领：锦毛虎燕顺，矮脚虎王英，白面郎君郑天寿。宋江靠其名气，虎口脱险。

宋江在山寨救了不该救的清风寨刘知寨的浑家，在山寨中住了几日，作别三位头领，迤逦来到清风镇，到得清风寨武知寨小李广花荣府上。盘桓几日，不觉到了元宵佳节。当地风俗，每逢元宵要在土地庙前用彩灯堆叠成一座小鳌山（形状像传说中的巨鳌，故名）。宋江想去看灯，花荣派了几个亲随一同前往。碰到一处演节目的，宋江被吸引，不承想刘知寨夫妻也在看，那刘知寨的浑家被宋江的笑声吸引，认得是宋江，竟恩将仇报，让其丈夫捉拿宋江。读到这里，我们才明白花知寨前面为何对宋江救"那妇人"颇不以为然。宋江受了一番皮肉之苦，被花荣抢了回去。狡猾的刘知寨料定宋江会离开花荣府去清风山躲避，就半路设伏再次绑得宋江，连夜报与青州府。府尹派都监黄信来处理宋江一案。镇三山黄信与刘知寨合谋，诱捕了花荣，一起解往青州。

行至一处林子，等在那里的清风山三头领劫了囚车。侥幸逃脱的黄信奔回大寨，写了申状，报与知府。知府派秦统制（霹雳火秦明）来清剿。清风山这边听取花荣计谋，用疲劳战拿下秦明，并釜底抽薪，令秦明没了归处，只能入伙。秦明劝说黄信也入了伙。宋江不只在江湖上名声远扬，朝廷命官也服他。秦明知道眼前人是宋江后，这样说："闻名久矣，不想今日得会义士！"黄信听完秦明的介绍，顿足说："若是小弟得知是宋公明时，路上也是放了他！……"

为防朝廷大军清剿，宋江一行去投奔梁山泊。半路上宋江、花荣看到比武的小温侯吕方、赛仁贵郭盛，两人一听说宋江的名，便"推金山，倒玉柱"；酒店里，石将军石勇也是听到了宋江之名才肯让座。这便是宋江的名人效应。因为石将军捎带的一封家书，宋江离开众位好汉回到故乡。原来，那封父亲"因病身故"的家书是宋太公为骗儿子回家编造的。

宋江回家被拿，"满县人见说拿得宋江，谁不爱惜他，都替他去知县处告说讨饶，备说宋江平日的好处"。看来，名人宋江的口碑确实好。最终知县轻判宋江，刺配江州牢城。去江州的路上，宋江进了一处人肉作坊（看来宋时人肉作坊绝非个别），宋江及两个公人都被蒙汗药麻翻，恰逢接宋江的混江龙李俊来店里，这才免去一劫。原来这儿开人肉作坊的是催命判官李立。这混江龙之前并未见过宋江，只因听闻名人宋江近期要从揭阳岭过，便专门等在这里。

宋江继续出发，来到揭阳镇，见有个耍枪棒的，不禁喝彩，并给了五两银子，不承想招来麻烦。第三十七回情节曲折，引人入胜。这一回里，宋江结识了病大虫薛永，薛永也早听闻宋江大名："闻名不如见面，见面胜似闻名。"混江龙李俊救下了危急中的宋江，宋江认识了船火儿张横，张横说他的弟弟浪里白条张顺在江州，并托宋江给他弟弟带信。几人回到岸上，宋江认识了追他的穆家兄弟——没遮拦穆弘、小遮拦穆春。一路有惊无险，宋江到了江州牢城，靠着银子，理顺了各方关系。

在江州牢城，宋江认识了在监狱里作节级的神行太保戴宗。人的名，树的影。原本耀武扬威的节级知道眼前人是宋江时，"连忙作揖"。由戴宗介绍，宋江又认识了贪酒好赌的黑旋风李逵，这不太讲理的李逵竟然只拜宋江。因为要吃鲜鱼，喝鲜鱼汤，李逵来到江边，这便上演了"黑旋风斗浪里白条"的故事，一身力气的黑旋风被打得没有还手之力。后来，还是因为张横的信，因为宋江的名，张顺才放了李逵一马。浪里白条一听说眼前人是山东及时雨时，也是"纳头便拜"。

宋江，不过是一个小小的押司，何以会在"黑道白道"名声显赫？书里的交代是宋江"仗义疏财""济困扶危"。我在想，这得有多厚的家底？宋江有吗？作者为何要着意塑造这样一个人物？

黄文炳的见识

黄文炳是江州无为军的一个在闲通判。他一出场,作者就用鉴定式的语言对其做了定性:"这人虽读经书,却是阿谀谄佞之徒,心地匾窄,只要嫉贤妒能。胜如己者害之,不如己者弄之,专在乡里害人。"一句话,黄文炳是个地道的反面角色。他听说江州蔡九知府是当朝蔡太师的儿子,每每来讨好,指望有朝一日能得引荐,能够升官。

无巧不成书。宋江借着酒醉,在浔阳楼白粉墙壁上题下反诗,恰巧被黄文炳看到。

自幼曾攻经史,长成亦有权谋。恰如猛虎卧荒丘,潜伏爪牙忍受。不幸刺文双颊,那堪配在江州。他年若得报冤仇,血染浔阳江口。

心在山东身在吴,飘蓬江海谩嗟吁。
他时若遂凌云志,敢笑黄巢不丈夫。

黄文炳以他特有的嗅觉,品出了"他年若得报冤仇,血染浔阳江口""他时若遂凌云志,敢笑黄巢不丈夫"的蕴含,于是誊抄了上面一词一诗,来江州府告发。也是宋江酒后大意,才给黄文炳留下把柄。

情急中的戴宗赶忙通风报信,并提议让宋江诈作"风魔",但并未瞒得过黄文炳。宋江被抬到府里,胡言乱语,蔡九不知如何是好,黄文炳硬是经过调查判定宋江装疯。宋江被打得皮开肉绽,只好招认。

这算黄文炳故事的第一回合。看得出来,他是个不好对付的主儿,戴宗绝非他的对手。

听取黄文炳建议,蔡九修书一封,并备了装好礼物的两个信笼,让戴宗送往东京,向其父请示处理宋江的方案。戴宗半路上被梁山好汉抢劫,搜出书信,吴用想方设法找来圣手书生萧让、玉臂匠金大坚,伪造了蔡京回信,

《水浒传》:一曲英雄的赞歌

39

盖上"翰林蔡京"印章，让戴宗回了江州。

蔡九读完回信，不假思索，准备将宋江解往东京。临行前，黄文炳读到此信，立马对书信的真伪提出质疑——

黄文炳接书在手，从头至尾，读了一遍，卷过来看了封皮，又见图书新鲜。黄文炳摇着头道："这封书不是真的。"知府道："通判错矣！此是家尊亲手笔迹，真正字体，如何不是真的？"黄文炳道："相公容复，往常家书来时，曾有这个图书么？"知府道："往常来的家书，却不曾有这个图书来，只是随手写的。今番以定是图书匣在手边，就便印了这个图书在封皮上。"黄文炳道："相公，休怪小生多言，这封书被人瞒过了相公。方今天下盛行苏、黄、米、蔡四家字体，谁不习学得。况兼这个图书，是令尊府恩相做翰林大学士时使出来的，法帖文字上，多有人曾见。如今升转太师丞相，如何肯把翰林图书使出来？更兼亦是父寄书与子，须不当用讳字图书。令尊府太师恩相，是个识穷天下学，览遍世间书，高明远见的人，安肯造次错用。相公不信小生轻薄之言，可细细盘问下书人，曾见府里谁来。若说不对，便是假书。休怪小生多言，只是错爱至厚，方敢僭言。"

黄文炳的这一分析，思路缜密。他从过时的图章，从父亲给儿子写信的落款，敏锐地发现了问题。顺着黄文炳的思路，蔡九很快问出了破绽。戴宗因此身陷囹圄。

这是黄文炳故事的第二回合。由此我们不得不承认，黄文炳是个有见识的人。所幸当案黄孔目与戴宗交好，才设法将行刑之期延后五日，客观上为梁山好汉劫法场留出了必要的时间。

梁山好汉救出了宋江、戴宗，宋江对黄文炳实在是气不过，杀了黄文炳一门大小四五十口，捉到黄文炳后，李逵一刀刀割了，烧了下酒，最后取出心肝，与众头领做醒酒汤。这是黄文炳故事的结局。人吃人，这一结局感觉有些惨不忍睹。

读《诗经》识植物，读《水浒传》认兵器

当年，孔子曾对他的学生说，读《诗经》有多方面的意义，最起码能从中认识鸟兽草木的名称。此言不假。"蒹葭苍苍""参差荇菜""野有蔓草""桃之夭夭""采采卷耳""彼采葛兮"……《诗经》为我们提供了丰富的植物标本。

读《水浒传》，我们可以学得什么呢？

刚刚读《水浒传》第五十五、五十六回，我记住了两种特别的兵器：三尖两刃刀、钩镰枪。

神话小说中，三尖两刃刀是二郎神的家当，神力可能不下于孙悟空的如意金箍棒。当然，《水浒传》里的三尖两刃刀自然无法跟神话中的三尖两刃刀相提并论。顾名思义，这种刀应该有"三尖""两刃"。《水浒传》第五十五回中，朝廷派大军征讨梁山泊，其中副先锋彭玘使的就是三尖两刃刀。

彭玘是呼延灼特别推荐的，出场之前作者介绍他"乃累代将门之子"、"武艺出众"、"人呼为天目将军"（据说二郎神是有"天目"的，彭玘用的是二郎神的兵器，所以有了这一雅称吧）。不过，这个彭玘好像有些窝囊，或者说中看不中用。他"横着那三尖两刃四窍八环刀，骣着五明千里黄花马"，跟花荣斗了二十余回合，就有点儿招架不住。彭玘与一丈青扈三娘交手，也是斗了二十余回合，就被一丈青扈三娘用套索拖下马来，做了俘虏。看来，一丈青扈三娘的身手真是了得！她应该算《水浒传》里最光彩照人的女性了！

呼延灼的连环马，令宋江一筹莫展。金钱豹子汤隆明白，欲破此阵须用钩镰枪，而会使此枪的只有金枪班教师徐宁，于是他悄悄给宋江献了一计：如此这般，赚徐宁上山即可。在吴用等人的谋划下，时迁盗取了徐宁家的祖传宝贝，徐宁为寻宝被引到梁山。接下来，自然是徐宁教众军汉使钩镰枪，破了呼延灼的连环马。小说中，钩镰枪是连环马的克星。

卢俊义被逼上梁山

"好汉"是《水浒传》里一个高频词。《水浒传》里确实有若干好汉。但,《水浒传》有不少回目的价值取向存在问题,让人读了很不舒服,就如第六十一、六十二回。这两回的中心人物是卢俊义,卢俊义最终被逼上梁山,完全出于吴用的算计。

一、卢俊义的遭遇令人叹惋

"智多星"用下三烂的手段让"玉麒麟"身陷囹圄,差点儿性命不保。设身处地,这"玉麒麟"可真是亏大了,好端端的生活被破坏了不说,还两度入狱,被打得皮开肉绽。说吴用作孽一点儿也不过分。当然,也怪这个卢员外有"一身好武艺",才招歹人惦记,也怪他刚愎自用,狂妄自负。《水浒传》作者是肯定吴用行径的,所以用"吴用智赚玉麒麟"作为回目名称。我觉得,这样的"智"实不可取(小说前面不乏类似的"智",如为了逼朱仝上梁山,李逵竟残忍地斧劈4岁小儿)。

清人金人瑞将吴用、李逵归在"上上人物",殊为荒谬。他说吴用"心地端正",说李逵"天真烂漫"。吴用是有小伎俩,但其不择手段的用心,能说是"端正"的吗?李逵是比较憨实,但其没脑子的嗜杀成性能说是"天真烂漫"吗?

二、贾氏的行为让人唾弃

《水浒传》的作者貌似没有看好的女人。卢员外的浑家贾氏,是继阎婆惜、潘金莲、潘巧云、刘高浑家、白秀英等坏女人之后的又一个反面女人。贾氏20岁嫁给"河北三绝"之一的卢俊义,结婚五年,"琴瑟谐和"。或许是卢俊义的大男子主义("你妇人家省得甚么!")所导致的,这娘子旧日就跟管家李固有私情，卢俊义滞留梁山数月，贾氏竟与李固合谋将其告到了官府。贾氏的理由很简单："不是我们要害你，只怕你连累我。"贾氏的逻辑太理性，贾氏的行为太无情，她最终落得"割腹剜心，凌迟处死"的结局，也是咎由自取。

三、钱能通神

卢俊义案件中，管家李固、梁山好汉都在使钱，钱在案件中发挥着重要作用。

李固算是大赚，占了贾氏，还得了卢俊义的家私。他上下使钱，务要置主人卢俊义于死地。公堂上，打得卢俊义"皮开肉绽，鲜血迸流，昏晕去了三四次""府前府后，看的人都不忍见"。李固给狱吏五百两金子欲除掉卢俊义。

另一边，柴进受宋江之命，送一千两黄金给狱吏蔡福，一心保住卢俊义性命。最终，蔡福兄弟俩用钱上下打点，"梁中书、张孔目都是好利之徒"，接了贿赂，便从宽发落，刺配卢俊义去沙门岛。

卢俊义刺配沙门岛与林冲刺配沧州的情节多有相似之处，是比较阅读的好材料。

相似之处。林冲和卢俊义都是被冤刺配；押解的公人都是董超、薛霸，出发前两人都受了贿赂，打算在半路上下手，都用了用开水烫脚让其无法行走的伎俩；林冲和卢俊义都有个暗中保护的英雄。

相异之处。始作俑者不同：一是高俅的爪牙，一是梁山军师吴用。公人董超、薛霸结局不同：野猪林里，鲁智深想结果两个公人，但被林冲阻止；另一个林子里，燕青拈弓搭箭，两个见钱眼开的公人受到了应有的惩罚。

读完《水浒传》第七十五回有感

人教社"名著阅读课程化丛书"之《水浒传》，每十回一次的导语很简洁，浓缩了未来一周要阅读的内容精华。比如，第六十一回前的导语这样写："这周的故事里出现了一个重要的英雄人物——燕青，他做了哪些了不起的事呢？赶快来读第六十一回至七十一回吧！"第七十二回前的导语这样写："李逵不仅会杀人，还会捉鬼了，这是怎么回事呢？阅读第七十二回至八十回，读完你就知道了。"我们写文章的入题、讲课的开场，也应该追求简洁。

这两天断断续续读了第七十二回至七十五回，有若干小心得简单记在这儿。

第七十二回，写元宵节宋江一行到首都看灯，这是《水浒传》第三次写到元宵节。

这一回里写到当时的名妓李师师，与之相伴，作者写到又一个虔婆。印象中这是第三个虔婆了（前面两个依次是神医安道全钟情的娼妓李巧奴的鸨母、史进钟情的娼妓李瑞兰的鸨母）。作者这样交代燕青见到的虔婆："那虔婆是个好利之人，爱的是金资，听的燕青这一席话，便动其心，忙叫李师师出来，与燕青厮见。"在虔婆那里，有钱就能办成事，并且钱越多越容易办成事。《水浒传》的时代，虔婆这一职业应该是受法律保护的。

第七十三回"李逵捉鬼"有意思。这世间原本就没有鬼，狄太公女儿与其相好装神弄鬼，其父误以为女儿中了邪，鬼神附体。李逵骗了一顿酒肉，用其独家兵器两把板斧便砍杀了"鬼"。

这一回还穿插了一个情节。牛头山两个强人冒名宋江抢了刘太公女儿。李逵不明就里，回梁山砍了"替天行道"杏黄旗，要对宋江下手，多亏五虎将拦住。最终真相大白，李逵负荆请罪。

这一回有一小段景物描写，用整句，较生动——

不觉时光迅速，看看鹅黄着柳，渐渐鸭绿生波。桃腮乱簇红英，杏脸微开绛蕊。山前花，山后树，俱各萌芽；洲上苹，水中芦，都回生意。谷雨初晴，可是丽人天气；禁烟才过，正当三月韶华。

第七十四回的两个故事各有特点。一个故事是"燕青智扑擎天柱"大快人心，他以小小身躯，将那个身长一丈的"擎天柱"摔到了台下。燕青算得上摔跤高手，如果生活在今天，估计燕青能拿到奥运会金牌。另一个故事是李逵临时过了一阵知县瘾。李逵让公人表演打官司，由他来断案："这个打了人的是好汉，先放了他去。这个不长进的，怎地吃人打了？与我枷号在衙门前示众。"

第七十五回，是梁山招安之路的开始。

看得出来，朝廷跟梁山水火不容。以蔡太师、高太尉为代表的奸佞之辈，内心对梁山"草寇"成见颇深，充满敌意，他们派出个小小的干办、虞候都要对宋江等颐指气使，遑论其他。所以，招安之路注定行不通。但梁山头领宋江执意要接受朝廷招安，他听到朝廷派代表来，"大喜"，他觉得被招安才算"成正果"。梁山上，执迷于招安之路的可能就宋江一人，问题是他是梁山总舵主，多数只能服从少数。其他好汉对朝廷的认识都是清醒的，连李逵都觉得："你那皇帝姓宋，我的哥哥也姓宋，你做得皇帝，偏我哥哥做不得皇帝！"吴用认为："论吴某的意，这番必然招安不成；纵使招安，也看得俺们如草芥。等这厮引将大军来，到教他着些毒手，杀得他人亡马倒，梦里也怕，那时方受招安，才有些气度。"事实证明，吴用与众好汉的认识是正确的，首次招安宣告失败。

我们知道，梁山最终被招安了，一个个英雄要么血洒疆场，要么被毒身亡，就为了宋江的所谓忠义。一个团队的领头人确实太重要了，他可以带领一个团队成就辉煌，也可以使一个团队走向毁灭。

《水浒传》：一曲英雄的赞歌

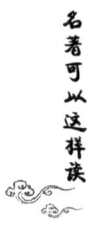

不要小看了断句

《水浒传》中，朝廷前两次招安都失败了。问题无疑出在朝廷，从根本上说，朝廷对招安缺乏诚意。往具体里说，第一次招安，诏书的表述措辞霸道，缺少对梁山好汉起码的尊重，加之蔡京、高俅派去的张干办、李虞候过于张狂；第二次招安，朝廷是有些许诚意的，但被高俅肆意扭曲了。高俅怎么扭曲的圣意？下面说来听听。

高俅连输两阵，正当此时，朝廷来了赦免梁山英雄的诏书。高俅原本可以顺着台阶下，但就这样收兵又觉得脸上无光，就在高俅举棋不定之时，济州城里一个叫王瑾的老吏察言观色，打消了高俅的疑虑。他是这么劝慰高俅的："贵人不必沉吟，小吏看见诏书上已有活路。这个写草诏的翰林待诏，必与贵人好，先开下一个后门了。"王瑾认为诏书上最要紧的话是"除宋江卢俊义等大小人众所犯过恶并与赦免"。这话到底怎么断句？

根据当时形势发展，朝廷的意思应该是，除宋江、卢俊义等大小人众所犯过恶，并与赦免。就是说免除梁山所有好汉所犯罪恶，一并赦免。

但这个王瑾却引导高俅这样断句：除宋江，卢俊义等大小人众所犯过恶，并与赦免。

意思显然发生了变化，成了其他人都可以赦免，宋江是例外。这正中了高俅下怀——在宋江等人听诏书之际除掉宋江，群龙无首后征讨梁山的大功也就告成了。高俅一高兴，马上升王瑾为帅府长史。

不过，这只是王瑾和高俅的如意算盘，梁山好汉不会轻易上当受骗。第八十回，吴用、花荣就敏感地听出了诏书的问题，花荣大叫："既不赦免我哥哥，我等投降则甚！"他搭上箭，拽满弓，一箭射中宣读官面门。预先做了准备的梁山各路人马一齐杀来,大败高俅。

　　王瑾玩弄文字游戏,欲置宋江于死地,用心自是险恶。因为断句的不同,一句话引发了一场厮杀,高俅自食其果。我们还真不能视断句为儿戏。

《水浒传》第八十五回读后感悟

《水浒传》第八十五回主要讲了一个"兵不厌诈"的故事。欧阳侍郎奉辽国国主之命,携带重金来劝降宋江,宋江假意应承,然后"夜度益津关""智取文安县",占了霸州。

一、欧阳侍郎:认清宋廷腐败但未看透宋江内心

欧阳侍郎在其国主面前这样评说宋朝及宋江:"宋江这伙都是梁山泊英雄好汉。如今宋朝童子皇帝,被蔡京、童贯、高俅、杨戬四个贼臣弄权,嫉贤妒能,闭塞贤路,非亲不进,非财不用,久后如何容的他们。"不得不说,这欧阳侍郎的眼光是独到的,分析也是深刻的。因此,他提出了劝降宋江的策略。

他对宋江的一番说辞堪称经典的外交辞令:

俺大辽国久闻将军大名,争耐山遥水远,无由拜见威颜。又闻将军在梁山大寨,替天行道,众弟兄同心协力。今日宋朝奸臣们,闭塞贤路,有金帛投于门下者,便得高官重用,无贿赂投于门下者,总有大功于国,空被沉埋,不得升赏。如此奸党弄权,谗佞侥幸,嫉贤妒能,赏罚不明,以致天下大乱,江南、两浙、山东、河北,盗贼并起,草寇猖狂。良民受其涂炭,不得聊生。今将军统十万精兵,赤心归顺,止得先锋之职,又无升授品爵。众弟兄劬劳报国,俱各白身之士。遂命引兵,直抵沙漠。受此劳苦,与国建功,朝廷又无恩赐。此皆奸臣之计。若将沿途掳掠金珠宝贝,令人馈送浸润与蔡京、童贯、高俅、杨戬四个贼臣,可保官爵恩命立至。若还不肯如此行事,将军纵使赤心报国,建大功勋,回到朝廷,反坐罪犯。欧某今奉大辽国主,特遣小官赍敕命一道,封将军为辽邦镇国大将军,总领兵马大元帅,赠金一提,银一秤,彩段一百八匹,名马一百八骑。便要抄录一百八位头领姓

名赴国，照名钦授官爵。非来诱说将军，此是国主久闻将军盛德，特遣欧某前来预请将军，招安众将，同意归降。

这个欧阳侍郎真是个出色的外交家，长于辞令。一大段话，得体中肯，有理有据，条理清晰。别的不说，我们读之起码知道了北宋末年农民起义的背景。效忠于奸臣当道的朝廷，忠臣能有出头之日吗？

欧阳侍郎的劝说策略合乎情理，也确实设身处地地为宋江着想，只是没有考虑到宋江内心的价值追求，就是说他没能认清宋江这个人，所以他最终上了宋江的当。

吴用是认可欧阳侍郎的："我想欧阳侍郎所说这一席话，端的是有理。目今宋朝天子，至圣至明，果被蔡京、童贯、高俅、杨戬四个奸臣专权，主上听信。设使日后纵有功成，必无升赏。我等三番招安，兄长为尊，只得个先锋虚职。若论我小子愚意，从其大辽，岂不胜如梁山水寨。"吴用对当时形势的研判是正确的。

当然，吴用知道宋江当时心里所想："纵使宋朝负我，我忠心不负宋朝，久后纵无功赏，也得青史上留名。若背正顺逆，天不容恕。吾辈当尽忠报国，死而后已。"

二、《水浒传》的迷信思想

《水浒传》思想的局限性除了表现在落后的妇女观，还表现在宣扬迷信思想。书中有多处装神弄鬼的描写，今天读来颇觉荒唐。这种荒诞描写，书里主要有以下几种：

一是第一回的"张天师祈禳瘟疫 洪太尉误走妖魔"。瘟疫最终靠张天师作法驱走，这显然荒唐，"遇洪而开"的杜撰同样地荒唐。

二是宋公明得九天玄女相助。第四十二回宋江走投无路之时，九天玄女竟然帮其走出困境，并且授予他三卷"天书"。之后每每在紧要关头宋江会从"天书"中找到破解之法。第八十五回里，听说辽国使臣欧阳侍郎到来，宋江就根据"天书"卜了一卦，结果是"上上之兆"。

三是公孙胜呼风唤雨的神本领。打高唐州时，宋江搬来公孙胜才破了高廉的邪法；第八十六回贺统军的邪法，也是靠公孙胜"掣出宝剑"，"口中念不过数句"，然后大喝一声"疾"，得以破除。

四是罗真人的能掐会算。之前李逵为了逼迫公孙胜出山解高唐之围，曾斧劈罗真人，结果罗真人毫发无损。第八十五回宋江一行去拜访罗真人，宋江问前途，罗真人说"将军一生命薄，不得全美"。宋江再问，罗真人命童子取来纸笔，写下八句话："忠义者少，义气者稀。幽燕功毕，明月虚辉。始逢冬暮，鸿雁分飞。吴头楚尾，官禄同归。"宋江请罗真人解读，罗真人说："此乃天机，不可泄漏。他日应时，将军自知。"这八句预言，感觉有点儿像《红楼梦》第五回的判词。

好一个浪子燕青

燕青位列梁山泊天罡星36员最后。

燕青出场，在《水浒传》第六十一回。作者对燕青的才艺大加肯定："不则一身好花绣，那人更兼吹的、弹的、唱的、舞的，拆白道字，顶真续麻，无有不能，无有不会。亦是说的诸路乡谈，省的诸行百艺的市语。更且一身本事，无人比的。拿着一张川弩，只用三支短箭，郊外落生，并不放空，箭到物落，晚间入城，少杀也有百十个虫蚁。"可以说，《水浒传》里有多般才艺的就数浪子燕青。

燕青之可贵，不止在才艺。有道是患难见真情，被贾氏、李固扫地出门的浪子燕青，在主人最困难的时候来到了监狱——

蔡福起身出离牢门来，只见司前墙下转过一个人来，手里提着饭罐，面带忧容。蔡福认的是浪子燕青。蔡福问道："燕小乙哥，你做甚么？"燕青跪在地下，擎着两行珠泪，告道："节级哥哥，可怜见小人的主人卢员外，吃屈官司，又无送饭的钱财！小人城外叫化得这半罐子饭，权与主人充饥。节级哥哥怎地做个方便，便是重生父母，再长爷娘！"说罢，泪如雨下，拜倒在地。蔡福道："我知此事。你自去送饭把与他吃。"燕青拜谢了，自进牢里去送饭。

燕青的这番言语、行动，让读者对其油然生出敬意。跟卢俊义的妻子、总管相比，燕青忠心可嘉！

在卢俊义被发配沙门岛的路上，燕青一直在暗中保护着主人，如同当年鲁智深保护林冲一样。就在董超、薛霸要谋害卢俊义性命之时，他果断出手，两箭结果了这两个见钱眼开的公人。

"燕青智扑擎天柱"更是大快人心！他以小小身躯，将那个身长一丈的"擎天柱"摔到了台下。燕青算得上柔道、摔跤高手，如果生活在今天，估计燕青能拿到奥运会金牌。

燕青聪慧过人，他潜入东京，替宋江完成了与李师师接头的任务。

在双林渡，燕青初学弓箭，射雁箭箭不空。

金圣叹《读第五才子书法》中对燕青评价不是很高。燕青既没有进入9位"上上人物"，也没有入围8位"上中人物"，而是在11位"中上人物"之列。"中上人物"以下，只有杨雄、戴宗2位"中下人物"，时迁、宋江2位"下下人物"。当然，这个评价只能说是金氏一家之言。要我说，论才艺、境界，燕青完全有资格进入"上上人物"。

这里我们特别说一说燕青的先见之明。

梁山好汉接受朝廷招安后有过两次大规模军事行动：北伐大辽，南征方腊。征讨方腊的行动中，梁山好汉死伤大半，只剩得36员正偏将佐，燕青是其一。九死一生的这些将佐结局大多不是很好。

征剿方腊结束，回京的路上燕青找到他以前的主人卢俊义，提议说："小乙自幼随侍主人，蒙恩感德，一言难尽。今既大事已毕，欲同主人纳还原受官诰，私去隐迹埋名，寻个僻净去处，以终天年。未知主人意下若何？"卢俊义听后很是纳闷："自从梁山泊归顺宋朝已来，北破辽兵，南征方腊，勤劳不易，边塞苦楚，弟兄殒折，幸存我一家二人性命。正要衣锦还乡，图个封妻荫子，你如何却寻这等没结果？"显然，燕青跟卢俊义的思想不在一个频道。燕青认为自己的选择"正有结果"，而卢俊义的选择"定无结果"。小说作者在这儿来了句议论："若燕青，可谓知进退存亡之机矣。"

接下来，二人还有几句引经据典的对话——

卢俊义道："燕青，我不曾存半点异心，朝廷如何负我？"燕青道："主人岂不闻韩信立下十大功劳，只落得未央宫前斩首；彭越醢为肉酱，英布弓弦药酒。主公，你可寻思，祸到临头难走。"卢俊义道："我闻韩信三齐擅自称王，教陈豨造反；彭越杀身亡家，大梁不朝高祖；英布九江受任，要谋汉帝江山。以此汉高帝诈游云梦，令吕后斩之。我虽不曾受这般重爵，亦不曾有此等罪过。"燕青道："既然主公不听小乙之言，只怕悔之晚矣。……"

曾经的主仆，哪位的选择正确呢？读过《水浒传》的人都知道，在杨戬、高俅的密谋下，卢俊义被骗到京城，他们在御赐的饭菜里放进水银，卢俊义"腰肾疼痛",不能骑马,坐船返回的路上落水而死。"可怜河北玉麒麟,屈作水中冤抑鬼。"我们不能不为卢俊义叫屈!要是当初他听了燕青的话呢?

《水浒传》108位好汉中,有燕青这般先见之明的,屈指可数。

《水浒传》:一曲英雄的赞歌

李逵的兽性

李逵是在《水浒传》第三十八回登场的。

当时宋江在江州服刑。那天宋江与江州两院押牢节级戴宗在酒楼上饮酒，听见楼下喧闹，一打听，原来是李逵找人借钱，人家不给借，就闹了起来。李逵借钱何用？去赌博。戴宗最是了解，宋江并不知晓，于是给了李逵十两银子。果然，不一会儿李逵将这十两银子输掉了，还跟赌场的人大打出手。李逵出场，给我们的印象是"贪酒好赌"，蛮不讲理。人家不给借钱，他竟然说："叵耐这鸟主人不肯借与我，我待要和那厮放对，打得他家粉碎，却被大哥叫了上来。"这样的强盗，谁惹得起？

接下来，宋江、戴宗、李逵在琵琶亭上小坐，宋江想吃鲜鱼汤，店里没有鲜鱼，李逵自告奋勇要去"讨两尾活鱼来与哥哥吃"。因其态度蛮横，他跟鱼贩们打了起来，最终，浪里白条张顺出场，在水里狠狠地教训了黑旋风，力大如牛的黑旋风无力还手。

那以后，有关李逵，我们熟悉的故事要算"江州劫法场""李逵杀虎""斧劈罗真人""李逵负荆""李逵捉鬼"等。战场上的李逵，总是冲锋陷阵，天不怕地不怕，表现出英雄本色；生活中的李逵，疾恶如仇，有错能改，这是大家都认可的。用戴宗的话说，李逵其人"虽然愚蠢"，"也有些小好处"：第一耿直，第二忠心，第三勇敢。金圣叹在《读第五才子书法》中更是给了李逵极高的评价——

李逵是上上人物，写得真是一片天真烂漫到底。看他意思，便是山泊中一百单七人，无一个入得他眼。《孟子》"富贵不能淫，贫贱不能移，威武不能屈"，正是他好批语。

但我一直不太喜欢李逵其人，因为他身上的兽性过于突出。杀人对他来说就是儿戏，吃人肉对他来说更是享受。这样的李逵，我们能喜欢吗？我们敢亲近吗？

朱仝放走雷横，自己被刺配沧州监狱。沧州知府喜欢其"貌如重枣，美髯过腹"，就留在身边使唤。知府4岁的小公子见了朱仝，就要让这个大胡子抱，于是，朱仝成了小公子的玩伴儿。遗憾的是，为了逼迫朱仝落草，李逵竟把年仅4岁的小公子的头劈成了两半！手段太过残忍！这样的人，啥事干不出来！听了柴进的解释，朱仝还是觉得李逵"忒毒些个"，要跟李逵拼命。显然，朱仝人品要胜过李逵。

宋江酒后浔阳楼题反诗，遭黄文炳揭发，梁山好汉活捉了黄文炳。宋江要报仇，执行者是李逵——

李逵拿起尖刀，看着黄文炳笑道："你这厮在蔡九知府后堂，且会说黄道黑，拨置害人，无中生有撺掇他！今日你要快死，老爷却要你慢死！"便把尖刀先从腿上割起，拣好的就当面炭火上炙来下酒。割一块，炙一块，无片时，割了黄文炳。李逵方才把刀割开胸膛，取出心肝，把来与众头领做醒酒汤。

《水浒传》里不止一次写到人肉作坊，写到吃人肉，写到用人的心肝做醒酒汤，如果施耐庵的描写是真实的，那我觉得宋朝那个时代确实有些恐怖。弄不好你会被人用蒙汗药放翻而被开剥，不小心你会吃到人肉包子。而李逵这类人，好像把吃人肉当成了家常便饭。恨你，我就要吃你。黄文炳可恶，但起因是宋江酒后题诗，留下把柄给人家。宋江觉得杀黄文炳还不解恨，于是李逵就来了个凌迟。"把尖刀先从腿上割起，拣好的就当面炭火上炙来下酒。割一块，炙一块，无片时，割了黄文炳。"手段够残忍的。李逵吃过的人应该不少，第四十一回刚吃完黄文炳，第四十三回又开始吃那个假李逵了——

李逵盛饭来，吃了一回，看着自笑道："好痴汉！放着好肉在面前，却不会吃！"拔出腰刀，便去李鬼腿上割下两块肉来，把些水洗净了，灶里扒些炭火来便烧。一面烧，一面吃。吃得饱了，把李鬼的尸首拖放屋下，放了把火，提了朴刀，自投山路里去了。

这，便是《水浒传》中李逵的另一面。小说中有一首类似李逵自题的诗，是这样写的：

家住沂州翠岭东，杀人放火恣行凶。

因餐虎肉长躯健，好吃人心两眼红。
闲向溪边磨巨斧，闷来岩畔斫乔松。
有人问我名和姓，撼地摇天黑旋风。

这样的黑旋风比较可怕吧！

这样的人，金圣叹认为是"天真烂漫到底"，真是玷污了"天真烂漫"这个好词。要我说，李逵头脑简单，劣迹不少，将其归入"中下"不算委屈。

《红楼梦》：
一部读不完的大书

只因为那两次回眸

今天读《红楼梦》第二回：贾夫人仙逝扬州城　冷子兴演说荣国府。

一、改变命运的两次"回头"

《红楼梦》第一回中写到贾雨村注意到了甄士隐家丫鬟娇杏，"生得仪容不俗，眉目清明，虽无十分姿色，却亦有动人之处"。这丫鬟无意中也注意到了"生得腰圆背厚，面阔口方，更兼剑眉星眼，直鼻权腮"的贾雨村，并且忖度一番后还"回头两次"。这两次回头令贾雨村想当然地以为"这女子心中有意于他"，内心禁不住狂喜，将其当成"风尘中之知己"。转眼到了中秋佳节，雨村心里一直未能放下娇杏："闷来时敛额，行去几回头。"这一回的最后，娇杏在门前买线，竟邂逅在姑苏甄家有一面之缘的贾雨村！真是无巧不成书。这一细节除了在小说结构上前后照应，除了引出第二回的故事，还暗示出一种宿命：有时候偶然的际遇往往能影响人的一生，就如《项链》中路瓦栽夫人丢失项链。

通行本说："偶因一回顾，便为人上人。"貌似是羡慕娇杏的际遇。娇杏，谐音"侥幸"。

脂评本说："偶因一着错，便为人上人。"是说身为女子，原不应该有娇杏那样的"回顾"行动。错误的行动（不守礼法）竟让自己成了"人上人"，脂评貌似有一种调侃的味道在其中。

不管怎么说，娇杏的两次回头确实改变了她身为丫鬟的命运，一跃而成为官太太了。

二、由远及近的笔法

第二回的重点是"冷子兴演说荣国府"。

作者由远及近，由外戚写到荣国府，并且采用第三方介绍的方式，即借冷子兴之口向读者介绍了宁荣二府几代人的传承。脂评本认为这种笔法很高明。"若使先叙出荣府，然后一一叙及外戚，又一一至朋友，至奴仆，其死板拮据之笔，岂作十二钗人手中之物也。"诚然，作者如此行文确实简洁。

三、《红楼梦》主要人物登场

第二回虽说仍非小说正文，但黛玉、宝玉、熙凤等《红楼梦》主要人物已借贾雨村、冷子兴之口交代出来。

黛玉——今只有嫡妻贾氏生得一女，乳名黛玉，年方五岁。夫妻无子，故爱如珍宝。且又见他聪明清秀，便也欲使他读书识得几个字，不过假充养子之意，聊解膝下荒凉之叹。

宝玉——第二胎生了一位小姐，生在大年初一，这就奇了。不想次年又生一位公子，说来更奇，一落胎胞，嘴里便衔下一块五彩晶莹的美玉来，上面还有许多字迹，就取名叫作宝玉。那年周岁时，政老爹便要试他将来的志向，便将那世上所有之物件，摆了无数与他抓取，谁知他一概不取，伸手只把那些脂粉钗环抓来。政老爹便大怒了，说，"将来酒色之徒耳！"因此便大不喜悦。独那史老太君还是命根一样。说来又大奇了，如今长了七八岁，虽然淘气异常，但其聪明乖觉处，百个不及他一个。说起孩子话来也奇怪，他说："女儿是水作的骨肉，男人是泥作的骨肉。我见个女儿，我便清爽。见了男人，便觉浊臭逼人。"

熙凤——这位琏爷身上现捐的是个同知，也是不肯读书，于世路上好机变，言谈去的。所以如今只在乃叔政老爷家住着，帮着料理些家务。谁知自娶了他令夫人之后，倒上下无一人不称颂他夫人的，琏爷倒退了一射之地。说模样又极标致，言谈又爽利，心机又极深细，竟是男人万不及一的！

四、又见"他令尊""他令夫人"

读《西游记》，我曾比较多地注意到类似"你令尊""你令郎""我家父""我舍侄"的表述，《红楼梦》第二回中也有类似表述：

他令尊也曾下死的笞楚过几次，无奈竟不能改悔（贾雨村对冷子兴说）。

谁知自娶了他令夫人之后，倒上下无一人不称颂他夫人的，琏爷倒退了一射之地（冷子兴对贾雨村说）。

以上，都不是说对方的亲属，而是第三方的亲属，说话人用了称呼对方的表敬之辞，读着很是别扭。

林黛玉几岁进的贾府

《林黛玉进贾府》从黛玉的视角让我们见到了贾府众多人物，三姐妹、宝玉、王熙凤等人物出场各有特点，这儿不再赘述。下面，我们讨论一个有争论的问题：林黛玉到底几岁进的贾府？

《红楼梦》第二回明确交代黛玉"年方五岁"，父母爱如珍宝，想为她聘请一位家庭教师，这时候，正好贾雨村被革职后游历到了扬州，囊中羞涩，经友人介绍，就做了黛玉的老师。"堪堪又是一载的光阴"，黛玉的母亲贾敏"一疾而终"，也就是说贾雨村当了黛玉一年的老师（第三回黛玉所说"不曾读书，只上了一年学"，即指跟着贾雨村读了一年书）。黛玉母亲去世时，黛玉只有6岁。这时她的外祖母派人来接，贾雨村拿了林如海写给贾政的推荐信，跟黛玉同行。如此说来，黛玉进贾府时应该是6岁。当时宝玉7岁，第二回冷子兴跟贾雨村的聊天中，就说宝玉"如今长了七八岁"。第三回黛玉回答舅母话时说过，"在家时亦曾听见母亲常说，这位哥哥比我大一岁"。

为什么现在人们对林黛玉进贾府时的年龄有不同说法？我以为问题出在第三回末和第四回，原文（流传下来的文本）的叙述有些混乱。

黛玉到贾府的"次日"，就听到薛蟠倚财仗势，打死人命，"现在应天府案下审理"的事。而审案子的应天府长官，正是贾雨村。这里，时间显然对不上，因为贾雨村是跟林黛玉一同进京的，虽说这次有林如海的荐书，靠贾政的斡旋他很快补了缺，但也是将近两个月以后才上任。

如果将贾雨村审这个案子的时间推后5年，或许前后情节才能自圆其说。

我们来看贾雨村断案时的两个时间参照点：一是门子，一是宝钗。

贾雨村正要发签拿人，眼睛余光看到一个门子在使眼色阻止，经历过宦海沉浮的雨村停止了发签，退堂了解原委。这门子到了后堂，请安说道："老爷一向加官进禄，八九年来就忘了我了？"见雨村一时想不起来，门子进一步说："老爷真是贵人多忘事，把出身之地竟忘了，不记当年葫芦庙里之事了？"（这话说得不得体，脂评本评曰："刺心语，自招其祸，亦因夸能恃才也。"）我们根据小说的叙述算一算，贾雨村离开葫芦庙赴京考试，中了进士，授了知府，为官一年多因"贪酷""恃才侮上"，被上司参了一本而革职，而后游览扬州，在林家执教一年。这充其量也就两三年。门子为何说隔了"八九年"？按常理推测，如果隔了两三年，雨村应该记得那个门子的。所以说雨村自从离开葫芦庙进京赶考，到这次审案，中间应该隔了八九年。就是说，门子的叙述时间节点是合适的。而按这个时间节点推算，贾雨村审薛蟠案确实应该是在他跟林黛玉进京的五六年以后。

在贾雨村审案之时，薛姨妈一家也进京了。第四回明确说薛蟠"今年方十有五岁"。当时宝钗多大？"比薛蟠小两岁"。就是说，当时宝钗13岁。于是，人们纳闷了，觉得林黛玉6岁进贾府不合适。于是，有人多方求证，提出黛玉10余岁进贾府之说。

其实，林黛玉就是6岁进的贾府。薛宝钗则是在林黛玉进贾府5年以后，即13岁进的贾府。这时，黛玉11岁，宝玉12岁。这中间，林黛玉跟贾宝玉青梅竹马了5年，问题出在这5年的生活在小说中"省略"了。

第四十五回，黛玉和宝钗谈心，说自己15岁了，就是来贾府9年了；第四十八回，平儿骂贾雨村，说"认了不到十年，生出多少事来"。黛玉是跟雨村一起进京的。这样推算，黛玉当年进贾府就是6岁。

按常理，6岁黛玉好像有点儿早熟，但从文本出发，林黛玉就是6岁进的贾府。

自作聪明的门子，命运坎坷的英莲

今天我们说说第四回中的两个小人物：门子和英莲。

这一回的回目名叫"薄命女偏逢薄命郎　葫芦僧乱判葫芦案"。

贾雨村靠着贾政的帮忙得以复职，进京两月就到应天府主事。他刚一上任，就碰到一个人命关天的案子，就在他要发签捉拿凶犯族中人来拷问之时，桌边站的一个门子给他使眼色，不让其发签。退堂至后堂，小说通过一段插叙，交代了门子的来历："原来这门子本是葫芦庙内一个小沙弥，因被火之后无处安身，欲投别庙去修行，又耐不得清凉景况，因想这件生意倒还轻省热闹，遂趁年纪小蓄了发，充了门子。"他是了解贾雨村当年寄身葫芦庙时那段历史的。贾雨村来应天府主事，他心下应该窃喜过，毕竟是"故人"。他给贾雨村献上了那张"护官符"，他的一番话改变了贾雨村的为官之道。我们可以来个假设：如果不是门子，那天贾雨村应该就发签拿人了，最终会是什么结果？实际情况是，在门子的导演下，贾雨村胡乱了结了此案，还给贾政和京营节度使王子腾各修书一封，说"令甥之事已完，不必过虑"。门子最终被贾雨村寻了个不是，远远地发配了事。

门子聪明反被聪明误，可以说活该。他知道的"秘密"太多：知道贾雨村当年困窘的历史；知道贾雨村此次的枉法；知道贾雨村不仅没能为恩人的女儿主持正义，还忘恩负义。对于知道这么多高级秘密的门子，贾雨村留在身边，能睡得着觉吗？难怪脂评本提醒："口如悬河者，当于出言时小心。"

这个门子其实挺可悲。你不就是个门子吗？对知府大人说话太没大没小，有失分寸："老爷一向加官进禄，八九年来就忘了我了？""老爷真是贵人多忘事，把出身之地竟忘了，不记当年葫芦庙里之事了？"这不是在揭人伤疤吗？你以为你出的主意很高明，知府大人会因此器重你？错！

大家一定记得《红楼梦》第一回中那个令甄士隐夫妇悲伤欲绝的元宵节，他们3岁的女儿就是在那个晚上看灯时丢失的。丢失的英莲去了哪里？第四回里，通过门子之口，我们知道了英莲的下落。"当日这英莲，我们天天哄他玩耍，虽隔了七八年，如今十二三岁的光景，其模样虽然出脱得齐整好些，然大概相貌自是不改，熟人易认。况且他眉心中原有米粒大小的一点胭脂痣，从胎里带来的，所以我却认得。"当初确实是被人贩子拐走的，人贩子养了七八年，如今先卖给冯渊，收了冯渊的银子后又卖给薛蟠。一个乡宦人家的千金，就因为拐卖人口的贩子，最终落得如此结局，实在可怜。从宿命的角度说，这英莲的命运真是不好。

《红楼梦》第五回主要人物命运的总纲

《红楼梦》第五回堪称全书总纲。

理由有二：一是这一回为宝黛感情张本，二是这一回的判词暗示了全书主要女性人物一生的命运。

我们先来看这一回怎样为宝黛感情张本——

如今且说林黛玉，自在荣府以来，贾母万般怜爱，寝食起居，一如宝玉，迎春、探春、惜春三个亲孙女倒且靠后。便是宝玉和黛玉二人之亲密友爱处，亦自较别个不同，日则同行同坐，夜则同息同止，真是言和意顺，略无参商。不想如今忽然来了一个薛宝钗，年岁虽大不多，然品格端方，容貌丰美，人多谓黛玉所不及。而且宝钗行为豁达，随分从时，不比黛玉孤高自许，目无下尘，故比黛玉大得下人之心。便是那些小丫头们，亦多喜与宝钗去玩。因此黛玉心中便有些悒郁不忿之意，宝钗却浑然不觉。那宝玉亦在孩提之间，况自天性所禀来的一片愚拙偏僻，视姊妹弟兄皆出一意，并无亲疏远近之别。其中因与黛玉同随贾母一处坐卧，故略比别个姊妹熟惯些。既熟惯，则更觉亲密。既亲密，则不免一时有求全之毁，不虞之隙。这一日不知为何，他二人言语有些不合起来，黛玉又气的独在房中垂泪，宝玉又自悔语言冒撞，前去俯就，那黛玉方渐渐的回转来。

从这一语段中我们能筛选出哪些信息呢？其一，贾母偏爱黛玉，待遇跟宝玉一般无二。其二，作者通过对比，通过正面描写、侧面描写对黛玉和宝钗二人的性格做了要言不烦的介绍，两人的形象宛在眼前。其三，宝玉和黛玉的亲密友爱"较别个不同"，但过于亲密的另一面是"不免一时有求全之毁，不虞之隙"，就是说他俩因亲密就会苛求对方，反而会产生一些意想不到的矛盾。脂批曰："八字为二玉一生文字之纲。"细加揣摩，后文确实在不断地写宝玉和黛玉之间的"求全之毁，不虞之隙"。所以，我们说这一回堪称全书总纲。脂批还曰："八字定评有趣味，不独黛玉、宝玉二人，亦可为古今天下亲密人当头一喝。"此批也极中肯。

接下来，我们看这回的判词怎样暗示全书主要女性人物一生的命运。

这要从宁、荣二府的第一次女眷家宴小集说起。这一回里，作者简略地记叙了贾府女眷的一次家宴小集。这次小集的主题是赏梅，宁府花园里的梅花开了，贾珍之妻尤氏携了贾蓉之妻秦氏来请贾母等赏花。参加这次家宴的人除了贾母，还有邢夫人、王夫人，另外，宝玉也来了，"三春"缺席，黛玉、宝钗也缺席。作者写这次家宴仅是个引子，为的是引出下文，就是"一时宝玉倦怠，欲睡中觉"，秦氏将宝玉安顿到了自己房里，宝玉刚合眼，便进入了梦境。梦中，宝玉来到太虚幻境，在警幻仙姑的引领下，他看到了"金陵十二钗又副册""金陵十二钗副册""金陵十二钗正册"，其中涉及书中15位女性的判词。"又副册"里有晴雯、袭人，"副册"里有香菱，"正册"里有林黛玉、薛宝钗、贾元春、贾探春、史湘云、妙玉、贾迎春、贾惜春、王熙凤、贾巧姐、李纨、秦可卿。

透过判词及册中简单的画面，作者对以上15位女性人物的结局做了预测，而后文的故事正是按照这里的预测展开的，所以有人用"一次远眺"来概括本回内容。

比如"副册"里的香菱，相关文字是——

……又去开了那"副册"厨门，拿起一本册来，揭开看时，只见画着一株桂花，下面有一池沼，其中水涸泥干，莲枯藕败，画后书云：

根并荷花一茎香，平生遭际实堪伤。
自从两地生孤木，致使香魂返故乡。

画面是说夏金桂（桂花）折磨死了香菱（香菱本名甄英莲，"水涸泥干，莲枯藕败"暗指香菱遭遇）。判词第一句咏荷，也是咏香菱；第二句是说香菱一生命苦，三岁被拐，后来"薄命女偏逢薄命郎"；三四句是说薛蟠娶了夏金桂（"两地生孤木"系"桂"字）后，香菱生命就一步步走向终点。

再如正册里的探春，相关文字是——

后面又画着两人放风筝，一片大海，一只大船，船中有一女子掩面泣涕之状。也有四句云：

> 才自精明志自高，生于末世运偏消。
> 清明涕送江边望，千里东风一梦遥。

画面跟文字是一个意思，就是暗示探春在清明时节远嫁。

判词后面的《红楼梦》12支曲，也暗示着正册中12个人物的结局，包含了作者对人物的评论。如评说王熙凤的《聪明累》：

机关算尽太聪明，反算了卿卿性命。生前心已碎，死后性空灵。家富人宁，终有个家亡人散各奔腾。枉费了，意悬悬半世心。好一似，荡悠悠三更梦。忽喇喇似大厦倾，昏惨惨似灯将尽。呀！一场欢喜忽悲辛。叹人世，终难定！

可惜宝玉当初"看了不解""看了仍不解"。要是"天分高明，性情颖慧"的宝玉看后能从中悟出点什么，并将判词预示的结果告知当事人，那么，书中这些可爱女子的命运能有改变吗？

刘姥姥一进荣国府

刘姥姥是这样出场的——

按荣府一宅人合算起来，人口虽不多，从上至下也有三四百丁。虽事不多，一天也有一二十件，竟如乱麻一般，并无个头绪可作纲领。正寻思从那一件事，自那一个人写起方妙，恰好忽从千里之外，芥荳之微，小小一个人家，因与荣府略有些瓜葛，这日正往荣府中来，因此便就此一家说来，到还是头绪。你道这一家姓甚名谁，又与荣府有甚瓜葛？且听细讲。

就是说，作者笔下贾府的故事，是从刘姥姥一进荣国府讲起的。

刘姥姥一进荣国府，缘由很简单，就是想求得贾府的接济。刘姥姥的女婿王狗儿，祖上曾与王夫人的父亲连过宗，后来家业萧条，搬到城外乡下。到了王狗儿这辈，生计更为艰难，王狗儿和刘氏忙于生计，就接刘姥姥来家中，照看板儿和青儿两个小孩。这一年看看秋尽冬初，生活无聊，狗儿喝了点酒，闲生闷气，刘氏不敢埋怨，刘姥姥这时说了一番很不一般的话，批评女婿不像个男子汉大丈夫，提出"谋事在人，成事在天"，想到了当年连过宗的金陵王家以及嫁于贾府的王夫人。刘姥姥的一番话说动了狗儿，但他没勇气向贾府求告，就把去贾府的重任交给了刘姥姥。刘姥姥是个执行力很强的老太婆，次日她就带着孙子进了城。

算刘姥姥运气好，蹭到荣国府大门的角门打听周瑞，碰到一个年老的仆人，指点她绕到后门去问；到了后门，一个小孩跳跳蹦蹦地引她到了周瑞家门口。侯门深似海，不承想刘姥姥这么容易就进了贾府，门上那两个一老一小的仆人都没有盘问她，没有难为她。

就这样，刘姥姥第一次踏进了荣国府的大门。

这次，刘姥姥主要见了周瑞家的，然后在周瑞家的引领下见到了荣国府当家人王熙凤。

求人难。我们不难想象，那天刘姥姥是鼓出多大的勇气向王熙凤张口！书中说刘姥姥"未语先飞红的脸""只得忍耻说道"。经过周瑞家的前期铺垫，王熙凤早已明白刘姥姥的来意，先是安排了饭，然后说了一番得体的话：

且请坐下，听我告诉你老人家。方才的意思，我已知道了。若论亲戚之间，原该不等上门来就该有照应才是。但如今家内杂事太烦，太太渐上了年纪，一时想不到也是有的。况是我近来接着管些事，都不知道这些亲戚们。二则外头看着虽是烈烈轰轰的，殊不知大有大的艰难去处，说与人也未必信罢。今儿你既老远的来了，又是头一次见我张口，怎好叫你空回去呢。可巧昨儿太太给我的丫头们做衣裳的二十两银子，我还没动呢，你若不嫌少就暂且先拿了去罢。

王熙凤这话说得真是漂亮，既含着因没能主动照应刘姥姥的歉意，也有对家大难处的申说，连刘姥姥听了心里也"突突的"，但最后话头一转，熙凤说出给刘姥姥二十两银子。对乡下人来说，二十两银子可不是小数字。所以刘姥姥高兴得"浑身发痒起来"。

刘姥姥一进荣国府达到了预期的目的。而王熙凤这次的善举，也为其后来落难时的境遇埋下了伏笔。贾府被抄后，是刘姥姥主动伸手，救下了王熙凤的女儿巧姐。这一情节，在《红楼梦》第五回的判词及十二支曲词里的《留余庆》中已有暗示：

势败休云贵，家亡莫论亲。偶因济刘氏，巧得遇恩人。

留余庆，留余庆，忽遇恩人。幸娘亲，幸娘亲，积得阴功。劝人生，济困扶穷。休似俺那爱银钱忘骨肉的狠舅奸兄！正是乘除加减，上有苍穹。

薛宝钗的冷香丸，林黛玉的失身份

鲁迅在《父亲的病》中对中医颇有微词，他写到S城的两个"名医"，开的药方尤其是药引极为离奇。陈莲河给鲁迅父亲开的药方中有：

最平常的是"蟋蟀一对"，旁注小字道："要原配，即本在一窠中者。"似乎昆虫也要贞节，续弦或再醮，连做药资格也丧失了。但这差使在我并不为难，走进百草园，十对也容易得，将它们用线一缚，活活地掷入沸汤中完事。然而还有"平地木十株"呢，这可谁也不知道是什么东西了，问药店，问乡下人，问卖草药的，问老年人，问读书人，问木匠，都只是摇摇头，临末才记起了那远房的叔祖，爱种一点花木的老人，跑去一问，他果然知道，是生在山中树下的一种小树，能结红子如小珊瑚珠的，普通都称为"老弗大"。

读之，给人感觉当时所谓名医就是故弄玄虚的骗子。

《红楼梦》里也写到不少药方，据说有不少是有科学根据的，不过，个别药方我还是觉得有些奇葩，比如第七回中写到的薛宝钗的冷香丸：

要春天开的白牡丹花蕊十二两，夏天开的白荷花蕊十二两，秋天开的白芙蓉蕊十二两，冬天开的白梅花蕊十二两。将这四样花蕊，于次年春分这日晒干，和在药末子一处，一齐研好。又要雨水这日的雨水十二钱，白露这日的露水十二钱，霜降这日的霜十二钱，小雪这日的雪十二钱。把这四样水调匀，和了药，再加十二钱蜂蜜，十二钱白糖，丸了龙眼大的丸子，盛在旧磁罐内，埋在花根底下。若发了病时，拿出来吃一丸，用十二分黄柏煎汤送下。

小说里说宝钗从胎里带来一种热毒，发病时会"喘嗽"，吃一丸癞头和尚开的冷香丸病就好了。宝钗的病比较怪，癞头和尚的药更怪，难怪周瑞家的说"等十年未必都这样巧的呢"，因为雨水节气这天不一定下雨，小雪节气这天不一定下雪。不过,小说讲究无巧不成书,偏偏听了癞头和尚的话后宝钗一两年间竟配齐了。换作常人,配这一副药我估计真得十年八年。问题是这个药方真能治病吗?

第七回的回目名称是"送宫花贾琏戏熙凤　宴宁府宝玉会秦钟"。根据回目名称,这一回至少要写四件事:周瑞家的替薛姨妈给三姐妹及凤姐、黛玉送宫花;贾琏戏熙凤;宁府设宴请熙凤,宝玉同行;宝玉跟秦钟会面。薛宝钗的冷香丸只是这回几个小插曲中的一个。周瑞家的去跟王夫人汇报工作——送走了刘姥姥,不巧王夫人去了她妹妹薛姨妈那儿串门,这周瑞家的也就去了梨香院,见到了宝钗,听闻了冷香丸的来历。

作者借周瑞家的这一趟梨香院之行,还引出了香菱(小插曲),从情节上照应了英莲被拐、薄命女偏逢薄命郎。周瑞家的"细细的看了一回",给了句评价:"倒好个模样儿,竟有些像咱们东府里蓉大奶奶的品格儿。"脂评本评道:"一击两鸣法,二人之美,并可知矣。"

下面,我们跟着周瑞家的去替薛姨妈给几位送宫花,看看会发生什么故事。

送宫花的起因,薛姨妈这样交代:"这是宫里头做的新鲜样法,拿纱堆的花儿十二支。昨儿我想起来,白放着可惜了儿的,何不给他们姊妹们戴去。昨儿原要送去,偏又忘了。你今儿来的巧,就带了去罢。你家的三位姑娘,每人一对。下剩六枝,送林姑娘两枝,那四枝给了凤哥儿罢。"

周瑞家的顺路先来到王夫人正房后头,进入内房,"只见迎春、探春二人正在窗下下围棋"。周瑞家的将花送上,说明原故。"他二人忙住了棋,都欠身道谢,命丫鬟们收了。""欠身道谢"体现出大户人家小姐应有的礼貌。惜春当时正同水月庵的小姑子智能儿一处玩耍,"见周瑞家的进来,惜春便问他何事。周瑞家的便将花匣打开,说明原故"。惜春笑道:"我这里正和智能儿说,我明儿也剃了头同他作姑子去呢,可巧又送了花儿来,若剃了头,把这花儿戴在那里呢?"说着,大家取笑一回,惜春命丫鬟入画来收了。读这一片段,我们感觉到的是和谐欢快。

第二站,周瑞家的来到了凤姐处。听了原委后,平儿拿出四枝,半刻工夫又拿出两枝,吩咐彩明送给"小蓉大奶奶",方命周瑞家的回去道谢。从礼节上说,这一片段也合乎情理。

接下来,周瑞家的往贾母这边来,遇上她女儿,说女婿惹上了官司(又一小插曲）。通过母女对话，我们知道了第二回的冷子兴原来正是周瑞家的女婿，我们也感觉到贾府非同一般的权势。

第三站，也就是最后一站，是周瑞家的给黛玉送花。当时，黛玉在宝玉房里。

周瑞家的进来笑道："林姑娘，姨太太着我送花儿与姑娘戴了！"宝玉听说，便先问："什么花儿？拿来给我。"一面早伸手接过来了。开匣看时，原来是宫制堆纱新巧的假花儿。黛玉只就宝玉手中看了一看，便问道："还是单送我一人的，还是别的姑娘们都有呢？"周瑞家的道："各位都有了，这两枝是姑娘的了。"黛玉再看了看，冷笑道："我就知道，别人不挑剩下的，也不给我。"周瑞家的听了，一声儿不言语。

我们还记得第三回林黛玉刚进贾府时她给自己定的为人处世原则：步步留心，时时在意，不肯轻易多说一句话，多行一步路，生恐被人耻笑了她去。此时她来贾府也就五年光景吧，她这次的表现与当初定的为人处世原则大相径庭。黛玉好像已全然忘记了自己寄人篱下的处境，忘记了自己当初的内心约定。她那句选择问句用意何在？单送她一人如何，别的姑娘们都有又如何？有必要打破砂锅问到底吗？"看了一看""再看了看""冷笑"等行动、神情，让人感觉到她的不屑，而"我就知道，别人不挑剩下的，也不给我"一句，则说得太有失身份、太不得体了。就算真是挑剩下的，她也不必这样说。何况，不就是堆纱的假花儿，一枝跟一枝能有什么区别？周瑞家的一路走来，也绝非有意要最后一个送黛玉花。读这一片段，我们会感受到一种不和谐的气氛，而这种不和谐气氛的制造者无疑是黛玉。从这一片段中，我们不难看出黛玉性格中的狭隘与爱计较。长辈送花来，自己非但没有感激之心，还说出很无情的话来，你让送花人情何以堪？周瑞家的当时虽说"一声儿不言语"，但其内心会怎样想？周瑞家的这一路走来，先是见了宝钗，接下来见了贾氏三姐妹，见了平儿，最后见了黛玉，显然黛玉给她留下的印象最差，黛玉的表现缺乏基本的礼貌。

黛玉和晴雯的真性情

从回目名称"比通灵金莺微露意 探宝钗黛玉半含酸"我们能大致猜出《红楼梦》第八回的核心内容：交代金玉良缘，揭示黛玉性格。

宝玉、黛玉一前一后来探视宝钗，《红楼梦》三大主角齐聚梨香院，自然会有好戏可看。

宝玉先到，"比通灵金莺微露意"，作者借宝钗丫鬟之口，挑起宝玉好奇之心，于是揭开了"金玉良缘"的谜。确实，宝玉通灵宝玉上的"莫失莫忘仙寿恒昌"，跟宝钗金锁上的"不离不弃芳龄永继"是一副佳对。这绝非曹雪芹随意构思的情节。

就在宝玉、宝钗赏鉴完两样宝贝，宝玉因嗅到一股特别的香气而央求尝一尝宝钗冷香丸之时，黛玉不期而至。

刚一见面，黛玉便来了句："嗳哟，我来的不巧了！"宝玉听说下雪了，就问地下的婆子："取了我的斗篷来不曾？"黛玉马上说："是不是，我来了，他就该去了。"

无意间说的话，恰好印证了"探宝钗黛玉半含酸"。

接下来，作者主要写薛姨妈招待宝玉、黛玉。围绕吃酒，我们可以感知各人的性情。

作为长辈的薛姨妈，对宝玉自然是满心的疼爱。听宝玉夸前日珍大嫂子的鹅掌鸭信，薛姨妈"忙也把自己糟的取了些来与他尝"；听宝玉说"须得就酒才好"，她立马让人"去灌了最上等的酒来"。

宝玉的奶妈李嬷嬷由于职责所在，言语、行动则更多的是不讨巧。听闻薛姨妈备酒，她马上劝阻；听到宝玉央求，她更是讲出一大串反对的理由。

当然，作者在这里重点要写的仍是"黛玉半含酸"。宝玉原本想吃冷酒，遭到薛姨妈和宝钗的反对，宝玉也听从了——

薛姨妈忙道："这可使不得！吃了冷酒，写字手打颤儿。"宝钗笑道："宝兄弟，亏你每日家杂学旁收，难道就不知道酒性最热？若热吃下去，发散的就快。若冷吃下去，便凝结在内，以五脏去暖他，岂不受害？从此还不快不要吃那冷的了。"宝玉听这话有情理，便放下冷酒，命人暖来方饮。

这时，作者这样写一旁的黛玉——

黛玉磕着瓜子儿，只抿着嘴笑。可巧黛玉的小丫鬟雪雁走来与黛玉送小手炉。黛玉因含笑问他说："谁叫你送来的？难为他费心，那里就冻死了我！"雪雁道："紫鹃姐姐怕姑娘冷，使我送来的。"黛玉一面接了，抱在怀中，笑道："也亏你倒听他说，我平日和你说的，全当耳旁风。怎么他说了你就依，比圣旨还快些！"

这里几次写了黛玉的"笑"，不过这"笑"里有文章。我们感觉黛玉当时是在冷眼旁观，看宝玉听了宝钗的话后的反应。后来，正好借雪雁送小手炉，黛玉一语双关，含蓄地挖苦、奚落了宝玉，带着醋意，含着嫉妒。这段描写表现的是黛玉的真性情，小嫉妒中流露更多的是她在意宝玉。

吃酒在继续，宝玉已是三杯过去，李嬷嬷又上来拦阻。为了增强威慑力，李嬷嬷搬出了贾政："你可仔细，老爷今儿在家，提防问你的书！"这下宝玉顿时没了精神。黛玉这时非但没有站在李嬷嬷一边，反而让李嬷嬷别扫大家的兴，冷笑道："你这妈妈太小心了，往常老太太又给他酒吃，如今在姨妈这里多吃一口，料也不妨事。必定姨妈这里是外人，不当在这里的也未可知。"这一席话多少有些挑拨的味道，弄得李嬷嬷无话可说。这儿表现的仍是黛玉的真性情。只是，由着宝玉喝酒，这种真性情好吗？

结束了"酒会"，宝玉来到贾母处。这时，作者重点写了晴雯的率性：

一面说，一面来至自己的卧室，只见笔墨在案。晴雯先接出来，笑说道："好，好，要我研了那些墨，早起高兴，只写了三个字，丢下笔就走了，哄的我们等了一日。快来与我写完这些墨才罢。"宝玉忽然想起早起的事来，因笑道："我写的那三个字在那里呢？"晴雯笑道："这个人可醉了！你头过那府里去，嘱咐我贴在这门斗上，这会子又这么问。我生怕别人贴坏了，我亲自爬高上梯的贴上，这会子还冻的手僵冷的呢。"宝玉听了笑道："我忘了。你的手冷，我替你渥着。"说着便伸手携了晴雯的手，同仰首看门斗上新书的三个字。

晴雯是丫鬟，我们读这段文字，读晴雯的语言，哪里是丫鬟说话的口吻！完全是相得的朋友之间在对话。率性的言语表面像是有埋怨，实则是娇气，是撒娇。

宝玉到底写了哪三个字？宝玉的字到底写得好不好？我们来听听黛玉的评价：

一时黛玉来了，宝玉笑道："好妹妹，你别撒谎，你看这三个字那一个好？"黛玉仰头看里间门斗上新贴了三个字，写着"绛芸轩"。黛玉笑道："个个都好。怎么写的这么好了？明儿也替我写一个匾。"宝玉嘻嘻的笑道："又哄我呢！"

看来宝玉的字应该能说得过去。当然，黛玉的夸赞里难免含着感情，爱屋及乌。这时的黛玉，所表现出的真性情是单纯而可爱的。

这回的后面接着前面还写了几件事，其中两件跟李嬷嬷有关，她先是拿走了宝玉带给晴雯的豆腐皮包子，接着又喝了宝玉沏的枫露茶。宝玉听闻，怒从中来，摔了茶杯，迁怒于茜雪。这时，装睡的袭人只得起来，化解了矛盾。

第八回刻画了薛姨妈、李嬷嬷、宝钗、袭人等众多人物形象，相比较而言，我认为刻画得最生动的当数黛玉和晴雯，她俩的真性情在这一回里表现得格外突出。

贾政对宝玉为何那么凶

第九回中最好看的无疑是茗烟闹学堂。

不过,我们这儿避重就轻,说一说宝玉去学堂之前恰成对比的两个场景。

这天一早,宝玉要去上学,袭人早早地起来,把书笔文物包好,"收拾的停停妥妥,坐在床沿上发闷"。她服侍宝玉梳洗完,说了番语重心长的话:"读书是极好的事,不然就潦倒一辈子,终久怎么样呢?但只一件,读书的时节想着书,不念的时节想着家些。别和他们一处玩闹,碰见老爷不是玩的。虽然是奋志要强,那工课宁可少些,一则贪多嚼不烂,二则身子也要保重。这就是我的意思,你可要体谅。"袭人这番话说得坦诚实在,句句在理,难怪"袭人说一句,宝玉应一句"。她说到了读书的重要性,说到了空闲时记得想家,还建议功课适量就行,贪多会嚼不烂,也会伤身体。听之,袭人就像是母亲、姐姐一般,有别样的心疼在里边。这个丫鬟真是与众不同。

宝玉在袭人这里感受过和风细雨润物无声般的叮嘱,在贾政书房里则领教了一阵狂风暴雨般的训斥。

听闻宝玉说要去上学,作为父亲,一般会有怎样的反应?贾政又是如何应对的呢?

贾政冷笑道:"你如果再提'上学'两个字,连我也羞死了。依我说,你竟是玩你的去正理。仔细站脏了我这地,靠脏了我的门!"

这一反应也太激烈了!这种态度更是恶劣到极点!我们从中体会不到半点的亲情。贾政为何这般看不上宝玉?想来宝玉的所作所为跟贾政的价值观有太大出入。想当初宝玉抓周时的表现就令贾政失望,后来宝玉果真无意于科考功名,所以恨铁不成钢的贾政连起码的亲情也没有了。

不过,生气归生气,身为父亲的贾政内心多少还是放不下儿子,转身叫来跟宝玉的李贵，训斥道："你们成日家跟他上学，他到底念了些什么书！倒念了些流言混语在肚子里，学了些精致的淘气。等我闲一闲，先揭了你的皮，再和那不长进的算帐！"

贾政是威严的，几句话吓得李贵磕头有声，连忙解释："哥儿已念到第三本《诗经》，什么'呦呦鹿鸣，荷叶浮萍'，小的不敢撒谎。"

李贵的话说得很有意思，"说的满座哄然大笑起来"，贾政也撑不住笑了。作为读者的我们自然也要忍俊不禁。

笑完后，贾政要李贵捎话给塾掌："那怕再念三十本《诗经》，也是掩耳偷铃，哄人而已。你去请学里师老爷的安，就说我说了，什么《诗经》古文，一概不用虚应故事，先把《四书》一气讲明背熟，是最要紧的。"

贾政的读书观有点儿像我们今天的应试教育，就是专注于科考，跟考试无关的一概不加问津，而宝玉恰恰在贾政希望的方向上用不了心，这才是父子俩矛盾冲突的根源。

秦可卿到底是怎么死的

金陵十二钗正册的12位女性中，秦可卿是死得最早的一位。

秦可卿身上有不少的疑点，如出身、死因等，引发红学界各种猜测，当代作家、红学家刘心武曾在《百家讲坛》揭秘过秦可卿的抱养之谜、生存之谜、出身之谜，还探究过秦可卿的原型以及被告发始末。对于《红楼梦》这样的大书，见仁见智理所当然，但个人以为，刘心武的"揭秘"有点儿过了，就算自传色彩再强，《红楼梦》毕竟是一部小说，我们无须给书中人物一一找寻原型，也无须将小说中的事件跟某段历史一一对应。我觉得最合适的解读还应该从文本出发，适当结合脂砚斋的批注。疑点可以分析、探究，如能找到蛛丝马迹最好，若在小说中找不到根据，那还是存疑为佳。

秦可卿在小说第五回出场。这一回的秦可卿，我以为有两点我们可以多加关注：一是贾母的评价，二是秦可卿的判词及曲词。

贾母一行去宁府赏梅，宝玉一时倦怠，"欲睡中觉"，秦可卿便主动去安置，贾母见状，很是放心，书里这样写：

贾母素知秦氏是个极妥妥的人，而且又生得袅娜纤巧，行事又温柔和平，乃重孙媳中第一个得意之人。

贾母可是贾府中最具权威的人物，能得到她老人家如此评价的人少之又少。从这一评价中，我们能看出秦可卿无论外在形象还是为人处世，都无可挑剔，深得贾母器重。

我们说第五回是《红楼梦》主要人物命运的总纲，这主要体现在15首判词及12支曲词。我们来看看作者给秦可卿预设的结局：

后面又画着高楼大厦，有一美人悬梁自缢。其判云：

情天情海幻情身，情既相逢必主淫。
漫言不肖皆荣出，造衅开端实在宁。

好事终
画梁春尽落香尘。擅风情，秉月貌，便是败家的根本。
箕裘颓堕皆从敬，家事消亡首罪宁。宿孽总因情。

图画的解说文字再明白不过，是说秦可卿是悬梁自尽的，在一处"高楼大厦"；判词和曲词大意是揭示其死因，字里行间流露着作者对秦可卿"擅风情，秉月貌"的批判。

按说，接下来秦可卿的故事应该顺着这样的定位来展开，但现存版本并未按这一预设推进故事，最明显的漏洞是将秦可卿的死因写成了患病，当然，秦氏的病有点儿怪。

第七回，宝玉跟随王熙凤来宁府做客，秦可卿第二次出场，并将其弟秦钟介绍给了宝玉。这一回最后，因为天晚，宁府安排人送秦钟回家，派事的将差事安排给了醉酒的焦大，借着酒醉，焦大骂骂咧咧，说出许多耸人听闻的话来：

焦大越发连贾珍都说出来，乱嚷乱叫："我要往祠堂里哭太爷去。那里承望到如今生下这些畜牲来，每日家偷狗戏鸡，爬灰的爬灰，养小叔子的养小叔子，我什么不知道？咱们胳膊折了往袖子里藏！"众小厮听他说出这些没天日的话来，唬的魂飞魄散。也不顾别的了，便把他捆起来，用土和马粪满满的填了他一嘴。

凤姐和贾蓉等也遥遥的闻得，便都装作没听见。宝玉在车上见这般醉闹，倒也有趣，因问凤姐道："姐姐，你听他说'爬灰的爬灰'，什么是'爬灰'？"凤姐听了，连忙立眉嗔目断喝道："少胡说！那都是醉汉嘴里混嗳，你是什么样的人？不说没听见，还倒细问！等我回去回了太太，仔细捶你不捶你！"

焦大的这次醉骂，应该是很有杀伤力的，不是说你"装作没听见"就没有这回事。秦可卿当时可是在现场的。在这种背景下，曹雪芹当初预设的秦可卿自杀便顺理成章。脂评本这回的总批有这样的话："焦大之醉，伏可卿之病至死。"或许，曹公最初就这样写了，后来听取脂砚斋的建议做了局部修改，将自缢改成了病死，所以行文中留下了矛盾之处。

第八回末，宝玉跟秦钟成了同学，成了要好的朋友，这时作者补充交代了秦可卿的出身。

这秦业系现任营缮郎，年近七十，夫人早亡。因当年无儿女，便向养生堂抱了一个儿子并一个女儿。谁知儿子又死了，只剩女儿，小名唤可儿，长大时，生得形容袅娜，性格风流。因素与贾家有些瓜葛，故结了亲，许与贾蓉为妻。那秦业至五旬之上方得了秦钟。

读这一段闪烁其词的交代，我们或许都会生疑：地位尊贵的贾府，会娶一个来自养生堂的不知其父母的秦氏吗？"因素与贾家有些瓜葛"更是缺乏根据。这秦家的经济状况是，连二十四两给老师的贽见礼都得东拼西凑。门不当，户不对，如何能结亲？倒是其中的"生得形容袅娜，性格风流"跟其悲剧结局有一定联系。秦可卿的出身显然是个谜，据刘心武推测："她的真实出身，不仅并不寒微，甚至还高于贾府，应该说是出身极其高贵，很可能来自宫中，是皇族的血脉。"

第十回，璜大奶奶去宁府原本要为金荣出气，却听到尤氏说秦可卿病了。

尤氏说道："他这些日子不知是怎么着，经期有两个多月没来。叫大夫瞧了，又说并不是喜。那两日，到了下半天就懒待动，话也懒待说，眼神也发眩。我说他：'你且不必拘礼，早晚不必照例上来，你就好生养养罢。就是有亲戚一家儿来，有我呢。就有长辈们怪你，等我替你告诉。'连蓉哥我都嘱咐了，我说：'你不许累掯他，不许招他生气，叫他静静的养养就好了。他要想什么吃，只管到我这里取来。倘或我这里无有，只管望你琏二婶子那里要去。倘或他有个好和歹，你再要娶这么个媳妇，这么个模样儿，这么个性情的人儿，打着灯笼也无处寻去！'他这个为人行事，那个亲戚，那个一家的长辈不喜欢他？所以我这两日好不烦心，焦的我了不得。偏偏今儿早晨他兄弟来瞧他，谁知那小孩子家不知好歹，看见他姐姐身上不大爽快，就有事也不当告诉他，别说是这么一点子小事，就是你受了一万分的委屈，也不该向他说才是。谁知他们昨儿学房里打架，不知是那里附学来的一个人欺侮了他了，里头还有些不干不净的话，都告诉了他姐姐。婶子，你是知道那媳妇的，虽则见了人有说有笑，会行事儿，他可心细，心又重，不拘听见个什么话儿，都要度量个三日并五夜才罢。这病就是打这个秉性上头思虑出来的。……他听了这事，今日索性连早饭也没吃。……婶子，你说我心焦不心焦？况且如今又没个好大夫，我为他这病上，我心里倒像针扎似的。"

读尤氏这一大段话，我们能从中体会到她因为秦可卿的病而忧心焦虑，我们还能感觉到，秦可卿的为人深得长辈、亲戚喜欢。探究秦氏的病因，我觉得或许跟上次焦大的醉骂有关，根据小说中的叙述，秦氏得病就在焦大醉骂之后。

这一回的最后，贾珍辗转请来了医术高明的张友士，医生看了脉，准确地说出了病症，开了方。贾蓉问"这病与性命终久有妨无妨"时，医生这样说："大爷是最高明的人。人病到这个地位，非一朝一夕的症候，吃了这药也要看医缘了。……"这里，医生其实是给病人家属下了死亡通知书。

第十三回，"秦可卿死封龙禁尉"，秦氏死前给王熙凤托梦，并告诉她："眼见不日又有一件非常喜事，真是烈火烹油、鲜花着锦之盛。要知道，也不过是瞬息的繁华，一时的欢乐，万不可忘了那'盛筵必散'的俗语。此时若不早为后虑，临期只恐后悔无益矣。"

我们看看秦氏死后贾府不同人的反应——

彼时合家皆知，无不纳罕，都有些疑心。那长一辈的想他素日孝顺，平一辈的想他素日和睦亲密，下一辈的想他素日慈爱，以及家中仆从老小想他素日怜贫惜贱、慈老爱幼之恩，莫不悲嚎痛哭者。

脂评本在这里批道："（无不纳罕，都有些疑心）九个字写尽天香楼事，是不写之写。"

贾珍哭得泪人一般……"不过尽我所有罢了！"脂评本在这里批道："'尽我所有'，为媳妇是非礼之谈，父母又将何以待之。故前此有恶奴酒后狂言，及今复见此语，含而不露，吾不能为贾珍隐讳。"

贾政因劝道："此物恐非常人可享者，揀上一等杉木也就是了。"此时贾珍恨不得代秦氏之死，这话如何肯听。

因忽又听得秦氏之丫鬟名唤瑞珠者，见秦氏死了，（脂批：补天香楼未删之文）他也触柱而亡。

这一回最后，有这样的批注：

此回只十页，因删去天香楼一节，少却四五页也。

通回将可卿如何死故隐去，是大发慈悲心也。

天香楼一节的主人公，应该是贾珍与秦可卿，从脂批透出的信息看，丫鬟瑞珠或许知道其中隐情，所以她选择"触柱而亡"也是迫不得已。

王熙凤是个好管家

《红楼梦》故事一开始,王熙凤是荣国府那一大家子的管家。

秦可卿去世,尤氏"犯了旧疾",无法料理家务,贾珍大不自在。这时,宝玉向贾珍举荐了王熙凤,贾珍听了"喜不自禁",于是有了"王熙凤协理宁国府"。

从王熙凤协理宁国府前前后后的举措,我们不得不承认,王熙凤确实是一位难得的好管家。

第十三回,秦可卿临终曾托梦给王熙凤,开口就说"你是个脂粉队里的英雄,连那些束带顶冠的男子也不能过你",看来秦可卿算王熙凤的知音,王熙凤也真当得起这个评价。宝玉向贾珍举荐熙凤,说明宝玉也深知熙凤的本领。宁府的都总管来升听闻府里请了王熙凤来管事,就提前给所有办事人员打预防针:"那是个有名的烈货,脸酸心硬,一时恼了,不认人的。"这些都属于对王熙凤的侧面描写。

征得邢、王二位夫人同意,王熙凤答应贾珍的请求后,她立马理出宁府五条"风俗":"头一件是人口混杂,遗失东西;第二件,事无专执,临期推委;第三件,需用过费,滥支冒领;第四件,任无大小,苦乐不均;第五件,家人豪纵,有脸者不服钤束,无脸者不能上进。"我们都明白,知道病症才好对症下药,能准确判明病症,就能看出这个医生医术水平不低。

接下来,王熙凤雷厉风行,严格强调了规矩,明确了所有人的职责。

王熙凤跟都总管来升媳妇说:"既托了我,我就说不得要讨你们嫌了。我可比不得你们奶奶好性儿,由着你们去。再不要说你们'这府里原是这样'的话,如今可要依着我行,错我半点儿,管不得谁是有脸的,谁是没脸的,一例现清白处治。"就是说,熙凤有言在先,首先严明了纪律。

接下来,熙凤把那一百多个办事人员分组定了各自职责:有的负责来往客人倒茶，有的单管本家亲戚茶饭，有的负责灵前一应事务，有的负责在内茶房收管杯碟茶器，有的负责酒饭器皿，有的单管各处灯油、蜡烛、纸札，有的每日轮流各处上夜、照管门户、监察火烛、打扫地方，还有的按着房屋分开，某人守某处，某处所有桌椅古董起，至于痰盂掸帚，一草一苗，或丢或坏，就和守这处的人算账描赔。"来升家的每日揽总查看，或有偷懒处，赌钱吃酒的，打架拌嘴的，立刻来回我。你有徇情，经我查出，三四辈子的老脸就顾不成了。"如此分工，责任明确，条理清晰，看得出熙凤严谨果断的处事能力。

这里，我们有必要研读一下王熙凤的作息时间表——

素日跟我的人，随身自有钟表，不论大小事，我是皆有一定的时辰。横竖你们上房里也有时辰钟，卯正二刻我来点卯，巳正吃早饭，凡有领牌回事者，只在午初刻。戌初烧过黄昏纸，我亲到各处查一遍，回来上夜的交明钥匙。第二日仍是卯正二刻过来。

王熙凤的时间观念很强，做事都计划好了时间。协理宁国府这段时间，她的上班时间大致是这样：早晨6点半到宁府点名，10点吃早饭，11点领牌回事，晚上7点烧过黄昏纸她到各处巡查一遍。早上6点半到宁府点名，她4点就得起来收拾（"寅正平儿便请起来梳洗"），然后赶到宁府（每个时辰分为初、正，"卯初"是早晨5点，"卯正"是早晨6点，一刻大致相当于我们今天的一刻钟）。由此看来，王熙凤是很敬业的。正因为她如此严格，所以，"如这些无头绪、荒乱、推托、偷闲、窃取等弊，次日一概都蠲了"。

凤姐威重令行，心中很是得意，"天天于卯正二刻就过来点卯理事，独在抱厦内起坐，不与众妯娌合群"。

制定了规矩，就得按规矩办事。还记得那天迎送亲客小组中有一人迟到，凤姐是如何处置的吗？

即命传到，那人已张惶愧惧。凤姐冷笑道："我说是谁误了，原来是你！你原比他们有体面，所以不听我的话。"那人道："小的天天来的早，只有今儿，醒了觉得早些，因又睡迷了，来迟了一步。求奶奶饶过这次。"

凤姐的"冷笑"及嘲讽，已让我们感觉到她生气了。迟到的人肯定有其迟到的理由，这位迟到者也是，他先是说自己一向到得早，然后很诚实地说自己睡过头了。换成情面薄的人，像以前他们的主人尤氏，这事可能也就了了。但熙凤不是情面薄的人，她随手处理完其他几件事，才不着痕迹地处理这个迟到者——

凤姐便说道:"明儿他也睡迷了,后儿我也睡迷了,将来都没了人了。本来要饶你,只是我头一次宽了,下次人就难管,不如开发的好。"登时放下脸来,喝命:"带出去,打二十板子!"一面又掷下宁国府对牌:"出去说与来升,革他一月银米!"众人听了,又见凤姐眉立,知是恼了,不敢怠慢,拖人的出去拖人,执牌传谕的忙去传谕。那人身不由己,已拖出去挨了二十大板,还要进来叩谢。凤姐道:"明日再有误的打四十,后日的六十,有不怕挨打的,只管误!"

这位迟到者,为这次迟到付出了代价。是熙凤小题大做吗?不是!正是因为熙凤令行禁止,众人才不敢偷闲,自此把个宁国府治理得井井有条。如果那次碍于情面放纵了那个迟到者,那会是怎样的结果呢?或许就如凤姐所说"明儿他也睡迷了,后儿我也睡迷了,将来都没了人了"。如此说来,在当事人缺乏自律的背景下,凤姐的管理模式是值得推行的。

分工明确,责任到人,定下规矩,违者必究。你说,王熙凤算不算个好管家?

宝玉那天参加的研学活动

《红楼梦》第十五回的回目名"王凤姐弄权铁槛寺　秦鲸卿得趣馒头庵"概括了这一回的主要内容。这回中，在写熙凤一行去铁槛寺的路上，作者不着痕迹地设计了一个小插曲，就是熙凤带宝玉、秦钟去一处农舍打尖。大家不愧是大家，一次简单的打尖，作者也能拓展出别有韵味的内容。

一时凤姐进入茅堂，因命宝玉等先出去玩玩，宝玉等会意，因同秦钟出来，带着小厮们各处游玩。凡庄农动用之物，皆不曾见过。宝玉一见了锹、镢、锄、犁等物，皆以为奇，不知项所使，其名为何。小厮在旁一一的告诉了名色，说明原委。宝玉听了，因点头叹道："怪道古人诗上说，'谁知盘中餐，粒粒皆辛苦'，正为此也。"一面说，一面又至一间房前，只见炕上有个纺车，宝玉又问小厮们："这又是什么？"小厮们又告诉他原委。宝玉听说，便上来拧转作耍，自为有趣。只见一个约有十七八岁的村庄丫头，跑了来乱嚷："别动坏了！"众小厮忙断喝拦阻。宝玉忙丢开手，陪笑说道："我因为没有见过这个，所以试他一试。"那丫头道："你们那里会弄这个，站开了，我纺与你瞧。"秦钟暗拉宝玉笑道："此卿大有意趣。"宝玉一把推开，笑道："该死的！再胡说，我就打了。"说着，只见那丫头纺起线来。宝玉正要说话时，只听那边老婆子叫道："二丫头，快过来！"那丫头听见，丢下纺车，一径去了。宝玉怅然无趣。

……外面旺儿预备下赏封，赏了本村主人。庄妇等来叩赏，凤姐并不在意，宝玉却留心看时，内中并无纺线的二丫头。一时上了车，出来走不多远，只见迎面那二丫头怀里抱着他小兄弟，同着几个小女孩说笑而来。宝玉恨不得下车跟了他去，料是众人不依的，少不得以目相送，争奈车轻马快，一时展眼无踪。

膏粱子弟如宝玉者，猛然见了"锹、镢、锄、犁等物"，难免新奇，难免问这问那。宝玉又有别于一般膏粱子弟，他能马上联想到古人相关诗句，悟出"谁知盘中餐，粒粒皆辛苦"的深意。就是一次偶然的打尖，就是这么有限的几分钟，宝玉竟自然而然地接受了一次劳动教育。看来，教育是可以随处发生的，刻意地寻求某种教育，效果反倒要打问号。

如果把宝玉的这次打尖看成是研学活动，那么，他这次的收获还不只认识了多种农具，感悟了"谁知盘中餐，粒粒皆辛苦"的含义，他还认识了纺车。就在他要实地操作之时，一个"十七八岁的村庄丫头"阻止了他。那位二丫头可能是怕宝玉整坏她的宝贝，那可是她谋生的家当。不知她是否明白"游泳中才能学会游泳，纺线中才能学会纺线"，不过，她深知宝玉们是不会学这个的。不管怎么说，这位二丫头还算热情，她给宝玉示范了如何纺线。

在那次研学活动中，宝玉的表现是合格的。宝玉是何等角色？连北静王都称赞有加，但他虚心好学，没有丝毫大家公子的架子。听到二丫头乱嚷，他非但不生气，还马上"丢开手"，"陪笑"解释："我因为没有见过这个，所以试他一试。"这无疑算得上是高素质吧！

就在宝玉专心看着二丫头纺线之时，二丫头的家长却喊走了她，宝玉不禁"怅然"。换作别人，这事到此或许也就结束了，但宝玉不然。在离开这家农舍之时，他留意了来叩赏的人，内中没有发现纺线的二丫头；走不多远，竟意外地看到了跟伙伴们说笑而来的二丫头，"争奈车轻马快，一时展眼无踪"，我们不难体会到彼时宝玉内心的惆怅。"脂评本"在"车轻马快"后批道："四字有文章。人生离聚，亦未尝不如此也。"

在那次研学活动中，宝玉见到了唤作二丫头的村姑，她引起了宝玉的关注。他是想跟二丫头有所交流的，但一直到离开农舍，也没能跟那位二丫头说上一句话。脂批深得其中三昧。

小尼姑智能儿的爱情

智能儿是贾府家庙水月庵的小尼姑，出场于《红楼梦》第七回，当时她跟着那个爱财的师父净虚来的贾府。净虚是来落实月供，智能儿跟惜春一块儿玩耍。周瑞家的来给惜春送花，惜春说："我这里正和智能儿说，我明儿也剃了头同他作姑子去呢，可巧又送了花儿来，若剃了头，可把这花儿戴在那里呢？"看得出来，惜春内心有出家的念头。那么，身在佛门的智能儿喜欢作小尼姑吗？

智能儿第二次出场已是小说的第十五回。参加秦可卿的丧礼，凤姐和宝玉、秦钟住在了水月庵，凤姐见"智能儿越发长高了，模样儿越发出息了"。宝玉、秦钟二人正在殿上玩耍，看见智能儿过来，于是有了下面的对话——

宝玉笑道："能儿来了。"秦钟道："理那东西作什么？"宝玉笑道："你别弄鬼，那一日在老太太屋里，一个人没有，你搂着他作什么？这会子还哄我？"秦钟笑道："这可是没有的话。"宝玉笑道："有没有我也不管你，你只叫住他倒碗茶来我吃，就丢开手。"秦钟笑道："这又奇了，你叫他倒去，还怕他不倒？何必要我说呢。"宝玉道："我叫他倒的茶是无情意的，不及你叫他倒的是有情意的。"秦钟只得说道："能儿，倒碗茶来给我。"

读之，我们会感觉突兀，秦钟啥时候认识的智能儿？并且两人关系还非同一般！为尊重读者的阅读需求，作者接下来用几句插叙交代了原委："那智能儿自幼在荣府走动，无人不识，因常与宝玉秦钟玩耍。他如今大了，渐知风月，便看上了秦钟人物风流，那秦钟也极爱他妍媚，二人虽未上手，却已情投意合了。"原来，秦钟与智能儿，是两情相悦，互相爱慕。

插叙结束，作者回到眼前，接着前面的情节展开故事——

今智能儿见了秦钟，心眼俱开，走去倒了茶来。秦钟笑道："给我。"

宝玉说："给我！"智能儿抿嘴笑道："一碗茶也来争，我难道手里有蜜！"宝玉先抢得了，吃着，方要问话，只见智善来叫智能去摆茶碟子，一时来请他两个去吃茶果点心。他两个那里吃这些东西，坐一坐仍出来玩耍。

恋爱中的智能儿，能在水月庵得遇心上人，自是打心眼儿里高兴，"心眼俱开"写出了她内心压抑不住的喜悦。在那个时代，像秦钟与智能儿这样的恋人，见一次面是很不容易的，"秦鲸卿得趣馒头庵"算得上一次奢侈的相会。

同一天晚上，秦钟去寻智能儿，在后面房中找到了洗茶碗的智能儿。秦钟急不可耐地搂着智能儿亲嘴，智能儿急得直跺脚。最终，智能儿说："你想怎样？除非等我出了这牢坑，离了这些人，才依你。"从这里我们看得出来，智能儿并不喜欢佛门，她称之为"牢坑"。看来，当初智能儿入佛门并非因为信仰，而是出于生计，迫不得已，才来到水月庵。智能儿向往的是俗世生活，这点跟惜春恰好相反。智能儿如何跳出"牢坑"？秦钟想当然地说"这也容易"。热恋中的智能儿或许相信了秦钟的话。

尽管丧仪已经结束，但在秦钟的调唆下，宝玉央求凤姐在水月庵多住了一天。秦钟与智能儿万般不舍，最终也只得含恨而别。

世间事有时候还真是难说。那秦钟身子原本就弱，"因在郊外受了些风霜，又与智能儿偷期缱绻，未免失于调养，回来时，便咳嗽伤风，懒进饮食，大有不胜之状。遂不敢出门，只在家中养息"。智能儿大约一直念着秦钟说的"这也容易"，也思念秦钟，过了些日子，竟偷偷从水月庵逃了出来，找到秦钟家。没想到被秦钟的父亲秦业知觉，秦业赶走了智能儿，将秦钟打了一顿，自己气得老病发作，不几日竟一命呜呼。病中的秦钟挨了打，又见父亲被气身亡，内心"悔痛无及"，又添了许多症候。宝玉去探视，秦钟临终留言："并无别话。以前你我见识自为高过世人，我今日才知自误了。以后还该立志功名，以荣耀显达为是。"人之将死，其言也善。秦钟死前明白了一个道理，不能自以为是，只有立志功名、荣耀显达，方能无愧一生，相反，连自己心仪的爱情都得不到。

秦钟在长叹中"萧然长逝"了，那么智能儿呢？她品尝了爱情的短暂美好，一心想着跳出"牢坑"，把希望寄托在并不可靠的秦钟身上。被秦父逐出秦家后她会去哪里？小说中没有交代。我以为经过这次打击，智能儿不会再抿嘴笑着说出"一碗茶也来争，我难道手里有蜜"的话，年轻的她或许永远走不出那个她不喜欢的"牢坑"了吧！

宝玉周围的那些人

在贾府,宝玉算得上耀眼的明星。任何时候,宝玉周围都不乏陪伴者,有长辈,有姐妹,有好友,有小厮。我们来看"大观园试才题对额"后簇拥在宝玉周围的人。

先是跟贾政的一帮小厮,他们表现得极为亲热——

至院外,就有跟贾政的几个小厮上来拦腰抱住,都说:"今儿亏我们,老爷才喜欢,老太太打发人出来问了几遍,都亏我们回说喜欢,不然,若老太太叫你进去,就不得展才了。人人都说你才那些诗比世人的都强,今儿得了这样的彩头,该赏我们了。"宝玉笑道:"每人一吊钱。"众人道:"谁没见那一吊钱!把这荷包赏了罢。"说着,一个上来解荷包,那一个就解扇囊,不容分说,将宝玉所佩之物尽行解去。又道:"好生送上去罢。"一个抱了起来,几个围绕,送至贾母二门前。

这几个小厮夸耀自己的功劳,夸赞宝玉的诗好,是为了讨赏。宝玉也不小气,答应每人赏"一吊钱"。可几个小厮对"一吊钱"并不感兴趣,他们盯上的是宝玉所佩之物,不容分说,这个解荷包,那个解扇囊,不一会儿工夫,就将宝玉佩带之物"尽行解去"。从中不难看出宝玉跟小厮之间平等随和的关系。这在贾府怕是绝无仅有的吧!

宝玉回到房间,周围换成了袭人和黛玉。这两人的表现截然不同——

少时袭人倒了茶来,见他身边佩物一件无存,因笑道:"带的东西又是那起没脸的东西们解去了。"林黛玉听说,走过来瞧瞧,果然一件无存,因向宝玉道:"我给你的那个荷包也给他们了?你明儿再想我的东西,可不能够了!"说毕,赌气回房,将前日宝玉所烦他作的那个香袋儿——才做了一半,赌气拿过来就铰。宝玉见他生气,便知不妥,忙赶过来,早剪破了。宝玉已见过这香囊,虽尚未完,却十分精巧,费了许多工夫。今见无故剪了,却也可气。因忙把衣领解了,从里面红袄襟上将黛玉所给的那荷包解了下来,递与黛玉瞧道:"你瞧瞧这是什么?我是那一回把你的东西给人了?"林黛玉见他如此珍重,带在里面,可知是怕人拿去之意,因此又自悔莽撞,未见皂白就剪了香袋。因此又愧又气,低头一言不发。宝玉道:"你也不用剪,我知道你是懒待给我东西。我连这荷包奉还,何如?"说着,掷在他怀中便走。黛玉见如此,越发气起来,声咽气堵,又汪汪的滚下泪来,拿起荷包来又剪。宝玉见他如此,忙回身抢住,笑道:"好妹妹,饶了他罢!"黛玉将剪子一摔,拭泪说道:"你不用同我好一阵歹一阵的,要恼,就撂开手。这当了什么!"说着,赌气上床,面向里倒下拭泪。禁不住宝玉上来"妹妹"长"妹妹"短赔不是。

袭人和黛玉都是宝玉生活中极重要的女性。袭人第一眼就注意到宝玉"身边佩物一件无存",自然,只有在乎一个人,才能敏锐地发现这个人身上的变化。袭人注意到宝玉没了身边佩物,并且还能推测出这些佩物去了哪里,可见,袭人不只了解宝玉,还了解宝玉身边的人。但袭人不恼,相比佩物,她更看重人。

黛玉则不同。她一听袭人说宝玉佩物一件无存,立马走过来验证,看到确实一件无存时,便老大不高兴地说:"我给你的那个荷包也给他们了?你明儿再想我的东西,可不能够了!"说完,赌气回房。回房后将给宝玉做了一半的香袋剪破。这行动异常果敢。那潜台词似乎是,既然你不珍惜我的成果,我何必要给你做这个香袋!宝玉见状,赶紧解开衣领,从里面红袄襟上解下黛玉给他的荷包,让黛玉看。黛玉看出了宝玉对荷包的珍视,自知行动鲁莽,在没有弄清真相之前就毁了香袋,不免"又愧又气"。这件事给我们的教训是,在未搞清楚事情的来龙去脉之前,一定不可感情用事。事已至此,也无可奈何,不料宝玉说了句气话,并将荷包丢在了黛玉怀中。"又愧又气"的黛玉"声咽气堵,又汪汪的滚下泪来",赌气拿起荷包来又剪。宝玉要是稍有迟缓,黛玉一剪刀下去,荷包也就毁了。还好,宝玉赶忙赔不是,劝黛玉,这才保住了荷包。

作者行文至此,笔锋一转,将读者视线引向宝玉身边另一重要人物——贾母。

前面贾母一片声找宝玉,众奶娘丫鬟们忙回说:"在林姑娘房里呢。"贾母听说道:"好好好!让他姊妹们一处玩玩罢。才他老子拘了他这半天,让他开心一会子罢。只别叫他们拌嘴，不许扭了他。"众人答应着。

贾母最关心的就是宝玉这个孙子，容不得宝玉受一点儿委屈，吃一丁点儿的苦。可以说，贾府里宝玉的保护伞就是贾母，正是有贾母的溺爱，宝玉才有了独特的地位。

前面，黛玉赌气上床，面向里面倒下拭泪，宝玉的劝说有效果吗？

黛玉被宝玉缠不过，只得起来道："你的意思不叫我安生，我就离了你。"说着往外就走。宝玉笑道："你到那里，我跟到那里。"一面仍拿了荷包来带上，黛玉伸手抢道："你说不要了，这会子又带上，我也替你怪臊的！"说着，"嗤"的一声又笑了。宝玉道："好妹妹，明儿另替我作个香袋儿罢！"黛玉道："那也只瞧我高兴罢了。"一面说，一面二人出房，到王夫人上房中去了，可巧宝钗亦在那里。

黛玉转怒为笑，两人的矛盾就这样解决了。我们在前面说过，第五回是全书的总纲，其中一个依据就是为宝黛爱情故事定下了调子，这回中的荷包风波正好照应了第五回的总写。

元妃省亲传递的信息

《红楼梦》第十三回秦可卿死前给王熙凤托梦,告诉她:"眼见不日又有一件非常喜事,真是烈火烹油、鲜花着锦之盛。要知道,也不过是瞬息的繁华,一时的欢乐,万不可忘了那'盛筵必散'的俗语。此时若不早为后虑,临期只恐后悔无益矣。"这里所说的"非常喜事"系指元妃被晋封为凤藻宫尚书,加封贤德妃。对于贾府来说,这算是天大的好消息,"宁、荣两处上下里外,莫不欣然踊跃,个个面上皆有得意之状,言笑鼎沸不绝"。接下来,在那年的元宵,更有了"元妃省亲"的大事件。不过,正如秦可卿所说,这"不过是瞬息的繁华,一时的欢乐",元妃省亲确实成为贾府由盛到衰的转折点。

我们从元妃省亲这一重大事件中可以筛选出哪些值得关注的信息呢?

一、修建大观园耗费巨大

为迎接元妃省亲而修建大观园花了多少银子?书里没有统计,不过,仅贾蔷"下姑苏聘请教习,采买女孩子,置办乐器行头等事"就花了三万两银子,这样说来整个的修建费那一定是笔天文数字!而这样的开支对当时的贾府来说已然是打肿脸充胖子。

贾妃初至大观园,在轿内看到园内外"如此奢华","因默默叹息奢华过费"。连贾妃都在叹息"奢华过费",我们便不难想象贾府这次确实太奢侈了。

参观完园内一处处景点,贾妃在"极加奖赞"的同时劝了一句:"以后不可太奢,此皆过分之极。"我们联系前面贾珍"尽我所有"料理秦可卿丧事也能看出贾府生活的奢华。

省亲结束,贾妃拉住贾母、王夫人的手,"紧紧的不忍释放",又一次叮咛:"倘明岁天恩仍许归省,万不可如此奢华靡费了!"感觉贾妃在为贾府的奢华痛心疾首。是啊，"历览前贤国与家，成由勤俭败由奢"。贾家无节制的奢侈，正是它覆灭的根源。

二、作文拟题很重要

大观园里的多处联额，贾政用了宝玉的作品，一来"其所拟之匾联虽非妙句，在幼童为之，亦或可取"；二来贾妃在入宫之前就是宝玉的老师，两人名分上是姐弟，实则更像母子，贾妃入宫后也一直捎话出来，对宝玉寄予厚望，这般安排，"使贾妃见之知系其爱弟所为，亦或不负其素日切望之意"。贾政可谓用心良苦。

贾妃对其中一些题额提出了修订意见，我以为以下两处改得极好：

"'花溆'二字便妥，何必'蓼汀'？"

石牌坊上明显"天仙宝境"四字，贾妃忙命换"省亲别墅"四字。

"花溆"比"蓼汀花溆"简洁，"省亲别墅"比"天仙宝境"切题。这类题匾有似于我们给一篇文章拟题，首先要切题，然后应简洁、生动。

三、"红楼"里的人物也作弊

在贾妃的垂范下，大观园众姐妹及宝玉都即景为诗。

大观园里那些诗人中，哪一位最具才情？作者略写了迎、探、惜及李纨作诗："迎、探、惜三人之中，要算探春又出于姊妹之上，然自忖亦难与薛、林争衡，只得勉强随众塞责而已。李纨也勉强凑成一律。"详写了宝玉作诗，主要记述了他作诗过程中的两个插曲，煞是好看——

彼时宝玉尚未作完，只刚作了"潇湘馆"与"蘅芜苑"二首，正作"怡红院"一首，起草内有"绿玉春犹卷"一句。宝钗转眼瞥见，便趁众人不理论，急忙回身悄推他道："他因不喜'红香绿玉'四字，改了'怡红快绿'，你这会子偏用'绿玉'二字，岂不是有意和他争驰了？况且蕉叶之说也颇多，再想一个字改了罢。"宝玉见宝钗如此说，便拭汗道："我这会子总想不起什么典故出处来。"宝钗笑道："你只把'绿玉'的'玉'字改作'蜡'字就是了。"宝玉道："'绿蜡'可有出处？"宝钗见问，悄悄的咂嘴点头笑道："亏你，今夜不过如此，将来金殿对策，你大约连'赵钱孙李'都忘了呢！唐钱翊咏芭蕉诗头一句：'冷烛无烟绿蜡干'，你都忘了不成？"宝玉听了，不觉洞开心臆，笑道："该死，该死！现成眼前之物，偏倒想不起来了，真可谓'一字师'了。从此后我只叫你师父，再不叫姐姐了。"宝钗亦悄悄的笑道："还不快作上去，只管姐姐妹妹的。谁是你姐姐，那上头穿黄袍的才是你姐姐，你又认我这姐姐来了。"一面说笑，因又怕他耽延工夫，遂抽身走开了。宝玉只得续成，共有了三首。

此时林黛玉未得展其抱负，自是不快。因见宝玉独作四律，大费神思，何不代他作两首，也省他些精神不到之处。想着，便也走至宝玉案旁悄问："可都有了？"宝玉道："才有了三首，只少'杏帘在望'一首了。"黛玉道："既如此，你只抄录前三首罢，赶你写完那三首，我也替你作出这首了。"说毕，低头一想，早已吟成一律，便写在纸条上，搓成个团子，掷在他跟前。宝玉打开一看，只觉此首比自己所作的三首高过十倍，真是喜出望外，遂忙恭楷呈上。

关键时刻，宝钗、黛玉都出手相助，解了宝玉之围。

宝钗是帮宝玉推敲了一个词，将"绿玉"改为"绿蜡"。这是宝钗察言观色的结果，她敏锐地意识到贾妃不喜欢"红香绿玉"，而宝玉尚浑然不觉，经宝钗提醒，宝玉顿时紧张起来，都急出汗了。宝玉之所以问"绿蜡"有何出处，是因为近体诗讲究用典。这一片段的笑点在于宝钗的幽默："亏你，今夜不过如此，将来金殿对策，你大约连'赵钱孙李'都忘了呢！""谁是你姐姐，那上头穿黄袍的才是你姐姐，你又认我这姐姐来了。"

如果说宝钗的行为属于提示，那么黛玉则纯属代笔了。原本，"林黛玉安心今夜大展奇才，将众人压倒，不想贾妃只命一匾一咏，到不好违谕多作，只胡乱作一首五言律应景罢了"。此时正好来了机会，况且这事跟宝玉有关，何乐而不为呢？她直接做了枪手，替宝玉写出了《杏帘在望》：

> 杏帘招客饮，在望有山庄。
> 菱荇鹅儿水，桑榆燕子梁。
> 一畦春韭绿，十里稻花香。
> 盛世无饥馁，何须耕织忙！

写毕，"写在纸条上，搓成个团子，掷在他跟前"。

宝玉、黛玉的那次作弊貌似没被他人发现，那首作弊诗被贾妃评为四首之冠，受此诗启发，贾妃将"浣葛山庄"改成了"稻香村"。

只是，宝玉那次的行为算不算"学术不端"？

两小无猜

《红楼梦》第十九回中有一节饶有情趣的文字，写一个安静的午后，丫鬟们恰好都不在，满屋内静悄悄的，黛玉在床上即将午睡，贾宝玉来了。宝玉怕黛玉睡出病来，就要跟她聊天解闷，于是，两小无猜的他们之间上演了一出情趣盎然的喜剧故事。

黛玉想一人安静地歇一会儿，以缓解困倦，宝玉却执拗地想为黛玉解闷，这是故事发生的背景。宝玉先是想跟黛玉枕一个枕头，于是，围绕这一话题展开了一小段颇富情趣的对白，最终，宝玉虽说没能跟黛玉枕一个枕头，但得到了黛玉的枕头。两人各躺一方后，细心的黛玉无意中注意到宝玉脸上的胭脂，于是，引发了有关胭脂的对话。黛玉并未指责宝玉吃女孩子胭脂这一坏习惯，而是担心贾政知道此事后的严重后果，这是本文的第二个小话题。宝玉似乎没注意到黛玉说什么，而是将身心集中在了黛玉身上的一股幽香，第三个小话题由此展开，在这一话题中，人物的性情、性格得到了比较充分的展示。

从这一生动场景中，我们已能隐约感觉出宝玉跟黛玉之间的心有灵犀，感觉出他们之间不同一般的心灵依赖。一开头，黛玉一次次地劝宝玉先去别处玩耍，宝玉执意不走，说："我往那里去呢，见了别人就怪腻的。"我们不难看出宝玉对黛玉的好感、倾心。宝玉不枕别人的枕头，只要黛玉的枕头，更体现出他对黛玉的一种特殊感情。

从这一场景中，我们也能明显看出黛玉的聪颖及伶牙俐齿。宝玉感受到她身上的幽香，黛玉话中带酸地反唇相讥："难道我也有什么'罗汉''真人'给我些奇香不成？便是得了奇香，也没有亲哥哥亲兄弟弄了花儿、朵儿、霜儿、雪儿替我炮制。我有的是那些俗香罢了！"黛玉说这话，显然是针对宝玉和宝钗。薛宝钗有一种奇怪的病症，据说是胎里带下的热毒，一直在吃一种叫"冷香丸"的药,全身有奇香。于是,黛玉借机讽刺、挖苦宝玉。宝玉无奈,只能攻击黛玉的弱点,黛玉受不住宝玉在其胳肢窝里乱挠,只得求饶,宝玉刚一住手,她又来了句:"我有奇香,你有'暖香'没有?"宝玉一时没明白过来,经黛玉一解说,他才恍然大悟:"你有玉,人家就有金来配你,人家有'冷香',你就没有'暖香'去配?"

有兴趣的读者还可以将此段与前面梨香院的故事对读。前文是宝玉跟宝钗对话,后来黛玉来了,黛玉说了不少略带醋意的话;这次是宝玉跟黛玉对话,接下来宝钗来了,宝钗奚落上次元妃省亲时宝玉不记得典故的尴尬。

给脂评本《石头记》写批注

这次重读《红楼梦》，我用的是线装书局的《脂砚斋评石头记》。比起通行本，该书最大的特色是收了脂砚斋等人的评语。这些评语有助于我们对文本做更深入的理解。

或许因为读的是有批注的本子，所以在读的过程中忍不住也加了多少不等的批注，以第二十回为例。

这回的回目名是"王熙凤正言弹妒意　林黛玉俏语谑娇音"，顾名思义，这回是写王熙凤、林黛玉所做的两件事。不过，实际的内容远比这两件事丰富，我们暂且浏览一下正题前的部分文字。

那宝玉正恐黛玉饭后贪眠，一时存了食，或夜间走了困，皆非保养身体之法。

宝玉关心黛玉，宝玉懂得养身之道。

幸而宝钗走来，大家谈笑，那林黛玉方不欲睡，自己才放了心。忽听他房中嚷起来，大家侧耳听了一听，林黛玉先笑道："这是你妈妈和袭人叫嚷呢！那袭人也罢了，你妈妈再要认真排场他，可见老背晦了。"

脂评："袭卿能使颦卿一赞，愈见彼之为人矣，观者诸公以为何如？"连袭人那样的人都被李嬷嬷责难，足见这个嬷嬷真是"老背晦了"，这是侧面描写。

……

只见李嬷嬷拄着拐棍在当地骂袭人："忘了本的小娼妇，我抬举起你来，这会子我来了，你大模大样的躺在炕上，见我来也不理一理。一心只想装狐媚子哄宝玉，哄的宝玉不理我，听你们的话。你不过是几两臭银子买来的毛丫头，这屋里你就作耗，如何使得！好不好拉出去，配一个小子，看你还妖精似的哄宝玉不哄！"

这个李嬷嬷倚老卖老，实在过分。此前袭人曾两次为其打圆场，她竟不记一丁点儿的好！袭人感冒卧床，怎是有意不理她！她这番有失身份的话说得真够刻薄、势利！

……

可巧凤姐正在上房算完输赢账，听得后面高声嚷动，便知是李嬷嬷老病发了，排揎宝玉的人。——正值他今儿输了钱要迁怒于人，便连忙赶过来，拉了李嬷嬷笑道："好妈妈，别生气。大节下，老太太才喜欢了一日。你是个老人家，别人高声，你还要管他们呢，难道你反不知道规矩？在这里嚷起来，叫老太太生气不成？你只说谁不好，我替你打他。我家里烧的滚热的野鸡，快来跟我吃酒去。"一面说，一面拉着走，又叫丰儿："替你李奶奶拿着拐棍子，擦眼泪的手帕子。"

不愧是荣府大管家，三言两语就解决了问题。凤姐的话绵里藏针，反复提及不能惹老太太生气，而袭人原本就是老太太的人，老人家更应该知道"规矩"。所以宝钗、黛玉都为凤姐拍手："亏这一阵风来，把个老婆子撮了去了。"

……一面说，一面禁不住流泪。又怕宝玉烦恼，只得又勉强忍着。

袭人道："你吃饭不吃饭，到底老太太、太太跟前坐一会子，和姑娘们玩一会子再回来。我就静静的躺一躺也好。"

袭人考虑问题始终着眼于宝玉，自己甘愿受委屈。

……

彼时晴雯、绮霞、秋纹、碧痕都寻热闹，找鸳鸯、琥珀等耍戏去了，独见麝月一个人在外间房里灯下抹骨牌。宝玉笑问道："你怎么不同他们玩去？"麝月道："没有钱。"宝玉道："床底下堆着那么些，还不够你输的？"麝月道："都玩去了，这屋里交给谁呢？那一个又病了，满屋里上头是灯，地下是火。那些老妈妈子们，劳天拔地服侍一天，也该叫他们歇歇。小丫头子们也是服侍了一天，这会子还不叫他们玩玩去？所以让他们都去罢，我在这里看着。"

麝月识大体。

宝玉听了这话，公然又是一个袭人。因笑道："我在这里坐着，你放心去罢。"麝月道："你既在这里，越发不用去了。咱们两个说话玩笑岂不好！"宝玉笑道："咱两个作什么呢？怪没意思的。也罢了，早上你说头痒，这会子没什么事，我替你篦头罢。"麝月听了便道："就是这样。"说着，将文具镜匣搬来，卸去钗钏，打开头发，宝玉拿了篦子替他一一的梳篦。

只篦了三五下，只见晴雯忙忙走进来取钱。一见了他两个，便冷笑道："哦，交杯盏还没吃呢，倒上头了！"宝玉笑道："你来，我也替你篦一篦。"晴雯道："我没那么大福。"说着，拿了钱，便摔帘子出去了。

宝玉在麝月身后，麝月对镜，二人在镜内相视。宝玉便向镜内笑道："满屋里就只是他磨牙。"麝月听说，忙向镜中摆手，宝玉会意。忽听"嗯"的一声帘子响，晴雯又跑进来问道："我怎么磨牙了？咱们倒得说说。"麝月笑道："你去你的罢，又来问人了。"晴雯笑道："你又护着。你们那瞒神弄鬼的，我都知道。等我捞回本儿来再说话。"说着一径出去了。

这一片段重点写麝月，兼及晴雯。宝玉为麝月梳篦，由此引出晴雯。晴雯"忙忙走进来取钱""等我捞回本儿来再说话"的动作、语言，最为生动。

接下来，才进入"王熙凤正言弹妒意　林黛玉俏语谑娇音"正题。我们可以读到贾环的小气、莺儿的天真、宝钗的圆滑、赵姨娘的挑唆，读到凤姐的泼辣；我们还可以读到黛玉的小肚鸡肠，读到湘云的直率。这里略去。

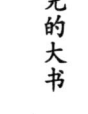

从贾政父子看旧时代父子关系

"君要臣死，臣不死是为不忠；父叫子亡，子不亡则为不孝。"这属于封建时代"三纲五常"的内容。"三纲"就是君对臣、父对子、夫对妻有着绝对的权威，"臣、子、妻"不能对"君、父、夫"说半个"不"字。从贾政父子身上，我们能隐约看出"三纲"的影响。

在贾府，宝玉受贾母的百般溺爱，但即使这样，宝玉仍对贾政诚惶诚恐，听到贾政之名，尤其是父亲叫他，宝玉往往会不寒而栗。我们来看看第二十三回中的一个场景。

省亲结束，贾元春觉得偌大的园子闲着可惜，就传旨让众姐妹并宝玉住进去，贾政接到旨意后想着特别地提醒宝玉几句，这便有了贾政父子见面的情景。

故事的开端：

别人听了还自犹可，惟宝玉听了这谕，喜的无可不可。正和贾母盘算要这个，弄那个，忽见丫鬟来说："老爷叫宝玉。"宝玉听了，好似打了个焦雷，登时扫去兴头，脸上转了颜色，便拉着贾母扭的好似扭股儿糖一般，杀死不敢去。

听闻"老爷叫宝玉"，宝玉的心情一下子从云端跌落进谷底，作者用两个比喻写出了这一消息带给宝玉的震动。后文薛蟠约宝玉，竟然想到了这一招，宝玉不得不乖乖地就范。父子之间，不要说依恋，就连基本的交流也没有。最后，还是贾母千哄万哄，宝玉才极为忐忑地离开了贾母房间。

故事的发展：

宝玉只得前去，一步挪不了三寸，蹭到这边来。……

儿子见父亲，"一步挪不了三寸"，艰难地"蹭"过来，多么地不乐意！行动描写映照出宝玉对这次见面的极端抵触。这哪里是儿子去见父亲！

故事的主体：

贾政一举目，见宝玉站在跟前，神采飘逸，秀色夺人，看看贾环，人物委琐，举止荒疏，忽又想起贾珠来。再看看王夫人只有这一个亲生的儿子，素爱如珍，自己的胡须将已苍白：因这几件上，把素日嫌恶处分宝玉之心不觉减了八九。半晌说道："娘娘吩咐，说你日日外头嬉游，渐次疏懒，如今叫禁管，同你姊妹们在园里读书写字。你可好生用心习学，再如不守分安常，你可仔细！"宝玉连连的答应了几个"是"。

这里写出了贾政内心变化的轨迹。他看到神采飘逸的宝玉，看到猥琐的贾环，想起早逝的贾珠，想到王夫人对宝玉的珍爱，想到自己一大把年纪，不由减少了素日对宝玉的嫌恶。他交代完进大观园读书的事项，不忘用祈使的语气告诫宝玉"仔细"。现在看来，贾政也就说了这么几句话，宝玉何以会怕得那样？如今，大多数父亲自然没有了贾政式的威严，但也不乏严厉的父亲，但如今的儿子们，还有宝玉那样害怕父亲的吗？昨天读到这段，不由想起我小时候，也是有类似宝玉那种表现的。十年前，我的那篇《父亲》中就记录到这方面内容。不过，我们这一代人基本没了上一辈父亲的严厉，父子关系要随和得多。我在多篇文章中写到当今的父子亲情，比如《温暖父亲节》。

插曲：

王夫人摸挲着宝玉的脖项说道："前儿的丸药都吃完了？"宝玉答道："还有一丸。"王夫人道："明儿再取十九来，天天临睡的时候，叫袭人服侍你吃了再睡。"宝玉道："自从太太吩咐了，袭人天天晚上想着，打发我吃。"贾政问道："袭人是何人？"王夫人道："是个丫头。"贾政道："丫头不管叫个什么罢了，是谁这样刁钻，起这样的名字？"王夫人见贾政不自在了，便替宝玉掩饰道："是老太太起的。"贾政道："老太太如何知道这样的话，一定是宝玉。"宝玉见瞒不过，只得起身回道："因素日读诗，曾记古人有一句诗云：'花气袭人知昼暖。'因这个丫头姓花，便随口起了这个名字。"王夫人忙又道："宝玉，你回去改了罢，老爷也不用为这小事生气。"贾政道："究竟也无妨碍，又何用改？只是可见宝玉不务正，专在这些浓诗艳曲上作工夫。"

这是个很家常的场景，王夫人的语言、动作充满了对宝玉的疼爱。贾政不知道宝玉房中大丫鬟的名字，足见他确实不擅家务，也不关心家务，但他对"袭人"这个名字发生了兴趣，认为丫头是不配叫这个名字的。知子莫若父，贾政在某些方面还是了解宝玉的，尽管王夫人在打圆场，但他确信这绝非老太太的创意，必是宝玉无疑。其实，从这一起名中贾政应该还是感觉出了宝玉的与众不同处，所以并未同意王夫人改名的提议。

故事的结局：

说毕，断喝一声："作业的畜生，还不出去！"王夫人也忙道："去罢，只怕老太太等你吃饭呢。"宝玉答应了，慢慢的退出去，向金钏儿笑着伸伸舌头，带着两个老嬷嬷一溜烟去了。

这一结局太出人意料，好端端的，干吗要"断喝一声"，并且还是那样不中听的话。读到这儿，我们都会觉得这个父亲多少有些野蛮，他可是贾府里少有的正人君子啊！不过，宝玉或许早就想着外面的自由了。

尾声：

刚至穿堂门前，只见袭人倚门立在那里，一见宝玉平安回来，堆下笑来问道："叫你作什么？"宝玉告诉他："没有什么，不过怕我进园去淘气，吩咐吩咐。"一面说，一面回至贾母跟前，回明原委。只见林黛玉正在那里，宝玉便问他："你住那一处好？"林黛玉正心里盘算这事，忽见宝玉问他，便笑道："我心里想着潇湘馆好。我爱那几竿竹子隐着一道曲栏，比别处更觉幽静。"宝玉听了拍手笑道："正和我的主意一样，我也要叫你住这里呢。我就住怡红院，咱们两个又近，又都清幽。"

宝玉见贾政的故事已经结束，我这儿又引了几句，作为尾声。从这一尾声中我们能读出《红楼梦》一书内容的丰富。看似不经意的叙述，却能给读者提供丰富多样的信息。袭人为何"倚门"？她为何见宝玉平安回来就"堆下笑"打问详情？黛玉和宝玉为何能不约而同地将潇湘馆选为黛玉的住处？

从贾政父子身上我们能看出旧时代父子之间类似猫与老鼠的关系：父亲过于严厉，缺乏温情，儿子避之唯恐不及。这种畸形的父子关系有助于儿子成才吗？我觉得未必。

骗子马道婆

印象中，《儒林外史》的作者擅长描写形形色色的骗子，《红楼梦》的作者好像就写了一个骗子，不过，这一个骗子绝非等闲之辈，为了钱财，她能不择手段。

《红楼梦》中的这个骗子叫马道婆，是宝玉的寄名干娘，她常年行走于大户人家，靠其敏锐的嗅觉寻找着发财的机会。这一天，她来到荣国府请安。正赶上贾环恶意用蜡油烫伤了宝玉的脸。马道婆装模作样地在宝玉脸上用指头比画了比画，口内念念有词，说"这不过是一时飞灾"，管保就好。接下来，她貌似漫不经心地跟贾母说："祖宗，老菩萨那里知道，那经典佛法上说的利害，大凡那王公卿相人家的子弟，只一生长下来，暗里便有许多促狭鬼跟着他，得空便拧他一下，或掐他一下，或吃饭时打下他的饭碗来，或走着推他一跤，所以往往的那些大家子孙多有长不大的。"这番鬼话，贾母竟信了。原本，这是深谙贾母心理的马道婆专门说给贾母的，作为寄名干妈的她知道宝玉在贾母心里的位置。接下来，贾母自然会请教解决的办法。于是，马道婆的生意来了。

这个马道婆聪明在她不一语道破，而是要绕个弯子，先轻描淡写，说多做因果善事就行，然后会一步步让对方进入自己预设的圈套。

马道婆道："也不值些什么。不过除香烛供养之外，一天多添几斤香油，点上个大海灯，这海灯便是菩萨的现身法像，昼夜不敢息的。"贾母道："一天一夜也得多少油？明白告诉我，我也好做这件功德的。"马道婆听如此说，便笑道："这也不拘，随施主菩萨们随心愿舍罢了。像我们庙里就有好几处的王妃诰命供奉的：南安郡王府里的太妃，他许的多，愿心大，一天是四十八斤油，一斤灯草，那海灯也只比缸略小些；锦田侯的诰命次一等，一天不过二十四斤；再还有几家，也有五斤三斤的，一斤二斤的，都不拘数。那小家子穷人舍不起这些的，就是四两半斤，也少不得替他点。"

如果马道婆所言属实，那仅仅上面的数字，她这个庙里一天的收入就相当可观，年收入绝对是天文数字。可能是这个数字有点儿大，贾母在权衡，这个功德如何做。马道婆洞悉贾母心理，又说了一句："还有一件，若是为父母尊亲长上的，多舍些不妨。若是像老祖宗如今为宝玉，若舍多了倒不好，还怕哥儿禁不起，倒折了福。也不当家花花的，要舍，大则七斤，小则五斤，也就是了。"果然，贾母当即拍板。

读到这儿，我的感觉是这个马道婆不怎么地道，她大概是借着道姑的名义在敛财，她内心知道菩萨是靠不住的，只不过是她们这类人用来骗善男信女的道具而已。

至此，马道婆那天的荣国府"请安"算得上收获多多，不虚此行。但是，马道婆那天还有更丰硕的收获。

她在各院各房"问安"之后，来到了赵姨娘处。接下来，在赵姨娘和马道婆的合谋下，一个惊天的阴谋出笼了。

马道婆用欲擒故纵之法，探得了赵姨娘内心的最大愿望：除掉贾府管家王熙凤和接班人宝玉，然后让贾环取而代之。我们读一读马道婆下面的话，再看看她的行动——

马道婆听说，鼻子里一笑，半晌说道："不是我说句造孽的话，你们没有本事，也难怪别人。明不敢怎样，暗里也就算计了，还等到这如今？"（煽风点火）

马道婆听说这话，打拢了一处，便又故意说道："阿弥陀佛，你快休问我，我那里知道这些事？罪过，罪过！"（欲擒故纵）

马道婆听说如此，便笑道："若说我不忍叫你娘儿们受人委屈还犹可，若说'谢我'这两个字，可是你错打算了。就便是我希图你的谢，靠你有些什么东西能打动我？"（试探谢礼）

马道婆听了，低了头，半晌说道："那时候事情妥了，又无凭据，你还理我呢！"（画押为据）

马道婆看看白花花的一堆银子，又有欠契，并不顾青红皂白，满口里应着，伸手先去抓了银子掖起来，然后收了欠契。又向裤腰里掏了半晌，掏出十个纸铰的青面白发的鬼来，并两个纸人，递与赵姨娘，又悄悄的教他道："把他两个的年庚八字写在这两个纸人身上，一并五个鬼都掖在他们各人的

床上就完了。我只在家里作法，自有效验。千万小心，不要害怕！"（贪婪无耻）

曹雪芹凭着对奸诈邪恶人性的洞悉，将马道婆这个披着宗教外衣，毫无做人底线，为了钱财丧心病狂的巫婆形象展现在了读者眼前，让我们看到了人性的险恶。

马道婆的可恶不仅在于谋财，更在于害命，在她的诅咒下，熙凤和宝玉差点儿一命呜呼。脂评本里，脂砚斋一次次称其为"贼婆"，名实很是相称。

马道婆行骗得手，一个很重要的原因是她掌握了被骗者的心理，无论是贾母的爱孙心切，还是赵姨娘的欲置宝玉、熙凤于死地的歹毒心肠，她都了然于心。也正因为有这样的前提，所以她的荣国府之行才赚了个盆满钵满。

两次葬花,情感迥异

"黛玉葬花"是《红楼梦》中脍炙人口的故事。

不知你是否留意过,《红楼梦》里其实是写了两次黛玉葬花的。

第一次葬花是三月中旬,宝玉先来,黛玉后至,当宝玉不忍践踏落花,欲使落花随流水而去时,黛玉也正担着花锄,挂着纱囊,拿着花帚,款款走来。这说明宝黛二人是流水知音、心灵相通。葬花的情节为人物活动创设了如诗如画的情境,为"宝黛共读西厢"的真情表白奠定了情感基础。这次葬花,情节集中,感情基调轻快,画面很唯美。这是一幕优美的爱情小喜剧。

这一片段最突出的艺术特点是"情景交融"。小桥横跨,流水潺潺,桃红柳绿,落英缤纷。景美情更美。在大观园充满诗情画意的春景中,在《西厢记》的启迪下,宝黛二人童年的友情升华到一种新的境界,成为一种高尚美丽、不带任何杂质的纯真爱情,这幅情景交融的画面流露出的是一种轻松、活泼、愉快的情调,令人目眩神迷。

第二次葬花是四月下旬,则完全沉浸在痛苦的悲剧中。黛玉夜访怡红院,因误会被阻门外,却听见宝钗和宝玉在里面说笑,黛玉气极生悲。次日正值饯花节,黛玉来到上次葬花的地方,一面悲泣,一面吟出了令人唏嘘的《葬花吟》。

宝玉听到"侬今葬花人笑痴,他年葬侬知是谁""一朝春尽红颜老,花落人亡两不知"等句,"不觉恸倒山坡之上,怀里兜的落花撒了一地"。这是说,黛玉的《葬花吟》令宝玉内心起了深深的共鸣:"试想林黛玉的花颜月貌,将来亦到无可寻觅之时,宁不心碎肠断!既黛玉终归于无可寻觅之时,推之于他人,如宝钗、香菱、袭人等亦可到无可寻觅之时矣。宝钗等终归无可寻觅之时,则自己又安在哉?且自身尚不知何在何往,则斯处、斯园、斯花、斯柳又不知当属谁姓矣!"宝玉进入了黛玉诗歌的情境中,经过反复推求,不禁也悲从中来。

白玉钏与黄金莺

《红楼梦》的回目名称对仗工整，这在古典名著中算得上首屈一指，由此也能看出作者非同寻常的文学素养。第三十五回的回目名是"白玉钏亲尝莲叶羹　黄金莺巧结梅花络"，这也是一副绝妙的对子。顾名思义，该回要写两个事件：玉钏尝羹，莺儿结络。不过，《红楼梦》这部以家常生活为基本题材的巨著，每回的内容极为丰富，回目名称仅概括了该回的一部分内容，第三十五回也是。

下面我们来简单梳理一下这回内容。

这回开头，紧承上一回的内容，是黛玉视角。一大早，黛玉见宝钗脸上有哭泣之状，以为是心疼宝玉挨打，就不无醋意地说："姐姐自己保重些儿。就是哭出两缸眼泪来，也医不好棒疮。"宝钗知道黛玉用心不良，并不搭理，一径去了。这时黛玉立于花荫下，继续望向怡红院。她看见李纨、迎春、探春、惜春进了怡红院，又出来。正纳闷王熙凤没有出现，不料"花花簇簇一群人"又向怡红院走来，这其中就有凤姐，"只见贾母搭着凤姐儿的手"，后面跟着邢夫人、王夫人，还有周姨娘并丫鬟媳妇等。不一会儿，宝钗母女也进去了。黛玉显然不是在看热闹，她在花荫下站半天，都站得腿酸了，大概是等众人探视完宝玉，自己再去探视。后来，在紫鹃的催促下，黛玉回了潇湘馆。就在黛玉感伤身世之时，学舌的鹦哥竟诗人般地吟出了如下诗句："侬今葬花人笑痴，他年葬侬知是谁？试看春尽花渐落，便是红颜老死时。一朝春尽红颜老，花落人亡两不知！"

接下来，话题转移，宝钗前面没理黛玉，去了她母亲那儿。因为昨日薛蟠指责宝钗偏袒宝玉，母女又一次相对而泣。薛蟠一次次向宝钗赔不是，并赌咒发誓以后不再跟他人吃酒闲逛，薛姨妈说："你要有这个横劲，那龙也下蛋了。"薛蟠说着说着，竟流下泪来。这个薛蟠可恶处不少，但其孝顺母亲，关心妹妹，确实发自内心。他又是建议宝钗炸项圈，又是提议给宝钗添衣裳。

宝钗母女来到怡红院，这时，宝玉屋里还有贾母、王夫人、王熙凤等。众人说着关心宝玉的话，都问宝玉想吃什么，宝玉想起了曾经吃过的小莲蓬儿的汤。由此，作者给我们介绍了贾府的一道菜，让我们领略到丰富的饮食文化，连皇商人家的薛姨妈都称奇："你们府上也都想绝了，吃碗汤还有这些样子。若不说出来，我见这个也不认得这是作什么用的。"由这道食谱出发，凤姐又一次展示了绝佳的口才，并由此引发了有关口才话题的讨论——

宝钗一旁笑道："我来了这么几年，留神看起来，二嫂子凭他怎么巧，再巧不过老太太去。"贾母听说，便答道："我的儿，我如今老了，那里还巧什么？当日我像凤哥儿这么大年纪，比他还来得呢。他如今虽说不如我们，也就算好了。比你姨娘强远了！你姨娘可怜见的，不大说话，和木头似的，在公婆跟前就不献好儿。凤儿嘴乖，怎么怨得人疼他。"

宝玉笑道："若这么说，不大说话的就不疼了？"贾母道："不大说话的，又有不大说话的可疼之处，嘴乖的也有一宗可嫌的，倒不如不说话的好。"宝玉笑道："这就是了。我说大嫂子倒不大说话呢，老太太也是和凤姐姐的一样看待。若说单是会说话的可疼，这些姐妹里头也只是凤姐姐和林妹妹可疼了。"贾母道："提起姊妹，不是我当着姨太太的面奉承，千真万真，从我们家四个女孩儿算起，都不如宝丫头。"薛姨妈听说，忙笑道："这话是老太太说偏了。"王夫人忙又笑道："老太太时常背地里和我说宝丫头好，这倒不是假话。"宝玉勾着贾母，原为赞林黛玉的，不想反赞起宝钗来，倒也意出望外，便看着宝钗一笑。宝钗早扭过头去和袭人说话去了。

怡红院这次小沙龙，发言的人有宝钗、贾母、宝玉、薛姨妈、王夫人。

宝钗的话中心很明确，就是恭维贾母，用比较的方式。谁都承认凤姐口才非同寻常，而宝钗却说"巧不过老太太"。

宝玉本想着让贾母夸赞黛玉，不承想适得其反。贾母认为，"我们家四个女孩儿"（迎春、探春、惜春、黛玉）都不及宝丫头，王夫人附议。这是贾府权威人士对宝钗的肯定。贾母通过对比肯定王熙凤"嘴乖"，认为强过王夫人。这也是贾府权威人士对熙凤的定评。

贾母还认为，"嘴乖"与"不大说话的"都有可疼之处，所以凤姐、李纨两妯娌她能一样看待。与此同时，贾母还指出："嘴乖的也有一宗可嫌的，倒不如不说话的好。"就是说，如果说话不中听，那还不如不说话。好像黛玉好多时候的说话就属此例。

千万不要小看这次小小的沙龙！我们看得出来，黛玉其实是被边缘化了的，她在贾母心中的位置已远不如刚进贾府时那样重要，可以说宝钗在贾母心中的位置已超过了黛玉。细想想，除了宝钗"会说话"，可能还有一层原因，就是宝钗比较多地参与了贾母、王夫人、王熙凤等的小聚活动，而黛玉则不是很合群，或者说她更乐意与宝玉相处。

接下来，贾母一行在王夫人处约饭，迎春"身上不耐烦"，缺席；黛玉"自不消说，平素十顿饭只好吃五顿，众人也不着意了"，缺席。

粗线条地写了这么多，接下来才到"白玉钏亲尝莲叶羹"的故事。这玉钏，正是前不久投井的金钏的妹妹，是王夫人身边的丫鬟。宝玉内疚于金钏的自杀，千方百计向玉钏示好，但玉钏就是不领情。后来，宝玉推说汤不好吃，说："一点味儿也没有，你不信尝一尝就知道了。"玉钏儿真就尝了一口。宝玉这才开心地笑道："这可好吃了。"这便是"白玉钏亲尝莲叶羹"。

在"白玉钏亲尝莲叶羹"的故事进行中，作者穿插了另一个故事，就是贾政的门生傅试（趋炎附势之人）派了两个婆子来望宝玉，两个婆子目睹了宝玉遭烫却问玉钏被烫了没有、疼不疼，回去的路上这样议论宝玉——

这一个笑道："怪道有人说他们家宝玉是相貌好里头糊涂，中看不中吃的，果然竟有些呆气。他自己烫了手，倒问别人疼不疼，这可不是个呆子！"那一个又笑道："我前一回来，听见他家里许多人抱怨，千真万真有些呆气。大雨淋的水鸡似的，他反告诉别人，'下雨了，快避雨去罢'。你说可笑不可笑。时常没人在跟前，就自哭自笑的，看见燕子就和燕子说话，河里看见了鱼就和鱼儿说话，见了星星月亮，他便不是长吁短叹的，就是咕咕哝哝的。且一点刚性儿也没有，连那些毛丫头的气都受到了。爱惜起东西来，连个线头都是好的；遭塌起来，那怕值千值万的都不管了。"

读此段文字，我们或许会联想到第三回黛玉进贾府中两首正话反说的《西江月》。"脂评本"在这儿的评语也很有味道："宝玉之为人，非此一论，亦描写不尽。宝玉之不肖，非此一鄙，亦形容不到。试问作者，是丑宝玉乎？是赞宝玉乎？试问观者，是喜宝玉乎？是赞宝玉乎？"

跟玉钏同来怡红院送饭的还有莺儿。"黄金莺巧结梅花络"讲的正是这位编织高手。莺儿姓黄，宝钗嫌其名金莺叫着拗口，就直接叫她莺儿。莺儿是大观园里有一技之长的丫鬟，曹雪芹用简洁的文字请莺儿给我们上了一堂思路清晰的手工课：明确用途，确定颜色，选择花样。读之，一位心灵手巧、审美不俗的丫鬟形象宛在眼前。

　　就在宝玉让莺儿说宝钗"几样世人都没有的好处"之时，宝钗来了。这一回的故事也到了尾声。作者在这里不经意地写了两个细节：其一，袭人收到王夫人特意送来的两碗菜，觉得不好意思，宝钗抿嘴笑道："这就不好意思了？明儿还有比这个更叫你不好意思的呢！"其二，邢夫人遣丫鬟送来两样水果，宝玉让秋纹拿一半去送黛玉，忽听到院里黛玉说话声。

袭人的月工资

在贾府当丫鬟，除了不愁吃穿，每月还能领到多少不等的工资，当时叫"月例"。

给不同辈分的人当丫鬟，月例会有不同；给同一个主子当丫鬟，也分三六九等。比如，贾母身边的大丫鬟如鸳鸯等8人，月例各是1两银子；在王夫人身边当差的大丫鬟如金钏儿等4人，月例也是1两银子；在宝玉身边当差的大丫鬟如晴雯等，月例为1吊，小丫鬟如佳蕙等，月例为500文。这是定例。

忽然有一天，情况发生了变化。王夫人身边的大丫鬟金钏儿投井身亡，因为有了这个空缺，于是便有多家仆人来孝敬管家王熙凤，都满心希望自家女儿能够晋级为大丫鬟，能够涨工资。不料，王夫人竟做出一个出乎大家意料的决定：不用补人，把金钏儿的1两银子给玉钏儿。王夫人的理由听着很有人情味："他姐姐伏侍了我一场，没个好结果，剩下他妹妹跟着我，吃个双分儿也不为过。"这样，玉钏儿成了贾府里跟公子、小姐、姨娘等领同样工资的丫鬟。

另一个变化是，袭人原本是贾母身边领1两银子的大丫鬟，后来贾母让她服侍宝玉，这难免会给赵姨娘之流落下口实，会觉得贾环身边也应该有领1两银子的丫鬟。袭人工资应该怎么发？聪明的凤姐讨王夫人示下。

王夫人想了半日，向凤姐道："明儿挑一个丫头送去老太太使唤，补袭人，把袭人的一分裁了。把我每月的月例二十两银子里拿出二两银子一吊钱来，给袭人去。以后凡事有赵姨娘、周姨娘的，也有袭人的，只是袭人的这一分，都从我的分例上匀出来，不必动官中的就是了。"

比起让玉钏儿吃"双分"，王夫人这后一项决定更让人瞠目：袭人为何有了赵姨娘、周姨娘的待遇并且还多出1吊钱来？我们都知道，在宝玉身边当差的大丫鬟月例是1吊啊。

其实，在上回书里，作家已经有过暗示。王夫人特意派人给袭人送来两碗菜，袭人当时觉得不好意思，猜出内情的宝钗还抿嘴说："这就不好意思了？明儿还有比这个更叫你不好意思的呢！"就是说，王夫人心里已视袭人为宝玉的准姨娘，只是碍于一些原因没能正式对外宣布罢了。

紧接着，凤姐、薛姨妈、王夫人的一段会话很耐人寻味——

凤姐一一的答应了，笑推薛姨妈道："姑妈听见了？我素日说的话何如？今儿果然应了我的话。"薛姨妈道："早就该如此。模样儿自然不用说的，他的那一种行事大方，说话见人和气，里头带着刚硬要强，这个实在难得。"王夫人含泪说道："你们那里知道袭人那孩子的好处？比我的宝玉还强十倍！宝玉果然是有造化的，能够得他长长远远的伏侍一辈子，也就罢了。"

袭人对宝玉很上心，这毋庸置疑。她曾一次次想方设法劝过宝玉，难怪薛姨妈、王夫人给袭人这样高的评价。不过，袭人这次身份的升迁，其根本原因还是宝玉挨打后她在王夫人跟前一番"不知好歹的话"，她认为宝玉挨打罪有应得，"若老爷再不管，不知将来做出什么事来呢"，她给王夫人建议让宝玉搬出园外，跟黛玉、宝钗分开。正是那次煞有介事的建议，让王夫人对袭人另眼相看。

最后，交代一下银子与铜钱的换算值。受各种因素影响，古代银、铜比价是浮动的，《红楼梦》故事发生的时代，1两银子与1吊（串）钱不等值。据考证，那时1两银子大概值1600文钱。如此便明白了，《红楼梦》里老太太、太太身边的大丫头月薪1两银子（约1600文）高于宝玉身边的大丫头1吊（1000文）。

大观园里的第一次诗歌大赛

探春发邀请函，宝钗、黛玉、迎春、惜春、宝玉、李纨纷纷响应，齐聚秋爽斋，成立了大观园里一个民间协会——海棠诗社。社名是即景取的，李纨在来秋爽斋的路上邂逅了贾芸送给宝玉的白海棠，当天的诗歌大赛也以海棠为题。

先是每人起了一个别号：李纨——稻香老农，探春——蕉下客，黛玉——潇湘妃子（探春起的），宝钗——蘅芜君（李纨起的），迎春——菱洲（宝钗起的），惜春——藕榭（宝钗起的），宝玉——怡红公子（宝钗还开玩笑起了"无事忙""富贵闲人"）。

李纨毛遂自荐当了社长，任命菱洲、藕榭为副社长，并做了分工，商定每月初二、十六为集会日，地点在稻香村，风雨无阻，除了规定动作，也可以视各自情况有自选动作，比如这第一次集会，就由蕉下客做东。于是，大观园海棠诗社第一次诗歌大赛开始。

社长拟的题是咏白海棠，迎春限韵：头一个韵限定用"门"字，其余依次用"盆""魂""痕""昏"。规定了答卷时间，点"梦甜香"，香烬为限，如香烬未成，便要受罚。因这次大赛选手都在规定时间交了卷，所以不知海棠诗社罚约的细则，大致想来，应该有"做东"一项。

社长评奖结果是，若论风流别致，自是潇湘妃子；若论含蓄浑厚，终让蘅芜君；怡红公子压尾。

史湘云从袭人派去送果品的宋妈那里了解到大观园开诗社的事，心情迫切，宝玉也意识到诗社里不能少了她，就回贾母，于次日接湘云进贾府，湘云补了两首《咏白海棠》。

感谢曹雪芹为我们写出了大观园里风雅的生活！今天的我们，还有雅聚吗？还能组织起来诗社吗？如果能组织起来，诗社的成员们都能遵守章程吗？

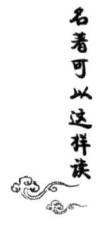

薛宝钗的闺蜜是谁

听说大观园成立了诗社，史湘云坐不住了，宝玉通过贾母，于次日就将湘云接进贾府，湘云补写了前一天的海棠诗，然后主动申请做东，"先邀一社"。

晚上湘云与宝钗回到蘅芜苑。还记得那晚两闺蜜都谈了些啥吗？

第一件，如何做东。

宝钗听他说了半日，皆不妥当，因向他说道："既开社，便要作东。虽然是玩意儿，也要瞻前顾后，又要自己便宜，又要不得罪了人，然后方大家有趣。你家里你又做不得主，一个月通共那几吊钱，你还不够使。这会子又干这没要紧的事，你婶娘听见了一发抱怨你了。况且你就都拿出来，做这个东道也是不够，难道为这个家去要不成？还是和这里要呢？"一席话提醒了湘云，倒踌躇起来。

宝钗道："这个我已经有个主意。我们当铺里有一个伙计，他们田里出好螃蟹，前儿送了几个来。现在这里的人，从老太太起，连上屋里的人，有多一半都是爱吃螃蟹的，前日姨娘还说要请老太太在园里赏桂花、吃螃蟹，因为有事，还没有请。你如今且把诗社别提起，只普统一请。等他们散了，咱们有多少诗做不得的？我和我哥哥说，要他几篓极肥极大的螃蟹来，再往铺子里取上几坛好酒来，再备四五桌果碟，岂不又省事，又大家热闹了？"

明白了吧，薛宝钗的闺蜜是史湘云。

湘云因父母早亡，家里无人为她做主，她最喜欢来贾府，来跟贾府的姐妹一起玩，尤其跟宝钗投脾气，但还是身不由己，玩不了几天，家里就会派人接她回去，熬夜做这样那样的活儿。有一次家里来人接，她眼泪汪汪地跟宝玉等告别，宝钗来送，她越发不舍，但宝钗明白，迟迟不回，接的人回去告诉了她婶娘，湘云有可能受气，于是宝钗反而催促她走。这才是闺蜜，时时为对方着想。同样是那次，湘云临上车前，特意悄悄叮嘱宝玉："便是老太太想不想我来，你时常提着，好等老太太打发人接我去。"言语之间充满了对贾府姐妹们的眷恋。

这次，开社做东是需要资金支持的，可能对大观园里的众姐妹们来说这笔钱不会成为大负担，但对湘云来说是负担。这时候，别人是不是想到这一层小说中未提及，但她的闺蜜想到了，并且给予了有力的行动支持！宝钗的设身处地，宝钗的办事能力，你不佩服确实不行。有这样一位好闺蜜是湘云之幸，难怪湘云愿意把自己家里的烦心事讲给宝钗，难怪那次黛玉透过纱窗看到宝玉入睡、宝钗坐在床起代袭人刺绣时，湘云"想起宝钗素日待她厚道"，便没有加入黛玉的行列，纵然黛玉在身后"冷笑"。

第二件，如何拟题。

要开社，自然要作诗，首先得拟题。湘云的意思，上次咏了海棠，这次就咏菊花。宝钗对此发表了什么高见呢？

这里宝钗又向湘云道："诗题也别过于新巧了。你看古人中那里有那些刁钻古怪的题目和那极险的韵？若题目过于新巧，韵过于险，再不得好诗，终是小家子气。诗固然怕说熟话，然亦不可过于求生。只要头一件，立意清新，措词就不俗了。究竟这也算不得什么，还是纺绩针黹是你我的本等。一时闲了，倒是于你我身心有益的书看几章是正经。"……宝钗想了一想，说道："有了，如今以菊花为宾，以人为主，竟拟出几个题目来，都要两个字，一个虚字一个实字。实字就用'菊'字，虚字便用通用门的。如此，又是咏菊，又是赋事，前人也没很做，还不能落套。赋景咏物两关着，又新鲜又大方。"

宝钗简直就是个诗歌评论家，她的这番话堪称极中肯的诗话。事实上，追求刁钻古怪往往是初学者容易犯的毛病，就是我们今天说的"以辞害意"。最要紧的是"立意清新"，在此前提下用或雅或俗的语言表达出来即可。

与此同时，宝钗没忘记自己的身份。作为封建社会的大家闺秀，她能恰当地处理好本职与业余的关系，难怪她能收获贾府上下几乎众口一词夸赞的口碑。

经过讨论，两位闺蜜最终想出了12个题目，并排了序——

宝钗道："起首是《忆菊》。忆之不得，故访，第二是《访菊》。访之既得，便种，第三是《种菊》。种既盛开，故相对而赏，第四是《对菊》。

相对而兴有余，故折来供瓶为玩，第五是《供菊》。既供而不吟，亦觉菊无彩色，第六便是《咏菊》。既入词章，不可以不供笔墨，第七便是《画菊》。既为画菊，如是碌碌，究竟不知菊有何妙处，不禁有所问，第八便是《问菊》。菊如何解语，使人狂喜不禁，第九竟是《簪菊》。如此人事虽尽，犹有菊之可咏者，《菊影》《菊梦》二首，续在第十、第十一。末卷便以《残菊》总收前题之盛。这便是三秋的妙景妙事都有了。"

最后，这次以菊花为题的诗歌大赛如何限韵、如何限定篇幅？宝钗的观点是——

宝钗道："我平生最不喜限韵，分明有好诗，何苦为韵所缚？咱们别学那小家派。只出题，不拘韵。原为大家偶得了好句取乐，并不为以此难人。"湘云道："这话很是。这样大家的诗还进一层。但只咱们五个人，这十二个题目，难道每人作十二首不成？"宝钗道："那也太难人了。将这题目誊好，都要七言律诗，明日贴在墙上，他们看了，谁能那一个就做那一个。有力量者十二首都做也可，不能的作一首也可，高才捷足者为尊。若十二首已全，便不许他赶着又做，罚他便完了。"

这固然表达的是宝钗的个人喜好，但你不觉得也是一种值得肯定的诗歌创作观？还是那句话，宝钗认为文学创作内容大于形式。宝钗三言两语道明了那次诗歌大赛的规则。

读者朋友，读完本篇，你对宝钗有怎样的评价？

诗人林黛玉

曹雪芹给《红楼梦》里的黛玉、宝钗、湘云、宝玉、探春等人赋予了诗人特质。他们开诗社，举办诗歌大赛，让一个个家常日子变得诗意盎然。而在这些诗社成员中，出类拔萃者，我以为当数黛玉。

黛玉不只在诗社集会时会按要求完成写作任务，在平时的生活中，她也能有感而发，将自己的身世之感寄托在一首首诗歌之中，这一点是海棠诗社其他成员所不具备的。

黛玉在诗社集会时写过优秀的诗歌作品，如独占鳌头的菊花诗；元春省亲，她曾为宝玉代笔，写出受元春赞赏的《杏帘在望》。

独处时，黛玉更是写了不少独具个性的诗篇。最有名的《葬花词》，我已在《两次葬花，情感迥异》中提及，这里略去。我们举另外两次诗歌创作。

宝玉挨打后卧床不起，为免去黛玉挂念，他特意派晴雯捎去问候，是带着两块旧手帕过去的。黛玉读出了旧手帕中的情意，于是情不能已，激情荡漾中写下了有名的《题帕三绝》。诗歌从头至尾全是泪，可以说是"还泪"的集中体现。

这黛玉体贴出手帕子的意思来，不觉神魂驰荡："宝玉这番苦心能领会我这番苦意，又令我可喜；我这番苦意，不知将来如何，又令我可悲；忽然好好的送两块旧帕子来，若不是领我深意，单看了这帕子又令我可笑；再想私相传递，我又可惧；我自己每每好哭，想来也无味，又令我可愧。"如此左思右想，一时五内沸然。由不得余意绵缠，便令掌灯，也想不起嫌疑避讳等事，研墨蘸笔，便向那两块旧帕上写道：

> 眼空蓄泪泪空垂，暗洒闲抛却为谁？
> 尺幅鲛绡劳解赠，叫人焉得不伤悲！

其二
抛珠滚玉只偷潸，镇日无心镇日闲。
枕上袖边难拂拭，任他点点与斑斑。

其三
彩线难收面上珠，湘江旧迹已模糊，
窗前亦有千竿竹，不识香痕渍也无？

第四十五回，黛玉和宝钗促膝谈心，谈黛玉病情，宝钗给出应对方案，两人算是第一次达成理解，黛玉真诚地认了错。宝钗临走前说晚上还来看黛玉，不料天气突变。面对缠绵秋雨，黛玉倍觉凄凉，于是创作了有名的《秋窗风雨夕》。

这里黛玉喝了两口稀粥，仍歪在床上。不想日未落时，天就变了，淅淅沥沥下起雨来。秋霖脉脉，阴晴不定，那天渐渐的黄昏，且阴的沉黑，兼着那雨滴竹梢，更觉凄凉。知宝钗不能来，便在灯下随便拿了一本书，却是《乐府杂稿》，有《秋闺怨》《别离怨》等词。黛玉不觉心有所感，不禁发于章句，遂成《代别离》一首，拟《春江花月夜》之格，乃名其词曰《秋窗风雨夕》。词曰：

> 秋花惨淡秋草黄，耿耿秋灯秋夜长。
> 已觉秋窗秋不尽，那堪风雨助凄凉！
> 助秋风雨来何速！惊破秋窗秋梦绿。
> 抱得秋情不忍眠，自向秋屏挑泪烛。
> 泪烛摇摇爇短檠，牵愁照恨动离情。
> 谁家秋院无风入？何处秋窗无雨声？
> 罗衾不奈秋风力，残漏声催秋雨急。
> 连宵脉脉复飕飕，灯前似伴离人泣。
> 寒烟小院转萧条，疏竹虚窗时滴沥。
> 不知风雨几时休，已教泪洒窗纱湿。

黛玉之所以能写出如上提及的一首首好诗，固然跟其才华有关，更源于她父母早亡的凄苦身世。寄人篱下的孤独处境，加上她的聪慧天资，使得黛玉格外敏感，自然界的风声雨声往往会敲打在她多愁善感的神经上，发而为诗。

这样说来，我们不能不佩服曹公，他是真正走进了人物内心，所以才为我们塑造出一个个有血有肉的人物形象。

好老师林黛玉

大观园里，黛玉和宝钗的诗都写得好，两相比较，黛玉可能更胜一筹。两人诗歌创作的理念也接近，黛玉认为："词句究竟还是末事，第一是立意要紧。若意趣真了，连词句不用修饰自是好的，这叫作'不以词害意'。"宝钗也强调"立意清新"。不过，用好老师的标准来衡量，那非黛玉莫属了。

薛蟠被柳湘莲暴打一顿，无颜面出门，正好他家当铺的老总管要回老家，顺便想着购些来年可大赚的紧俏商品，薛蟠便想跟着这位老总管外出一段时间，避避尴尬。尽管薛姨妈一百个不放心，但经过宝钗的劝说，最终薛蟠如愿以偿。

薛蟠的这次临时外出，最大的受益人是他的侍妾香菱，《红楼梦》中脍炙人口的"香菱学诗"由此上演。

宝钗带香菱进了大观园给她做伴儿，香菱想趁这个机会学诗。还记得宝钗是怎么说的吗？——

宝钗笑道："我说你'得陇望蜀'呢。我劝你且缓一缓，今儿头一日进来，先出园东角门，从老太太起，各处各人你都瞧瞧，问候一声儿，也不必特意告诉他们搬进园来。若有提起因由儿的，你只带口说我带了你进来做伴儿就完了。回来进了园，再到各姑娘房里走走。"

宝钗这番话说得入情入理，其中心是教香菱跟贾府里女眷混个眼熟，跟园子里姑娘们混个眼熟，从经营人际关系的角度说，宝钗无疑是香菱的好老师。但对于一心想学诗的香菱来说，她需要的不是这些。接下来，她来到潇湘馆，找到了黛玉，一见面就迫不及待地说："我这一进来了，也得空儿，好歹教给我作诗，就是我的造化了！"

黛玉不摆架子，毫不推辞，就当起了香菱的老师。

第一课，林老师先给学生树立信心，讲清写诗的基本要领——

黛玉道："什么难事，也值得去学？不过是起、承、转、合，当中承、转是两副对子，平声的对仄声，虚的对实的，实的对虚的，若是果有了奇句，连平仄虚实不对都使得的。"

三言两语，讲清了近体诗的写作要领。

黛玉是位好老师，香菱是个好学生。黛玉的一番话让香菱茅塞顿开，当香菱领悟到不受"规矩"束缚、追求词句的新奇时，黛玉进一步说："词句究竟还是末事，第一是立意要紧。若意趣真了，连词句不用修饰自是好的，这叫作'不以词害意'。"

学诗到底从哪儿入门？林老师告诉香菱——

你若真心要学，我这里有《王摩诘全集》，你且把他的五言律一百首细心揣摩透熟了，然后再读一二百首老杜的七言律，次之再李青莲的七言绝句读一二百首。肚子里先有了这三个人做了底子，然后再把陶渊明、应、刘、谢、阮、庾、鲍等人的一看，你又是这样一个极聪明伶俐的人，不用一年工夫，不愁不是诗翁了！

林老师的意思，要写出好诗，先得有一定量的积累，要熟读名家名篇，这是精读，她推崇唐代三大诗人的作品，然后再略读其他一些诗人的作品。

以上，是香菱学诗的第一课。接下来，黛玉和香菱师生之间还有讨论交流，交流读诗心得。林老师认为，"正要讲究讨论，方能长进"。香菱联系生活，陈述了她对王维"大漠孤烟直，长河落日圆""渡头余落日，墟里上孤烟"等诗句的理解，并说，诗的好处口里往往说不出来，表面看着无理，细想却是有理有情。

在香菱的央求下，黛玉给香菱布置了第一次作业：咏月。

香菱第一次的作业不怎么成功，黛玉这样讲评："意思却有，只是措词不雅。皆因你看的诗少，被它缚住了。把这首诗丢开，再做一首。只管放开胆子去做。"有肯定，有否定；有原因分析，有解决办法。这才是好老师的专业修养。

香菱听了，默默的回来，越发连房也不进去，只在池边树下。或坐在山石上出神，或蹲在地下抠地，来往的人都诧异。李纨、宝钗、探春、宝玉等听得此言，都远远的站在山坡上瞧着他笑。只见他皱一回眉，又自己含笑一回。宝钗笑道："这个人定要疯了。昨夜嘟嘟哝哝，直闹到五更才睡下。没一顿饭的工夫，天就亮了，我就听见他起来了，忙忙碌碌梳了头，就找颦儿去。一回来了，呆了一日，做了一首又不好，这会子自然另做呢。"

香菱的第二次作业，黛玉觉得"过于穿凿"，宝钗觉得有些偏题，侧重月色了。

香菱第三次交的作业，是梦中写就的，众人看了，认为不但好，而且"新巧有意趣"。

《红楼梦》中香菱学诗这个故事，给读者留下了深刻印象。故事中的林老师专业素养深厚，有着强烈的教育热情，诲人不倦，着实让人肃然起敬；作为学生的香菱，一心向学，学而不厌，如醉如痴。诗翁，就是这样炼成的！

林黛玉要是生活在今天，定是一位无可挑剔的好老师。

香菱得遇黛玉这样的老师，也是她一生之幸！"平生遭际只堪伤"的香菱，在大观园里学诗的这段生活，无疑是她悲剧命运中最美好的一段岁月。

莺儿的手工直播课

我在想，要是《红楼梦》里的莺儿生活在现在，要是她也有经济头脑，那么凭着自己的慧心与巧手，她在网络上开起手工直播课来，估计会大赚吧！

莺儿姓黄，宝钗嫌其名金莺叫着拗口，就直接叫她莺儿。莺儿是大观园里有一技之长的丫鬟，《红楼梦》第三十五回里，曹雪芹用简洁的文字请莺儿给我们上了一堂思路清晰的手工课：明确用途，确定颜色，选择花样。读之，一位心灵手巧、审美不俗的丫鬟形象宛在眼前。

莺儿问宝玉装什么的络子，得到的回答是"不管装什么的，你都每样打几个罢"，如此漫无目的的需求，莺儿只能说"十年也打不完"，最终，经过袭人、莺儿启发，宝玉才从要紧的扇子、坠儿、汗巾子中选择了汗巾子。

了解了宝玉的汗巾子是大红色后，莺儿说："大红的须是黑络子才好看，或是石青的，才压得住颜色。"接着，莺儿给宝玉讲了颜色搭配配方，还有自己的最爱。

络子还有花样。莺儿一口气报出了七种图案，宝玉无从想象各种图案的好，只举例说莺儿给探春打得就很好，于是莺儿确定给宝玉的络子就打"攒心梅花"。

以上，就是"黄金莺巧结梅花络"的故事。

《红楼梦》第五十九回，莺儿再次出场。

那是个初春的早晨，夜里下了几点小雨，大观园里泥土湿润，草色青青。湘云因犯季节性的皮肤病跟宝钗要蔷薇硝，不巧宝钗的蔷薇硝全给了宝琴，她知道黛玉配了不少，于是让莺儿去黛玉那儿讨。蕊官听闻，便要跟莺儿同行，想着顺便瞧瞧她的伙伴藕官。这样，两个女孩便走出了蘅芜院。

两人说说笑笑，不觉到了柳叶渚（这一回的名称叫"柳叶渚边嗔莺咤燕　绛云轩里召将飞符"），顺着柳堤走来，她俩看到了可喜的春光：柳叶刚刚吐出浅碧，柳丝就像金色丝带。贺知章当年写过这种"万条垂下绿丝绦"的美景。不过，当年贺知章面对垂柳引发了思考："不知细叶谁裁出？二月春风似剪刀。"莺儿不是诗人，自然没有生出诗情，但，莺儿有她的绝门功夫，那就是编织。在莺儿手里，丝线可以编出精致复杂的各种饰品，普通的柳条也能想编什么就编什么，这不，那天她就编出了一个别致的花篮。

她"挽翠披金"（脂评本），采了许多的嫩柳枝条，让蕊官拿着；自己一边走一边编织，瞅见好看的花还不忘采撷一二。不大一会儿，一个"玲珑过梁的篮子"便呈现在了我们眼前："枝上自有本来翠叶满布，将花放上，却也别致有趣。"蕊官喜欢得不得了，不过，莺儿要将这只篮子送给黛玉，答应回去的路上多采些柳条，再编几个大家玩。她俩到了潇湘馆。

黛玉也正晨妆，见了这篮子，便笑说："这个新鲜花篮是谁编的？"莺儿说："我编了送与姑娘玩的。"黛玉接了，笑道："怪道人人赞你的手巧，这玩意儿却也别致。"一面瞧了，一面便叫紫鹃挂在那里。

这里，作者透过黛玉的视角，从侧面肯定了莺儿一流的手工。

读莺儿编花篮，我们除了赞叹她的心灵手巧，还应该有所思考：怎样才能不负春天？

十一月，牵手《红楼梦》

十一月有个很诗意的节气"小雪"，更诗意的是，貌似小雪那天还降了雪。我这个俗人当时好像忙着啥事，竟没能顾得赏雪。昨天，读到《红楼梦》第四十九回"琉璃世界白雪红梅"，真是羡煞我！一夜大雪，地上已积了一尺多厚，天上仍是"搓绵扯絮"（这里是按南方出版社版本，线装书局《脂砚斋评石头记》作"搓棉扯絮"）一般。记得那个雪天的早晨吗？宝玉一时兴奋，出了院门，走着走着，竟闻到寒梅扑鼻，回头一看，"却是妙玉那边栊翠庵中有十数枝红梅，如胭脂一般，映着雪色分外显得精神，好不有趣"！在那个难得的雪天，大观园里的众女孩除了赏雪，除了联句，在湘云的带领下，她们还别出心裁地烧烤起鹿肉来！是雅，是俗？按湘云的说法，"是真名士自风流"，"我们这会子腥的膻的大吃大嚼，回来却是锦心绣口"。

十一月，我的"中外名著、影片欣赏"选修课依然跟学生分享《红楼梦》，刚过去的这周讲了三个大丫鬟：袭人、玉钏、莺儿。相关的重要情节是袭人涨薪、玉钏尝羹、莺儿结络。

十一月，我继续读《红楼梦》。读到一个个有趣的故事，读到一个个有意思的句子。

你可记得妙玉、袭人、黛玉、平儿、鸳鸯等人眼中的刘姥姥吗？记得宝琴披着凫靥裘站在雪中山坡上，背后一个丫鬟抱着一瓶红梅的画面吗？记得香菱痴迷于作诗的忘我神态吗？

"花儿落了结个大倭瓜。""那乐声穿林渡水而来，自然使人神怡心旷。""这园子才盖了一年，如今要画，自然得二年工夫呢。又要研墨，又要蘸笔，又要铺纸，又要着颜色，又要……""你要生姜和酱这些佐料，我替你要铁锅来，好炒颜色吃。""不用问，狗嘴里还有象牙不成！""凤凰来了，快进去罢！再一会子不来，都反了。""姨妈瞧瞧，那个里头不知玩了我多少去了。这一吊钱玩不了半个时辰，那里头的钱就招手儿叫他了。……"有道是"半山绝句当早餐"，这一个个沁人心脾的秀句，真可以当早餐了！

十一月，我们值得一提的一项成果是完成了南方出版社"名著阅读课程化丛书"《红楼梦》之《实战训练一本全》的写作。在智慧熊编辑的精心指导下，我们两易其稿，完善了"专题探究"，完善了"写作训练"。现在想来，正是因为有编辑的严格把关，才保证了这书的高质量。他们的耐心，他们的中肯指导，给我留下了深刻印象。而那种精益求精的精神，正是我们团队以后需要努力培养的。感谢雪叶子、村言参与《红楼梦》"一本全"的编写！巧的是，今天我读到的她俩本月作业，都是写阅读《红楼梦》的心得。

十二月，我们还可继续牵手《红楼梦》。"开谈不说《红楼梦》，纵读诗书也枉然"，这部中国最伟大的小说，值得我们投去关注的目光。

虾须镯案件始末

虾须镯失窃案算得上《红楼梦》里的一个大案。

此案发生在小说第四十九回。

在李纨社长的张罗下,大观园众诗翁来芦雪亭赏雪联句,湘云、宝玉在雪天烤起鹿肉,来替凤姐回复消息的平儿见状,退去手上的镯子,三人围火吃起烤鹿肉来。吃毕,洗完手,平儿戴镯子时,发现少了一个,找遍前后左右,踪迹全无。凤姐等不及平儿回去,也来了,见状说道:"我知道这镯子的去向,你们只管作诗去。我们也不用找,只管前头去,不出三日包管就有了。"虾须镯不翼而飞,这便是案件的起因。

凤姐果真知道那镯子的下落吗?从下文看,她当时并不知道,她只是没让平儿等张扬,免得大家不好看(当时在场的除了大观园里的住户,还有湘云、岫烟、李绮、李纹、宝琴等好几位贾府亲戚),但可以肯定,她接下来马上会安排人手侦破此案。我们从小说第五十二回中能看出究竟。

第五十二回的回目名称是"俏平儿情掩虾须镯　勇晴雯病补雀金裘"。平儿背着晴雯把麝月悄悄叫了出去,宝玉知道后从后门出去到窗下偷听了平儿和麝月的对话。从平儿的一番话里,我们明白了事情的来龙去脉。

凤姐让各处妈妈们小心查访,最终宝玉屋里的宋妈找到了丢失镯子的下落,原来是怡红院里的小丫头坠儿所为。宋妈拿着镯子要回王熙凤,半路上被平儿"截获"了。平儿是怎么处理这件事的?第一,叮嘱宋妈千万别告诉宝玉,不要跟任何人提及此事(怕老太太、太太听了生气,免宝玉、袭人等脸上不好看,防别人借此做文章);第二,谎称她去李纨那儿的路上拣到了,当初掉在雪里没看到,现在雪化后发现了(瞒过凤姐);第三,以后提防着坠儿,等袭人回来后商量个法子打发坠儿出去。作者也是通过平儿之口说明了丢失的镯子叫"虾须镯",原是凤姐的,上面的珠子比较值钱。

宝玉被平儿的好意深深感动了。

平儿之所以私下跟麝月说这事，是不想让脾气火暴的晴雯知道，她们不承想，宝玉偷听了谈话，并第一时间把谈话内容告诉了病中的晴雯。果然，晴雯听后气得"蛾眉倒蹙，凤眼圆睁"，马上就要叫坠儿，宝玉好不容易劝住了。

以上，是事情的发展。

卧床的晴雯，心里很不平静，她一直未放下行窃事件，或许正因为她心不静，所以吃了药病情并未缓解。有一天，她还是把坠儿叫了进来，先是厉声斥责，接着用一丈青（一种长簪）在坠儿手上一顿乱戳。麝月连拉带劝，还是没能解除晴雯心头之恨，晴雯让人叫来宋嬷嬷，以宝玉的名义打发坠儿出园子。最终，尽管坠儿的母亲很不情愿，但还是将坠儿领走了。这是虾须镯案件的结局。

第五十三回，袭人送母殡后回到怡红院，麝月便将坠儿一事的前因后果告诉了袭人，袭人只说了一句"太性急了"。这可以看成虾须镯案件的尾声。

虾须镯案件的涉案人坠儿，正是当初替小红和贾芸传递手绢的丫头，这次的行窃彻底改变了她的一生。

透过这一案件，我们倒是认识了好几位性格鲜明的人物：凤姐的虑事周全，平儿的细心体贴，晴雯的疾恶如仇，麝月、袭人的处事平和……

最后，我们做个小练习：请给"平儿情掩虾须镯""晴雯病补雀金裘""宝钗小惠全大体""紫鹃情辞试莽玉""探春兴利除宿弊"等句前加一形容词，表现出人物特点（参考词语：勇、慧、敏、俏、贤）。

邢岫烟典当

写宝钗、岫烟相叙一段，真有英雄失路之悲，真有知己相逢之乐。时方午夜，灯影幢幢，读书至此，掩卷出户，见星月依稀，寒风微起，默立阶除良久。

读《脂砚斋评石头记》第五十七回总评中的这段话，我不禁要叹服这位批注家。这是位很投入的读书人，这是一段带着感情的批语。

因为大观园里有众多杰出的女子，所以邢岫烟的加入并不是很引人注目。

她出身相对贫寒，是跟着父母来投奔邢夫人的。而邢夫人对这位侄女又不是怎么在意，连王熙凤每月给的二两例银邢夫人都要让她拿出来一两给其父母。

《红楼梦》中写邢岫烟的文字不是很多，但就是轻轻的点染，这一人物便呼之欲出。芦雪庵雪天联句，众人不是猩猩毡就是羽缎羽纱的，只有她穿着寒碜；平儿注意到了，后来平儿将王熙凤一件大红羽纱的防雪衣送了她。

邢岫烟的那位舍友迎春性格懦弱，势利的仆人尚且看人下菜，所以，邢岫烟在大观园里的生活并不是很如意。岫烟凭着其大度、随遇而安应对着周围的不如意。好在她遇见了薛姨妈，遇见了宝钗，才使她的将来有了着落。从这一角度说，邢岫烟也算得上是个幸运的女子。

奇文共赏，下面引出脂评本总评提及的这段写"宝钗、岫烟相叙"的文字，看看我们读后是否也能起共鸣、被感动。

这日宝钗因来瞧黛玉，恰值岫烟也来瞧黛玉，二人在半路相遇。宝钗含笑唤他到跟前，二人同走。至一块石壁后，宝钗笑问他："这天还冷的很，你怎么倒全换了夹的了？"岫烟见问，低头不答。宝钗便知道又有了缘故，因又笑问道："必定是这个月的月钱又没得，凤丫头如今也这样没心没计了。"岫烟道："他倒想着不错日子给的。因姑妈打发人和我说道，一个月用不了二两银子，叫我省一两给爹妈送出去，要使什么，横竖有二姐姐的东西，能着些搭着就使了。姐姐想，二姐姐也是个老实人，也不大留心，我使他的东西，他虽不说什么，他那些妈妈丫头，那一个是省事的？那一个是嘴里不尖的？我虽在那屋里，却不敢很使唤他们。过三天五天，我倒得拿些钱出来，给他们打酒买点心吃才好。因此，一月二两银子还不够使。如今又去了一两，前儿我悄悄的把棉衣服叫人当了几吊钱盘缠。"

宝钗听了，愁叹道："偏梅家又合家在任上，后年才进来。若是在这里，琴儿过去了，好再商议你这事，离了这里就完了。如今不先完了他妹妹的事，也断不敢先娶亲的。如今倒是一件难事。再迟两年，我又怕你熬煎出病来。等我和妈妈再商议。"宝钗又指他裙上一个璧玉珮问道："这是谁给你的？"岫烟道："这是三姐姐给的。"宝钗点头笑道："他见人人皆有，独你一个没有，怕人笑话，故此送一个，这是他聪明细致之处。"岫烟又问："姐姐此时那里去？"宝钗道："我到潇湘馆去。你且回去，把那当票子叫丫头送来我那里，悄悄的取出来，晚上再悄悄的送给你去，早晚好穿。不然，风闪着还了得！但不知当在那里了？"岫烟道："叫作做什么恒舒，是鼓楼西大街的。"宝钗笑道："这闹在一家去了。伙计们倘或知道了，好说'人没过来，衣裳先到了'。"岫烟听说，便知是他家的本钱，也不答，红了脸，一笑走开。

跟线装书局的《脂砚斋评石头记》相比，南方出版社上述第二段文字删去了宝钗叮嘱岫烟的三百多字，感觉内容略显单薄。这儿特引出线装书局的这段，权作比较。

宝钗听了，愁眉叹道："偏梅家又合家在任上，后年才进来。若是在这里，琴儿过去了，好再商议你这事，离了这里就完了。如今不先完了他妹妹的事，也断不敢先娶亲的。如今倒是一件难事，再迟两年，又怕你熬煎出病来，等我和妈再商议。有人欺负你，你只管耐些烦儿，千万别自己熬煎出病来。不如把那一两银子明儿也越性给了他们，倒都歇了心。你以后也不用白给那些人东西吃，他尖刺让他们去尖刺，很听不过了，各人走开。倘或短了什么，你别存那小家儿女气，只管找我去。并不是作亲后方如此，你一来时咱们就好的。便怕人闲话，你打发小丫头悄悄的和我说去就是了。"岫烟低头答应了。

宝钗又指他裙上一个碧玉珮问道："这是谁给你的？"岫烟道："这

是三姐姐给的。"宝钗点头笑道："他见人人皆有，独你一个没有，怕人笑话，故此送你一个。这是他聪明细致之处。但还有一句话，你也要知道，这些妆饰，原出于大官富贵之家，你看我从头至脚可有这些富丽闲妆？然而七八年之先，我也是这样来着，如今一时比不得一时了，所以我都自己该省的就省了。将来你这一到了我们家，这些没有用的东西只怕还有一箱子。咱们如今比不得他们了，总要一色从实守分为主，不比他们才是。"岫烟笑道："姐姐既这样说，我回去摘了就是了。"宝钗忙笑道："你也太听说了。这是他好意送你，你不佩着，他岂不疑心？我不过是偶然提到这里，以后知道就是了。"

岫烟忙又答应，又问："姐姐此时那里去？"宝钗道："我到潇湘馆去。你且回去，把那当票叫丫头送来，我那里悄悄的取出来，晚上再悄悄的送给你去，早晚好穿，不然风扇子事大。但不知当在那里了？"岫烟道："叫作'恒舒典'，是鼓楼西大街的。"宝钗笑道："这闹在一家子去了。伙计们倘或知道了，好说'人没过来，衣裳先过来了！'"岫烟听说，便知是他家的本钱，也不觉红了脸一笑。

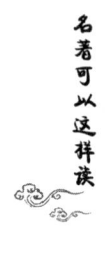

尤二姐的悲惨结局

《红楼梦》第六十九回主要讲述弱女子尤二姐的悲剧结局。

王熙凤假惺惺地在贾母、邢夫人、王夫人等处表现完自己的"贤惠",就开始精心布局,导演了一场常人难以掌控的大戏。

一方面,她唆使张华去衙门状告贾府,务必索回尤二姐,并许以安家银子;另一方面,衙门那边她托人定了"虚张声势"的调子。熙凤的目的很明确,就是要让贾琏出丑,让尤二姐难堪。她可不管"家丑不可外扬"。贾蓉为了息事宁人,警告张华见好就收,否则"死无葬身之地"。张华父子一商议,拿着白得的"百金"回原籍了。

贾蓉打听清楚张华的下落后回复熙凤,张华妄告不实,已畏罪潜逃,官府亦知此情,不再追究。

凤姐听了,心中一想:"若必定着张华带回二姐儿去,未免贾琏回来,再花几个钱包占住,不怕张华不依。还是二姐儿不去,自己拉绊着还妥当,且再作道理。只是张华此去,不知何往,倘或他再将此事告诉了别人,或日后再寻出这由头来翻案,岂不是自己害了自己?原先不该如此将刀靶付与外人去的!"因此,悔之不迭。复又想了一个主意出来,悄命旺儿遣人寻着了他,或讹他做贼,和他打官司,将他治死;或暗使人算计,务将张华治死,方剪草除根,保住自己的名誉。

熙凤再三权衡,觉得将二姐儿留在自己身边更放心,只是张华知道此事详情,万一将此事说了出来,那可不是闹着玩的。后悔是没有用的,熙凤很快想出了斩草除根的办法。要是旺儿坚决执行了熙凤的命令,那么熙凤导演的这场官司也就死无对证了。只是,面对人命关天的大事,旺儿最终选择了糊弄熙凤。

以上是第六十九回第一层:凤姐设局。联系之前熙凤弄权铁槛寺,为了三千两银子，逼得两个年轻人自杀，我们对熙凤的印象越来越差。要不是旺儿良心发现，这次就会又多出一条人命。

贾琏办事回来，贾赦除了奖励一百两银子，还把自己的丫鬟秋桐赏给他做妾。这熙凤一刺未除，又添一刺，只得忍气吞声。这秋桐仗着是贾赦所赐，张狂无比，熙凤生出了借刀杀人之计。在熙凤的挑拨下，秋桐及众丫头媳妇说出一句句难听的话，给尤二姐的饭也是"不堪之物"，懦弱的二姐不敢抱怨，只能暗自饮泣。在这样的艰难中，独有一人向尤二姐伸出了援手，这人便是平儿。

平儿看不过，自拿钱出来弄菜与他吃，或是有时只说和他园中去玩，在园中厨内另做了汤水与他吃。也无人敢回凤姐。只有秋桐撞见了，便去说舌，告诉凤姐说："奶奶的名声生是平儿弄坏了的。这样好菜好饭，浪着不吃，却往园里去偷吃。"凤姐听了，骂平儿说："人家养猫拿耗子，我的猫只倒咬鸡！"

尤二姐原是"花为肠肚，雪作肌肤"的人，哪里禁得住秋桐百般辱骂，不久便病了。病中尤三姐托梦，劝她与"妒妇"同归于尽。软弱的二姐可不是刚烈的三姐。

贾琏找来的庸医竟用虎狼之药打下了尤二姐腹中成形的男孩，还导致大出血。晚间，贾琏在秋桐房中歇了，凤姐已睡，平儿过来瞧探视尤二姐，悄悄安慰了一番。平儿离开后，尤二姐平静地做出了她人生的最后一个决定——

这里尤二姐心中自思："病已成势，日无所养，反有所伤，料定必不能好。况胎已经打下，无甚悬心，何必受这些零气？不如一死，倒还干净。常听见人说，生金子可以坠死，岂不比上吊自刎又干净。"想毕，扎挣起来，打开箱子，找出一块金，也不知多重。哭了一回，外边将近五更天气，那二姐咬牙恨命，便吞入口中，几次直脖，方咽了下去。于是赶忙将衣服首饰穿戴齐整，上炕躺下了。当下人不知，鬼不觉。

就这样，一个性格懦弱的女儿，天真地以为找到了一辈子的靠山，不承想在遭受了百般羞辱之后过早地离开了那个冷漠的世界。

我们在同情尤二姐的同时，都会谴责造成这一悲剧的黑手。始作俑者应该是贾琏，真正逼尤三姐走上绝路的是阴险狡诈的熙凤、浅薄嚣张的秋桐，还有身边那些势利的丫头媳妇们。只有平儿，在尤二姐最困难的那段日子里，尽自己最大的努力宽慰、帮助着这个苦命的女子。

有关这第六十九回的写法，《脂砚斋评石头记》开头有一段总批，说得很到位："写凤姐写不尽，却从上下左右写。写秋桐极淫邪，正写凤姐极淫邪；写平儿极义气，正写凤姐极不义气；写使女欺压二姐，正写凤姐欺压二姐；写下人感戴二姐，正写下人不感戴凤姐。史公用意，非念死书子之所知。"

春天到来，大观园里的他们在忙什么

《红楼梦》第七十回故事发生的时间主要在春天，从回目名称"林黛玉重建桃花社　史湘云偶填柳絮词"上能看出来。

春天到来，万物复苏。大观园里的主人们在忙什么呢？

——写诗填词。

诗人林黛玉写了一首34句的古体《桃花行》，赢得众人称赏不已。三月初一小聚，大家七嘴八舌，形成决议：改"海棠社"为"桃花社"，推林黛玉为社主。原说定三月初二起社搞活动，但因为那天是探春生日，于是推迟到初五。真的是计划不如变化。接下来王子腾之女择于五月初十出嫁，凤姐忙着张罗。收到贾政家信，说是六七月回京，这可慌了袭人、宝玉，贪玩三四年，字没写几张，书没背几页。探春、宝钗、湘云、宝琴、黛玉纷纷出手，不日便临摹出不少，至三月下旬数量亦足搪塞。黛玉闻得贾政回家，料定会问宝玉功课，便无限期地将诗社搁置，好让他安心温习。

宝玉在专心温习应读之书，忽然听得近海一带海啸，朝廷命贾政顺路查看赈济事宜，如此算来，贾政回京得推迟至年底。宝玉一下子又解放了。这时已是暮春天气，史湘云无聊，吟成一首《如梦令》：

> 岂是绣绒才吐，卷起半帘香雾。
> 纤手自拈来，空使鹃啼燕妒。
> 且住，且住，莫使春光别去。

湘云心中得意，便让宝钗看，让黛玉看，并提出建议："咱们这几社总没有填词，你明日何不起社填词，岂不新鲜些？"好多时候，得有人及时提出合理化建议。有了湘云的建议，大观园的那个春天里便有了一次以"柳絮"为题的诗歌创作大赛。各人拈阄，确定了自己的词牌：宝钗【临江仙】，宝琴

【西江月】，探春【南柯子】，黛玉【唐多令】，宝玉【蝶恋花】。

一支梦甜香燃尽，探春只写出半首《南柯子》，宝玉未写出满意作品，但续出探春的后半首。黛玉、宝琴、宝钗的小调各有特色。最后大家推蘅芜君的《临江仙》为尊，认为潇湘妃子的《唐多令》缠绵悲戚，枕霞旧友的《如梦令》情致妩媚。

——放风筝。

写诗填词是文艺活动，有些高雅，文学素养浅的人无法参与。放风筝属于体育活动，要轻松许多，可以说人人都能参与，大观园里诗翁们的丫鬟一个个都加入其中了。放风筝重在娱乐，《红楼梦》里，作者给放风筝还赋予了"放晦气"的含义，李纨对黛玉说："放风筝图的是这一乐，所以又说放晦气，你更该多放些，把你这病根儿都带了去就好了。"（线装书局版）

大观园里放的风筝有不少样式：美人、大凤凰、大鱼、大螃蟹、大红蝙蝠、七个大雁……

那天，只有宝玉的"美人"放不起来，宝玉以为是丫头们不会放，自己折腾了半天，也是飞不起来，他无奈地说："若不是个美人，我一顿脚跺个稀烂。"黛玉笑道："那是顶线不好，拿出去另使人打了顶线就好了。"原来，风筝飞不起来另有原因。

从放风筝这一活动中，曹雪芹还写出了人物性情——

……黛玉笑道："这一放虽有趣，只是不忍。"李纨道："放风筝图的是这一乐，所以又说放晦气，你更该多放些，把你这病根儿都带了去就好了。"紫鹃笑道："我们姑娘越发小气了。那一年不放几个子，今忽然又心疼了。姑娘不放，等我放。"说着便向雪雁手中接过一把西洋小银剪子来，齐䇲子根下寸丝不留，咯登一声铰断，笑道："这一去把病根儿可都带了去了。"那风筝飘飘摇摇，只管往后退了去，一时只有鸡蛋大小，展眼只剩了一点黑星，再展眼便不见了。

众人皆仰面睖眼说："有趣，有趣。"宝玉道："可惜不知落在那里去了。若落在有人烟处，被小孩子得了还好；若落在荒郊野外无人烟处，我替他寂寞。想起来把我这个放去，教他两个作伴儿罢。"于是也用剪子剪断，照先放去。……

最后，说几句题外话。

第七十回的故事基本按时间顺序行文，但表述上有明显漏洞，开始说

"如今仲春天气",写着写着又说"如今正是初春时节""明日乃三月初二日""时值暮春之际"。显然,第一、二处的时间词应做调换。初春、仲春、暮春大致相当于阴历一月、二月、三月。

《红楼梦》版本多,文字差别也大。人民文学出版社版本以程伟元活字本作底本,另外参照了七个较重要的本子,来校正底本中的误字。放风筝一节,不同版本文字差别就颇大。以上线装书局版的文字,南方版、人文版基本上没有。

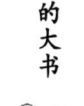

《儒林外史》：科举制度下的人物图谱

谁能抵得住功名富贵的诱惑

中国古典名著开篇多有一首诗或词,以此引出故事,提示主旨。《儒林外史》以写实主义手法描绘不同读书人对于"功名富贵"的不同态度,一方面揭示人性被腐蚀的原因和过程,从而对当时吏治的腐败、科举的弊端、礼教的虚伪等进行了深刻的批判和嘲讽,另一方面热情地歌颂了少数人物对功名利禄的蔑视,从而寄寓了作者的理想。

《儒林外史》开篇是这样写的:

人生南北多歧路,将相神仙,也要凡人做。百代兴亡朝复暮,江风吹倒前朝树。功名富贵无凭据,费尽心情,总把流光误。浊酒三杯沉醉去,水流花谢知何处。

这一首词,也是个老生常谈。不过说人生富贵功名是身外之物。但世人一见了功名,便舍着性命去求它,及至到手之后,味同嚼蜡。自古及今,哪一个是看得破的!

这首开篇词以及紧跟其后的作者的评说,揭露了当时世人执迷于功名富贵不能自拔的普遍现象。而就在这种普遍现象中,却出现了一个卓然不群的人物——王冕。他以卖画为生,安贫乐道,为了不与危素等权贵结交,多次推辞见面,甚至远走他乡;不慕名利,朱元璋征召他做官,他躲避到了会稽山。从古到今,像王冕这样不以功名富贵为意的人少之又少。

《儒林外史》中描写的读书人,更多的是醉心于功名富贵的科举迷。这里有年轻人,有中年人,也不乏老年人。我们来看看跟王冕形成对比的周进。

周进从年轻时候就步入科举之途,很不幸,考到六十多岁,连个秀才资格都没取得,靠当家庭教师勉强维持生活。但好景不长,这个差事也因为他的"呆头呆脑"而丢,他被炒了鱿鱼。他的亲戚金有余进省城做生意,出于同情就带上了他,让他记账。到了省城,看到贡院,周进便演出了一幕跌宕起伏的悲喜剧，他两次撞向号板，救醒后哭得死去活来，吐出血来。幸得金有余一行人仗义相助，给他捐了个监生，他有了参加乡试的资格。或许是上天的格外眷顾，也就在那时，朝廷派人到省里主持补考，这周进居然高中榜首。于是，周进的人生发生了逆转。汶上县的人，不是亲的也来认亲，不相与的也来认相与。薛家集当初炒了他鱿鱼的申祥甫赶紧买了四只鸡、五十个鸡蛋来县里贺喜。接下来，周进赴京会试，又中了进士，名列三甲，不几年，做了官。

为何一个个的读书人会醉心于科举而不能自拔？简单地说，科举是读书人的跳板，通过了这一跳板，你虽然仍然是你，但你的地位，你在人们心里的位置就大不一样了。当时社会的风尚是崇尚功名富贵，你考试成功，就什么都有了，人们自然会对你另眼相看，相反，你什么都不是，没人会瞧得上你。所以，一个个读书人就拼了命地练八股文，因为只有这样才能改变自己的命运。为了科举，六十多岁的周进会低三下四地磕头说："若得如此，便是重生父母，我周进变驴变马，也要报效！"

那些考取秀才、中了举的人，会有怎样的表现呢？大家应该记得第二回中薛家集考取了秀才的梅三，何等的自以为是！潦倒中的周进在那个雨天见到的新科进士王惠，何等的目中无人！王惠留下"撒了一地的鸡骨头、鸭翅膀、鱼刺、瓜子壳"，扬长而去，害得周进"昏头昏脑，扫了一早晨"。难怪小说第一回王冕说："这个法却定的不好。将来读书人既有此一条荣身之路，把那文行出处都看得轻了。"王冕是看重一个人的"文行出处"的，就是说一个人得有真正的学问、德行，得有正确的出仕、归隐观。

趋炎附势的社会环境，迫使读书人一门心思地涌向科举之途。只有如王冕者，蔑视权贵，是闲斋老人说的"终乃以辞却功名富贵，品地最上一层，为中流砥柱"的贤者。

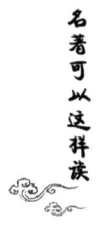

世界读书日，你读什么书

昨天跟两位伙伴说，"世界读书日"到了，我们该有个活动或者仪式，但目前看还是不宜有集会。两位伙伴都建议，那就同读一本书吧。读什么呢？我说，我前些天已读完《儒林外史》，三组组长最近正在读，还写了《中国好邻居》《你真的了解严监生吗》等读书心得。要不，我们同读《儒林外史》，读过的可以重温。

我曾写过一篇推介文章《同读一本书：〈儒林外史〉》，以第一回为例。今天，我以第二回为例，继续推介《儒林外史》。

第二回名叫"王孝廉村学识同科　周蒙师暮年登上第"。这一章回名，有预告下文情节发展的作用，周进在第三回就金榜题名，王惠在第七回与荀玫成为同科进士。

我们来见几个第二回出场的人物，看看这些人物的关系——

一、薛家集的村干部——夏总甲

《儒林外史》第二回的故事主要发生在山东兖州府汶上县一个叫薛家集的乡村，薛家集村新委派的村官姓夏，书里就称他"夏总甲"。明清两代以一百一十户为一里，每里分十甲，总甲即负责这一里的捐税和劳役。现在，我们就来认识一下薛家集的这位村官——

荀老爹先开口道："今年龙灯上庙，我们户下各家须出多少银子？"申祥甫道："且住，等我亲家来一同商议。"正说着，外边走进一个人来，两只红眼边，一副铁锅脸，几根黄胡子，歪戴着瓦楞帽，身上青布衣服，就如油篓一般，手里拿着一根赶驴的鞭子。走进门来，和众人拱一拱手，一屁股就坐在上席。这人姓夏，乃薛家集上旧年新参的总甲。夏总甲坐在上席，先吩咐和尚道："和尚，把我的驴牵在后园槽上，卸了鞍子，将些草喂的饱饱的。我议完了事，还要到县门口黄老爹家吃年酒去哩。"吩咐过了和尚，把腿跷起一只来，自己拿拳头在腰上只管捶，捶着，说道："俺如今倒不如你们务农的快活了！想这新年大节，老爷衙门里，三班六房，那一位不送帖子来。我怎好不去贺节？每日骑着这个驴，上县下乡，跑得昏头晕脑。打紧又被这瞎眼的亡人在路上打个前失，把我跌了下来，跌的腰胯生疼。"申祥甫道："新年初三，我备了个豆腐饭邀请亲家，想是有事不得来了？"夏总甲道："你还说哩！从新年这七八日，何曾得一个闲？恨不得长出两张嘴来，还吃不退。就像今日请我的黄老爹，他就是老爷面前站得起来的班头。他抬举我，我若不到，不惹他怪？"申祥甫道："西班黄老爹，我听见说，他从年里头就是老爷差出去了。他家又无兄弟、儿子，却是谁做主人？"夏总甲道："你又不知道了。今日的酒，是快班李老爹请，李老爹家房子褊窄，所以把席摆在黄老爹家大厅上。"

从这个语段中，你能筛选出哪些信息呢？

（1）薛家集的习俗，百姓重视灯节，各家各户要摊份子，当然，家底殷实的人家如荀老爹家会多出一些。

（2）夏总甲地位独特，龙灯上庙，各家该出多少银子，得等夏总甲发话，"众人不敢违拗"。

（3）《儒林外史》的人物出场，写法大致相同。人物出场后，作家一般都会对其进行肖像描写，怎样的脸，怎样的胡子，怎样的穿着（从帽子到衣服到鞋子）。这个夏总甲的出场，特别再多了一样道具，"手里拿着一根赶驴的鞭子"。从他的坐骑上看得出来，他不具备坐轿的资格，毕竟他只是个村官。

这个语段（场面）主要描写的对象是夏总甲。红眼边、铁锅脸、黄胡子，瓦楞帽歪戴，衣服如油篓，这一肖像展示的人物，加上那根赶驴的鞭子，分明是一副地痞无赖嘴脸。你再看看他的行动——"一屁股就坐在上席""把腿跷起一只来"，够粗野吧！听听他的语言——"和尚，把我的驴牵在后园槽上，卸了鞍子，将些草喂的饱饱的。""俺如今倒不如你们务农的快活了！""从新年这七八日，何曾得一个闲？恨不得长出两张嘴来，还吃不退。就像今日请我的黄老爹，他就是老爷面前站得起来的班头。"对下颐指气使，对上谄媚羡慕。一个小小的班头，他得讨好巴结。他信口雌黄，一会儿说请他的是黄老爹，一会儿又变成李老爹，说白了，他是在这些百姓面前自我炫耀。走进《儒林外史》，我们会见到一批夏总甲式的人物，比起后文出场的牛浦郎、牛玉圃、匡超人等，这个夏总甲最多也就是小巫见大巫。吴敬梓对这类人物丑恶内心的揭示堪称入木三分。

二、周进因何被炒鱿鱼

薛家集要招一名私塾教师，夏总甲推荐了周进。

周进出场之前，夏总甲对其有个侧面介绍：年纪60多岁，"不曾中过学"（周进只参加过知县主持的考试，得了第一名，取得童生的资格，童生参加由一省学政主持的院试及格成为秀才，才能进入当地政府的学校，这是过关性考试，所以称"进学"。乡试与会试是选拔性考试，考中者成为举人和进士，才称"中"。当时周进尚未取得"秀才"资格，属于"不曾进过学"，夏总甲不懂装懂，附庸风雅，把"进过学"说成是"中过学"）。

周进出场，作家依然对其做了肖像描写——

众人看周进时，头戴一顶旧毡帽，身穿玄色绸旧直裰，那右边袖子同后边坐处都破了，脚下一双旧大红绸鞋，黑瘦面皮，花白胡子。

一个穷困潦倒的读书人形象，宛在眼前。

经协商，每年馆金十二两银子，教室就设在观音庵，周进每日出二分银子跟和尚搭伙吃饭。从正月二十开始，周进就在庵里开馆教书。周老师教的几个孩子大多不是很喜欢读书，他稍有疏忽，学生就溜出教室去踢球了。周老师耐着性子跟那几个学生周旋。

有一天，王举人因避雨经过观音庵，无意中见到周老师批的写字作业，那学生的名字叫荀玫。王举人想起他正月初一的一个梦，梦中他跟一个叫荀玫的同中进士。从那以后，全薛家集的人都知道荀家孩子是县里王举人的同年，一时传为笑话。其他家的人听到这话，心里很不平，有意在荀老爹跟前冷嘲热讽，而申祥甫火上浇油，跟大伙说："那里是王举人亲口说这番话？这就是周先生看见我这一集上只有荀家有几个钱，捏造出这话来奉承他，图他个逢时遇节，他家多送两个盒子。俺前日听见说，荀家炒了些面筋、豆腐干送在庵里，又送了几回馒头、火烧。就是这些原故了！"本来就心存嫉妒，加上申祥甫这一番煽动，那些家长更不舒服了，只是碍着夏总甲的情面（毕竟周老师是夏总甲介绍过来的），不便立马辞了周进。这样维持了一年，后来夏总甲也嫌周进呆头呆脑，不知道感谢他的引荐之功，也就由着众人把周进炒了鱿鱼。

周进被炒鱿鱼，有主客两方面的原因。从客观上说，是源于王举人那个奇特的梦，那个梦的内容让其他家长心里不平，这也在情理之中，而申祥甫别有用心的挑唆更是起了推波助澜的作用（这个申祥甫是个胡屠户一般势利的人，后来周进中举，他第一时间提着礼物大老远去祝贺）。从主观方面说，是周进的性格悲剧。考了一辈子，连个秀才也没考上，估计周进真的是"呆头呆脑"，不懂人情世故的他，就这样稀里糊涂地丢了工资本就很低微的工作（"失了馆"）。

三、周进的理想——梅秀才与王举人

《儒林外史》第二回写到三种不同层次的读书人：周进、梅玖、王惠。作者特意安排了周进与梅玖、王惠一前一后在薛家集观音庵的见面。可以说，梅玖、王惠的身份正是周进努力的目标。

周进是最底层的读书人，考到60多岁，仍是个童生，连个过关性考试都通不过，就是说连个秀才资格都无法取得。我们可以说考试制度不好，我们可以说历任主考缺乏识人之明，当然，我们也可以说周进书念得不好，文章写得不好。下文写周进发现的人才范进，连宋代的苏轼都未听闻过，想这个周进也好不到哪儿去。

如果周进幸运，通过了选拔性考试，取得了秀才的资格，那就成了相公，有了梅玖的地位。我们可能觉得秀才挺可怜，其实还真不是。在明清时代，秀才还是有一定地位的，穿着标志是"头戴方巾"。《儒林外史》第二十二回写到一个妓院的掌柜王义安，戴了方巾冒充秀才，结果遭到两个真秀才的痛打，最终拿出三两七钱碎银子才狼狈离开。

梅玖因为考取了秀才，在薛家集就成了知名学者，薛家集开馆请私塾老师吃饭，就特别请梅相公作陪。这就是秀才的身份使然。周进到席，"梅玖方才慢慢的立起来和他相见"，看见没，秀才是可以摆谱的。六十多岁的周进因为没有考取秀才，所以要对比他年轻许多的梅相公毕恭毕敬，礼让再三，哪怕他是薛家集聘请的私塾老师。宴席之上，周进也是受尽了梅相公有意无意的嘲弄。"呆，秀才，吃长斋，胡须满腮，经书不揭开，纸笔自己安排，明年不请我自来！"看得出来，周进已然成为当时人们的笑料。梅相公略带炫耀的梦，也洋溢着自得："正月初一日，我梦见在一个极高的山上，天上的日头，不差不错、端端正正掉了下来，压在我头上，惊出一身的汗。醒了摸一摸头，就像还有些热。彼时不知什么原故，如今想来，好不有准！"

周进为何一辈子痴迷于科举？因为通过科考可以改变自身命运。考个秀才都能提升身份，更不要说中举中进士。

周进在薛家集上班两个多月后的一天，天气渐暖，有一天午饭后，他从观音庵后门走出，看到了一幅烂漫春景——

虽是乡村地方，河边却也有几树桃花柳树，红红绿绿，间杂好看。看了一回，只见蒙蒙的细雨下将起来。周进见下雨，转入门内，望着雨下在河里，烟笼远树，景致更妙。

就是在这幅春雨图中，新科举人王惠登场了。

王惠是为避越下越大的雨，才进的观音庵。从情节发展的角度分析，这一安排再自然不过。王惠一出场，作者仍对其做了要言不烦的外貌描写："周进看那人时，头戴方巾，身穿宝蓝缎直裰，脚下粉底皂靴，三绺髭须，有30多岁光景，走到门口，与周进举一举手，一直进来。"60多岁的周进在30多岁的王举人面前只能称"晚生"。这王举人，给周进讲了两个梦：一个是考场上的，说明有神仙相助他才写出了妙文，考中举人；另一个是正月初一，梦见自己与汶上县的荀玫（当时周进教的学生荀玫才七岁）同列会试榜。第一个梦无疑会使周进心生羡慕，第二个梦让周进丢了饭碗，前文已提及，这里从略。

我们再看看中了举的读书人与没有考取秀才的读书人伙食有何不同：掌上灯烛，管家捧上王举人的酒饭，鸡、鱼、鸭、肉，堆满饭桌；稍后和尚送出周进的饭来，一碟老菜叶、一壶热水。

王举人在观音庵留宿一夜，次日天晴，他留下"一地的鸡骨头、鸭翅膀、鱼刺、瓜子壳"，扬长而去。害得周进昏头昏脑，扫了一早晨。

《儒林外史》第二回"王孝廉村学识同科　周蒙师暮年登上第"的内容我就介绍这些，更多精彩有待你打开书细加品读。

科举迷周进的悲喜人生

我在《世界读书日，你读什么书》中写了周进为何被炒鱿鱼。

周进被炒了鱿鱼，吃饭成了问题。他姐夫金有余跟几个商人要去省城做生意，正好差个记账的人，金有余就建议周进同行。他们进了省城，看到工匠们在装修贡院，好奇的周进走到贡院门口，想进去看，被看门的"大鞭子打了出来"。周进活了60多岁，考了一辈子秀才没有考上，估计以前没进过城，自然没见过贡院，这次见了，内心禁不住痒痒，所以就跟姐夫说了自己的心事。金有余用了几个小钱，一行人就都来到了贡院。

周进一进号房，"见两块号板摆的齐齐整整，不觉眼睛里一阵酸酸的，长叹一声，一头撞在号板上，直僵僵的不省人事"。众人急忙抢救，周进醒了过来，可一看见号板，又一头撞去，接下来放声大哭，众人怎么也劝不住。这周进是真伤心了，想自己读了一辈子书，到头来连进这个号房的机会都没有！自然越想越伤心，直哭到口里吐出鲜血来。众人七手八脚将他抬出了贡院，左劝右劝，有客人提议各人拿出几十两银子，帮周进捐个"监生"（监生虽非秀才，但也可以像秀才一样参加乡试），这下，周进来了精神，对姐夫一行人万般感激。

接下来，吴敬梓用简笔记述周进"时来运转"，先是乡试巍然高中，再是会试中了进士，殿试录在三甲，授了部属，三年后升了御史，钦点广东学道。忽然间，周进的人生来了个三百六十度大转弯。从他乡试中举的那天开始，汶上县的人，"不是亲的也来认亲，不相与的也来认相与"。当初挑唆炒了周进鱿鱼的申祥甫听见消息，"在薛家集敛了分子，买了四只鸡、五十个蛋和些炒米、欢团之类，亲自上县来贺喜"。周进这下，算是"熬"出头了！

"累年蹭蹬，忽然际会风云；终岁凄凉，竟得高悬月旦。"《儒林外史》用这副对联高度概括了周进的悲喜人生。周进，现在有了主宰其他考生人生命运的决定权。

想当初，那个考取了秀才的梅玖在周进面前趾高气扬，那个考取了举人的王惠更是留下一地的"鸡骨头、鸭翅膀、鱼刺、瓜子壳"，让周进打扫。那时候，申祥甫之流眼里都是看不起周进的，更不要说梅玖、王惠。没办法，谁让他周进考了几十年还没考取秀才呢！梅玖说了，他们学校规矩，"老友是从来不同小友序齿的"，因为你没进学，所以即使活到80岁，你也只能是"小友"。周进识相，在梅玖、王惠面前只能唯唯诺诺。

彼一时，此一时，我们设想一下，要是此时梅玖、王惠见到了周进，那会是怎样一番情景呢？

从周进的悲喜人生中，你读出了什么呢？

范进如果没有遇见周进

现在不少人强调"关键事件""关键人物"对一个人事业发展的重要影响。这一点在范进身上有充分体现。与范进有关的关键事件是院试，与范进有关的关键人物是周进。如果范进没有参加那年的院试，如果那年院试前来广东主考的不是周进，或许范进的人生就得重写。

参加了二十余次的院试，范进仍是个童生，没有取得秀才资格。54岁那年，范进又一次报考，又一次走进了院试考场。这一年朝廷委派的主考是周进。晚年得志的周学道坐在堂上，目睹一个个考生鱼贯而入，有小有老，有仪表端正的也有獐头鼠目的，最后进场的童生是范进，周学道看到的范进是这样的——

面黄肌瘦，花白胡须，头上戴一顶破毡帽。广东虽是地气温暖，这时已是十二月上旬。那童生还穿着麻布直裰，冻得乞乞缩缩，接了卷子，下去归号。

考了一辈子秀才、一直到60多岁才如愿以偿的周学道不禁生出同情之心，交卷时关心地问了范进的基本情况。我们千万不可小看周学道的关注！可以说，引起主考官关注是范进54岁能考中秀才的重要因素。

接下来，周进开始读卷，读范进的试卷——

那时天色尚早，并无童生交卷。周学道将范进卷子用心用意看了一遍，心里不喜道："这样的文字，都说的是些什么话！怪不得不进学！"丢过一边不看了。又坐了一会，还不见一个人来交卷，心里又想道："何不把范进的卷子再看一遍？倘有一线之明，也可怜他苦志。"从头至尾，又看了一遍，觉得有些意思。

……又取过范进卷子来看。看罢，不觉叹息道："这样文字，连我看一两遍也不能解，直到三遍之后，才晓得是天地间之至文，真乃一字一珠！可见世上糊涂试官不知屈煞了多少英才！"忙取笔细细圈点，卷面上加了三

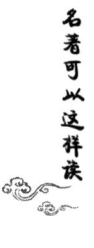

圈，即填了第一名。

如果范进之前没有引起周学道关注，那他54岁这年的院试可能又白考了。周学道读卷后的总体感受是"心里不喜"："这样的文字，都说的是些什么话！怪不得不进学！"估计以前的考官读完范进的试卷也是这种印象吧，所以他一次次名落孙山。

因无人交卷，周学道坐着无聊，所以就起了再读一遍范进试卷的念头，并且想着"倘有一线之明，也可怜他苦志"，有意要照顾一下。不料第二次读完，印象变了，"觉得有些意思"。

处理完自作聪明的魏好古，周学道又读了一遍范进的卷子，读完后得出全新评价："……天地间之至文，真乃一字一珠！"当即定为第一。

54岁的范进，终于考取了秀才，因为他碰见了周进。周进从自身经历出发，来广东之前就想好要细细看卷子，不委屈真才。这是他能发现范进的前提条件。考场上，穿着单薄、"面黄肌瘦，花白胡须"的范进让周学道心生恻隐之心，这是周学道能破例"三读"范进试卷的重要因素。如果没有周学道的"三读"，范进仍有可能与秀才无缘。

一句话，范进如果没有遇见周进，那他54岁那年的过关性考试极有可能仍通不过，自然也就没有之后的中举。周进改变了范进的人生。为表示对周进知遇的感激，周进离开广东的那天，范进一直送出了三十里外，"直望见门枪影子抹过前山，看不见了，方才回到下处"。

范进、周进的相遇，我们看着偶然，但在吴敬梓先生的构思里则不是这样，吴先生特意给两人起了个有特别内涵的相同的名字，预示着这两人最终都要进士及第。

人这一生的命运有很大的偶然性，其中起决定性作用的是那些关键事件、关键人物，这些事件、人物可遇不可求，遇到了得懂得珍惜。

《儒林外史》中的变色龙

俄国作家契诃夫的短篇名作《变色龙》，因中学语文教材的推介，在中国可谓家喻户晓，契诃夫笔下的"变色龙"（警官奥楚蔑洛夫）已成为见风使舵、投机钻营者的代名词。

其实，早在《变色龙》问世一百年前，中国作家吴敬梓就已经为世界文坛贡献了典型的"变色龙"，那就是范进的丈人胡屠户。

54岁的范进考取了秀才是件可喜可贺之事，"母亲、妻子，俱各欢喜"。听闻消息的丈人胡屠户也上门来了，"手里拿着一副大肠和一瓶酒"。"我自倒运，把个女儿嫁与你这现世宝穷鬼，历年以来，不知累了我多少。如今不知因我积了什么德，带挈你中了个相公，我所以带个酒来贺你。"从胡屠户一见面就对范进愤愤不平的埋怨中，我们能体会出胡屠户对女婿的极度嫌弃与不满。范进好不容易进了学，胡屠户还将功劳记在自己身上，莫非他杀猪是件积德之事？要知道，这还是在范进考取了秀才之后。之前呢，范进处境的可怜更不用说。

一个屠户，竟能大言不惭地教导秀才，认为范进是个"烂忠厚没用"的人，要让范进立个体统，要让范进尊敬屠户行业的人（胡屠户认为"正经有脸面"），不能跟"做田的、扒粪的"那些平头百姓平起平坐。面对丈人的教导，范进只能唯唯诺诺："岳父见教的是。"

范进要去参加乡试，没有盘缠，就去跟丈人商议，被胡屠户一口啐在脸上，骂了个狗血喷头："不要失了你的时了！你自己只觉得中了一个相公，就'癞虾蟆想吃起天鹅肉'来！我听见人说，就是中相公时，也不是你的文章，还是宗师看见你老，不过意，舍与你的。如今痴心就想中起老爷来！这些中老爷的都是天上的文曲星。你不看见城里张府上那些老爷，都有万贯家私，一个个方面大耳。像你这尖嘴猴腮，也该撒抛尿自己照照！不三不四，就想天鹅屁吃！趁早收了这心，明年在我们行事里替你寻一个馆，每年寻几两银子，养活你那老不死的老娘和你老婆是正经！你问我借盘缠，我一天杀一个猪还赚不得钱把银子，都把与你去丢在水里，叫我一家老小嗑西北风！"这段个性化的骂语，恐怕在世界文学史上少有，堪称最经典的骂语。一个54岁的男人，怎禁得如此恶毒的辱骂！或许，几十年来，范进听惯了难听的胡屠户式语言，没有了辩驳的意识和底气吧！换常人，想来是无法忍受的。

这个胡屠户，这个骂女婿为"现世宝穷鬼""癞虾蟆""尖嘴猴腮""不三不四"的胡屠户着实可恶，而听到范进中举的消息，换了一个人似的，"提着七八斤肉，四五千钱"来贺喜的胡屠户更是可憎。

换一般人，应该无脸见女婿了，但胡屠户不是"一般人"。中了举人的女婿，在胡屠户心里地位陡增，成了"贤婿老爷"。胡屠户忘了当初他对女婿的百般挑剔，居然说出这番打脸的话来："我每常说，我的这个贤婿才学又高，品貌又好，就是城里头那张府、周府这些老爷，也没有我女婿这样一个体面的相貌。……想着先年我小女在家里长到三十多岁，多少有钱的富户要和我结亲，我自己觉得女儿像有些福气的，毕竟要嫁与个老爷。今日果然不错！"知道什么叫厚颜无耻，什么叫信口雌黄了吧！当初充满歧视的恶语——"你不看见城里张府上那些老爷，都有万贯家私，一个个方面大耳。像你这尖嘴猴腮，也该撒抛尿自己照照！不三不四，就想天鹅屁吃！"言犹在耳，一转眼，"就是城里头那张府、周府这些老爷，也没有我女婿这样一个体面的相貌"。范进又没整过容，怎能有如此神一样的巨变！

胡屠户是《儒林外史》里刻画得最生动的势利小人，他的世俗势利、趋炎附势，让人一想起来就觉得恶心。作者通过胡屠户前后判若两人的言行，为读者塑造了一个典型的变色龙形象。

推而广之，《儒林外史》里范进的那些邻居，还有张乡绅，多多少少也有些变色龙的特征，只是不如胡屠户这般明显而已。范进家揭不开锅的时候，众邻居无人伸出援手，而得知范进中举，"有拿鸡蛋来的，有拿白酒来的，也有背了斗米来的，也有捉两只鸡来的"。范进中举前，张乡绅不知范进其名；一旦中举，就成了"世先生""世兄弟"，又是送银子又是送房子，生怕范进拒绝。前倨后恭，张乡绅本质上跟胡屠户并无二致。

"考神"范进到底有无真才实学

说范进是"考神",因为他参加了二十多次的过关性考试,但一直拿不到"秀才"的资格证书。54岁那年,周进主持考试,周学道三读范进的考卷,给了范进的文章极高的评价:"……天地间之至文,真乃一字一珠!"当年正好是乡试年,范进很顺利地中了举,接下来也是一次考试就中了进士。不得不说,范进的秀才证书考得真是难上加难,而中举、中进士又似乎太容易了。

周学道说范进的文章是"天地间之至文",称得上"一字一珠"。那么,范进到底有没有真才实学?如果说有,为何考到54岁才取得秀才资格?如果说没有,为何能一次性地通过乡试、会试,中举、中进士?

从书中的情节看,范进并无真才实学。

我们来看第四回的一段情节——

去了一时,只听得吩咐道:"且放在那里。"回来又入席坐下,说了失陪,向张静斋道:"张世兄,你是做过官的,这件事正该商之于你,就是断牛肉的话。方才有几个教亲,共备了五十斤牛肉,请出一位老师夫来求我,说是要断尽了,他们就没有饭吃,求我略松宽些,叫做'瞒上不瞒下',送五十斤牛肉在这里与我。却是受得受不得?"张静斋道:"老世叔,这句话断断使不得的了。你我做官的人,只知有皇上,那知有教亲?想起洪武年间,刘老先生……"汤知县道:"那个刘老先生?"静斋道:"讳基的了。他是洪武三年开科的进士,'天下有道'三句中的第五名。"范进插口道:"想是第三名?"静斋道:"是第五名,那墨卷是弟读过的。后来入了翰林,洪武私行到他家,就如'雪夜访普'的一般。恰好江南张王送了他一坛小菜,当面打开看,都是些瓜子金。洪武圣上恼了,说道:'他以为天下事都靠着你们书生!'到第二日,把刘老先生贬为青田县知县,又用毒药摆死

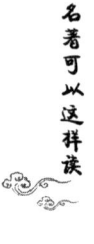

了。这个如何了得!"知县见他说的口若悬河,又是本朝确切典故,不由得不信。……

这段情节的背景是,朝廷下令严禁屠宰耕牛。这导致高要县(回民聚居区)从事宰牛职业的人的生计成了问题,高要县的回民送了五十斤牛肉来走动汤知县,让其网开一面。汤知县就此问题向曾经做过知县的张静斋讨教,张静斋以"你我做官的人,只知有皇上,那知有教亲"为由,认为绝对不可答应回民百姓的请托。这段情节的亮点是张静斋在答话中用了刘基的典故,而正是通过张静斋、范进、汤知县谈刘基这一典故,我们看到了这三人的无知,听到了张静斋、范进的信口胡说。

人教版《儒林外史》对"刘基"和"洪武三年"做了注释——

从注释中我们了解到,刘基是元统元年(1333)中的进士,洪武三年(1370)被封为诚意伯。"洪武三年"只有乡试,会试始于洪武四年(1371)。

另外,刘基在明代声名显赫,是"明初诗文三大家"之一。

张静斋、范进、汤知县生活在明朝中期,但他们好像对大名鼎鼎的刘基其人比较陌生。汤知县对刘基一无所知,"见他说的口若悬河,又是本朝确切典故,不由得不信"。张静斋一本正经地讲述着他杜撰的刘基的故事,范进煞有介事地更正着刘基中进士的名次;江南吴王张士诚早在明朝建立前一年就兵败自杀了。张静斋、范进的强不知以为知,充分暴露出他们的无知。张静斋、范进、汤知县在当时算得上高级知识分子了,但遗憾的是,他们连本朝大名人刘基都不知道,这就是当时科举考试选拔出来的人才!

第四回,范进不知道明初诗文大家刘基;第七回,作者还告诉我们,范进不知道宋代有个大文豪叫苏轼,详情见《吴敬梓先生的冷笑话》。

由此,我们是不是可以说,范进其人并无真才实学。

特别提醒:人教版《儒林外史》除了正文下的注释详尽,每隔四回的《阅读规划进度及自我测评》设计得好!思考、演绎、辩论,设计得都挺有意思。这是《儒林外史》其他版本不具备的优点。

讽刺的艺术

讽刺是一种运用语言的艺术。现实生活中，人们形容讽刺，有不少的表达，如"说风凉话""说反话""冷嘲热讽""话中带刺""指桑骂槐"等。

既然是一种艺术，那么使用这种艺术就会有高下之别。

《儒林外史》被称为中国古代讽刺文学的代表作品，吴敬梓是如何运用讽刺的呢？我们以第四回为例，来体会一下。

第四回的回目名是"荐亡斋和尚吃官司　打秋风乡绅遭横事"。

一、把同一人物前后截然相反的言行相对照

张乡绅约上新科举人范进去高要县打秋风，汤知县本来不喜欢张乡绅一次次打秋风，但这次同来的有他主持考试时录取的范进，门生求见，自然不便回绝，于是在后堂设宴招待了张乡绅和范进。

汤知县再三谦让，奉坐吃茶，同静斋叙了些阔别的话，又把范进的文章称赞了一番。问道："因何不去会试？"范进方才说道："先母见背，遵制丁忧。"汤知县大惊，忙叫换去了吉服，拱进后堂，摆上酒来。席上燕窝、鸡、鸭，此外就是广东出的柔鱼、苦瓜，也做两碗。知县安了席坐下，用的都是银镶杯箸。范进退前缩后的不举杯箸，知县不解其故。静斋笑说："世先生因遵制，想是不用这个杯箸。"知县忙叫换去，换了一个磁杯，一双象箸来。范进又不肯举。静斋道："这个箸也不用。"随即换了一双白颜色竹子的来，方才罢了。知县疑惑，他居丧如此尽礼，倘或不用荤酒，却是不曾备办。落后看见他在燕窝碗里拣了一个大虾元子送在嘴里，方才放心，因说道："却是得罪的紧。我这敝教，酒席没有什么吃得，只这几样小菜，权且用个便饭。敝教只是个牛羊肉，又恐贵教老爷们不用，所以不敢上席。现今奉旨禁宰耕牛，上司行来牌票甚紧，衙门里都也莫得吃。"

我们看看这一段中范进的表现。最初，因为"银镶杯箸"过于奢华，与守丧冲突，所以范进"退前缩后的不举杯箸"；接下来，"换了一个磁杯，一双象箸"，范进"又不肯举"，可能是觉得象牙仍过于奢华吧；最终，换成了"一双白颜色竹子的"，这才解决了餐具"遵制"的问题。我们说，官宦之家讲排场，用的餐具自是高档一些，但不管是什么筷子，它就是个吃饭的工具，一般不会影响到吃饭的质量。范进因为守丧而不用奢华的吃饭工具，以此类推，他就不该跟着张静斋来打秋风。

正在汤知县担心范进严格遵守礼节，不吃荤酒之时，他竟看见范进"在燕窝碗里拣了一个大虾元子送在嘴里"！这太有讽刺意味了！原来，范进前面的惺惺作态其实是假的，是做给人看的。怪不得张静斋笑着说"世先生因遵制，想是不用这个杯箸"，想来张静斋是了解范进的。

鲁迅在《中国小说史略》中这样评价此段："……则无一贬词，而情伪毕露，诚微辞之妙选，亦狙击之辣手矣。"

二、让反面人物一本正经地讲假话或说大话

范进的母亲归天，料理丧事期间，"胡老爹上不得台盘，只好在厨房里或女儿房里，帮着量白布、秤肉，乱窜"。

这是作者对范进居丧期间胡屠户的行动描写。范进中举前胡屠户威风凛凛，在范进面前不可一世；范进中举后，他顿时矮了半截，自卑得不得了，估计胡屠户长相也对不起观众，所以他只能躲在厨房或女儿房里。可是，当来到集上庵里滕和尚家，他说话的底气就足了："可不是么！自从亲家母不幸去世，合城乡绅，那一个不到他家来？就是我主顾张老爷、周老爷，在那里司宾。大长日子，坐着无聊，只拉着我说闲话，陪着吃酒吃饭。见了客来，又要打躬作揖，累个不得了。"这不是睁眼说瞎话吗？张老爷、周老爷可能当"司宾"吗？张老爷、周老爷怎么可能拉着他闲话，"陪着吃酒吃饭"？这里，作者未置一词，但通过人物之前的行动和后面大言不惭的语言，读者便很容易看出胡屠户的猥琐与无耻。

乡绅严贡生听说张静斋、范进来到了高要县城，在等下乡视察的知县回来，他马上备办了酒饭，跟张、范两人攀交情，瞎编自己跟知县的关系，然后标榜自己的人品："实不相瞒，小弟只是一个为人率真，在乡里之间，从不晓得占人寸丝半粟的便宜，所以历来的父母官，都蒙相爱。"有意思的是，

就在严贡生标榜自己的同时，他家一个"蓬头赤足"的小厮走了进来，说："早上关的那口猪，那人来讨了，在家里吵哩。"严贡生道："他要猪，拿钱来！"小厮道："他说猪是他的。"严贡生道："我知道了，你先去罢，我就来。"看看，这才是"从不晓得占人寸丝半粟的便宜"的严贡生的真实面貌！

吴敬梓就是这样，在貌似冷静的叙述中，将自己对人物的褒贬寓于其中。这种讽刺才是最高明的，最有力量的，比起作者直接站出来给作品中人物定性、贴标签，要有力得多。

吴敬梓笔下有只"特立独行"的猪

我们都知道王小波写过一只特立独行的猪。王小波笔下的那只猪，被作家赋予了神奇的本领，名义上是猪，实质上超越了猪，或者说它是有思想的人。文中猪所处的自然状态，谁说不是人们所追求的自由生活呢？

吴敬梓在《儒林外史》中也写过一只"特立独行"的猪。

高要县恶霸严贡生家生下不久的一只小猪跑到了邻居王小二家，这王小二赶忙将小猪送还严贡生家。哪知严家不愿要那只跑出去的小猪，强行让王小二用八钱银子将其买下。经过一年光景的喂养，这小猪变成了大猪，有一天鬼使神差地走到了严家。这严家竟要将其据为己有，王家去要，严家说得按当时的市场价拿出钱来，才能领回。这岂不是明抢吗？当初强卖，如今明抢，这严家分明就是恶霸、强盗！王家人讲理，严家如狼一般的五个儿子"拿拴门的闩、赶面的杖"，把王小二打了个半死，腿都打断了。弱肉强食，严家显然有了黑社会的性质。

严贡生为何能如此鱼肉乡里？其中很重要的一个因素就是他有五个"狼"一般的儿子。

《儒林外史》第五回"王秀才议立偏房　严监生疾终正寝"在写了一只"特立独行的猪"引发的一桩公案后，紧接着是另一桩公案。五六十岁的黄梦统原打算跟严贡生借二十两银子，写了借条，但最终没借。黄梦统一时大意没能及时回契约，时过半年去索借据时严家要收利钱，因是高利贷，这自是不小的一笔数目。这严贡生非但不还借条，还强行把黄家的驴啊米啊什么的一并抢走。我们前面说了，他有五个如狼似虎的儿子。

高要县知县听完这两桩案子，不禁说："一个做贡生的人，忝列衣冠，不在乡里间做些好事，只管如此骗人，其实可恶！"严贡生听说自己被人告了，怕在大堂上审断起来面子上不好看，便溜之大吉了。读到这儿，我们可能会想到之前他在范进、张静斋面前的自吹自擂，说自己跟高要县的汤知县如何有交情（其实这高要县的汤知县根本就不认识他），这分明就是个恬不知耻的家伙！

当然，严贡生的劣迹远不止此。

第六回"乡绅发病闹船家　农妇含冤控大伯"更是将严贡生的无赖嘴脸刻画得淋漓尽致。

严贡生从省城租了两只大船跟儿子儿媳回高要县，说好费用"银十二两"，立的字据是"到高要付银"。将到高要，这厮竟一本正经地赖掉了船费。你绝对想不出他怎么赖的。他将吃剩的几块云片糕搁在船板上，故意不收拾，有个船工以为是没人要的，就送进了嘴里。严贡生装作没有看见。到了码头，他开始装模作样地寻找他的"药"，船工说吃的是云片糕，严贡生竟说这"药"是费了几百两银子配的，是"张老爷在上党做官带了来的人参，周老爷在四川做官带了来的黄连"，说船工吃下的几片"值几十两银子"。这严贡生真是讹诈高手！他还进一步威胁要将船工送到县衙，打几十板子。最终，船老大苦苦求情，严贡生扬长而去。

回到家，严贡生的行径更加让人发指。弟弟去世，他非但没有丝毫悲伤，反而迫不及待地想着侵吞赵氏财产。严贡生、严监生虽说是亲弟兄，但明明是两家，各过各的日子，就因为弟弟严监生去世，扶正不久的赵氏的儿子出天花夭折，这做哥哥的严贡生竟堂而皇之地摆起了主人的架子，要赶赵氏出门，让自己的老二及其媳妇搬来住正房。万般无奈之下，赵氏将这个贪婪无耻的大伯告到了县衙。所幸这高要的知县也是庶出，赵氏的上诉暂时取得了胜利。请注意，我说的是"暂时取得了胜利"。

所谓贡生，是当时社会举荐的品行优秀的读书人，不知这严贡生（本名叫严大位，"贡生"是他的身份）当时是怎么被举荐的。如果严贡生所代表的是一个社会中优秀的读书人，那这个社会到底是怎样的社会呢？

赵氏对王氏的感情是真的吗

一部影视剧中如果没有女人,没有爱情故事,那这部影视剧的收视率恐怕要大幅度下降。

《儒林外史》的写作对象是"儒林",而有资格参加科考的又是男性,所以这部小说的主人公自然是男性。如果这部小说的作者擅长编织爱情故事,那么,小说中还是可以出现一个又一个悲欢离合的爱情故事,引得读者感叹唏嘘。不过,吴敬梓好像不擅长写爱情,《儒林外史》一部大书中绝少爱情的描写。

尽管如此,《儒林外史》中还是刻画了若干性格鲜明的女性形象,其中给读者留下深刻印象的有王冕的母亲、严监生的填房赵氏、鲁编修的女儿鲁小姐、教书先生的女儿沈琼枝等,次之的女性形象咱们就暂不列举了。

王冕的母亲,我已在《同读一本书:〈儒林外史〉》中写过,小标题为《这个母亲不一般》。今天,让我们一起走近严监生的填房赵氏,看看她对王氏的感情是真是假。

严监生的妻子王氏一直未有一男半女,所以后来严监生娶赵氏为妾。赵氏生的儿子3岁时,王氏身体状况越来越差,每日四五个医生用药,都是人参、附子,但并不见效,直至卧床不起。这时候,作者用比较多的笔墨描写了赵氏的表现——

生儿子的妾在旁侍奉汤药,极其殷勤。看他病势不好,夜晚时,抱了孩子在床脚头坐着哭泣,哭了几回。那一夜道:"我而今只求菩萨把我带了去,保佑大娘好了罢!"王氏道:"你又痴了,各人的寿数,那个是替得的?"赵氏道:"不是这样说。我死了值得什么!大娘若有些长短,他爷少不得又娶个大娘。他爷四十多岁,只得这点骨血,再娶个大娘来,各养的各疼。自古说:'晚娘的拳头,云里的日头。'这孩子料想不能长大,我也是个死数。不如早些替了大娘去，还保得这孩子一命！"王氏听了，也不答应。赵氏含着眼泪，日逐煨药煨粥，寸步不离。

一晚，赵氏出去了一会，不见进来。王氏问丫鬟道："赵家的那去了？"丫鬟道："新娘每夜摆个香桌在天井里哭求天地，他仍要替奶奶，保佑奶奶就好。今夜看见奶奶病重，所以早些出去拜求。"王氏听了，似信不信。

次日晚间，赵氏又哭着讲这些话。王氏道："何不向你爷说，明日我若死了，就把你扶正做个填房？"赵氏忙叫请爷进来，把奶奶的话说了。严致和听不得这一声，连三说道："既然如此，明日清早就要请二位舅爷说定此事，才有凭据。"

王氏卧床期间，赵氏"侍奉汤药，极其殷勤"，每天"煨药煨粥，寸步不离"，但她的行动并未打动王氏。

赵氏情愿替王氏去死，说王氏有个三长两短，"这孩子料想不能长大，我也是个死数"，她的话好像也没打动王氏，"王氏听了，也不答应"，就是没有任何回应。这里的"答应"是吭声、回应。

听了丫鬟对赵氏行踪的叙述，王氏还是"似信不信"。

一天晚间，赵氏又一次哭诉，王氏表态了："何不向你爷说，明日我若死了，就把你扶正做个填房？"一听这话，"赵氏忙叫请爷进来，把奶奶的话说了"。

原来，赵氏前面的殷勤伺候、情愿替死、哭求天地，都有着明确的目的，那就是得到王氏允诺，将她扶正。

王氏和赵氏的关系并不融洽，王氏显然一直防着赵氏，所以不管赵氏怎样殷勤，王氏都不怎么领情。赵氏稍微一会儿的离开，王氏都要"调查"："赵家的那去了？"请注意王氏对赵氏的称谓。

应该是王氏感觉到自己不久于人世，所以最终松了口，赵氏的目的达到了。

在严监生的斡旋下，赵氏如愿做了填房。与此同时，王氏"断了气"。此时的赵氏是何种心情？有何表现呢？

……只见赵氏扶着床沿，一头撞去，已经哭死了。众人且扶着赵氏灌开水，撬开牙齿，灌了下去。灌醒了时，披头散发，满地打滚，哭的天昏地暗。连严监生也无可奈何。

赵氏此时过激的行为并不感人,因为我们从前面的解读中已经知道她是怎样一个人。我们只能说,赵氏有心计,赵氏会演戏。

从人性的角度分析,赵氏之所以如此,似乎也无可厚非,为了儿子的将来,也为了自己的将来,她必须有所筹划。

吴敬梓先生的冷笑话

话说累年蹭蹬的范进，到54岁考上，忽然遇到了他生命中的贵人周进。或许是他俩有共同的遭遇，或者是他俩取了同一个吉祥的名字，反正，范进见了周进，科场上是一路顺风，先中举，再中进士，不几年，范进成了钦点的山东学道。赴任之前，范进来见恩师，这周进轻描淡写地交代了一件事——

周司业道："山东虽是我故乡，我却也没有甚事相烦。只心里记得训蒙的时候，乡下有个学生叫做荀玫，那时才得七岁，这又过了十多年，想也长成人了。他是个务农的人家，不知可读得成书。若是还在应考，贤契留意看看，果有一线之明，推情拔了他，也了我一番心愿。"

看得出来，这周进还真是有人情味。他说的荀玫，是他当初在薛家集当家庭教师时辅导的几个乡村学生中的一位，不沾亲不带故的，十多年之后，他居然还记得其名，并且让门生给予适当关照。这荀玫算是很有幸了。

范进到了兖州府，在发榜之前想起老师嘱托，就赶忙连夜在生员等第的卷子里查找，在所有童生落第的卷子里查找，结果杳无消息。当下，众幕客也跟着他一起为此事纠结。就在这当儿，吴敬梓先生插入了一个令人喷饭的冷笑话——

内中一个少年幕客蘧景玉说道："老先生，这件事倒合了一件故事。数年前有一位老先生点了四川学差，在何景明先生寓处吃酒，景明先生醉后大声道：'四川如苏轼的文章，是该考六等的了。'这位老先生记在心里。到后典了三年学差回来，再会见何老先生，说：'学生在四川三年，到处细查，并不见苏轼来考，想是临场规避了。'"说罢将袖子掩了口笑。又道："不知这荀玫是贵老师怎么样向老先生说的？"范学道是个老实人，也不晓得他说的是笑话，只愁着眉道："苏轼既文章不好，查不着也罢了。这荀玫是老师要提拔的人，查不着，不好意思的。"

吴敬梓先生借小说中难得的正面人物蘧景玉之口，无情地嘲弄了范进的无知和迂腐。念了一辈子书的范进，居然不知道宋代大文豪苏东坡！而就是这样无知的人，还能中举人、中进士，足见当时科举选人的弊端。

吴敬梓先生讲笑话的水平真是够高的！

《儒林外史》中最贪婪无耻的官员

小说情节讲究"无巧不成书"。

《儒林外史》第二回"王孝廉村学识同科"中，新科举人王惠给周进讲过一个梦，梦中他跟汶上县一个名为荀玫的人同列会试榜单。当时荀玫才七岁。不只做梦的主人感觉荒唐离奇，读者更觉不可信。可若干年后，荀玫一路过关斩将，会试中了第三名进士，殿试名列二甲，而当年那位举人王惠，考了又考，总是不得中进士，终于在须发皓白之时，跟荀玫成为同科进士，名列三甲。

王惠不久便做了南昌太守，跟其前任恰成对比。

用南昌前任蘧太守的儿子蘧景玉的话说，"宦海风波，实难久恋"，所以其父急流勇退："况做秀才的时候，原有几亩薄产，可供饘粥；先人敝庐，可蔽风雨；就是琴、樽、垆、几、药栏、花榭，都也还有几处，可以消遣。所以在风尘劳攘的时候，每怀长林丰草之思，而今却可赋'遂初'了。"有其父必有其子，这句话适合南昌前任蘧太守父子。蘧公子认为："人生贤不肖，倒也不在科名。晚生只愿家君早归田里，得以菽水承欢，这是人生至乐之事。"

这位蘧公子大家应该有印象，第七回中他在范进的府上做幕僚，讲过一个有名的冷笑话，嘲笑范进不知道宋代大文豪苏轼。

对于官迷王惠来说，南昌前任蘧太守的胸襟，他是无法理解的。

王惠根深蒂固的认识是"三年清知府，十万雪花银"。他一到任，问的问题是："地方人情，可还有什么出产？词讼里可也略有些什么通融？"做的事是，钉了一把头号的库戥，为自己敛财。那些衙役百姓，一个个被他打得魂飞魄散。全城的人，无一个不知道太爷的厉害，睡梦里也是怕的。

善于讲冷笑话的蘧景玉，在讲完其父做太守时衙门里的三种声音——

"吟诗声，下棋声，唱曲声"后，说王惠接任后的衙门里会换成另外三种声音——"戥子声，算盘声，板子声"。王惠竟听不出蘧景玉话中的嘲讽之意，假装敬业地说："而今你我要替朝廷办事，只怕也不得不如此认真。"好愚蠢的太守！

就是这位被朝廷称道的江西"第一个能员"王惠，一面口口声声说要"替朝廷办事"，叛军一到，他立马"颤抖抖地叩头"，表示"情愿降顺"，哪里有丝毫的气节！叛军失败，怕追究责任，王惠又忙忙如丧家之犬，更名改姓，削发为僧了。

《儒林外史》中，最贪婪无耻的官员怕是非王惠莫属了。

我的老师是周进

"我的老师是周进",还记得这话是谁说的吗?

对,是山东兖州府汶上县薛家集的秀才梅玖说的。

这个梅玖,算得上少年得志,很年轻的时候就考取了秀才(进了学),成了薛家集的知名人士。薛家集聘请私塾先生周进,也要请梅玖作陪。《儒林外史》第二回写了周进与梅玖的见面。宴席上,梅玖跟众人讲了"我们学校规矩"——"老友是从来不同小友序齿的"。简单地说,童生进了学,即使10多岁,也称"老友";若是不进学,即使80岁,也还称"小友"。梅玖虽年轻,但进了学,所以是"老友";周进,虽说60多岁了,但没有进学,所以仍是"小友"。听了梅玖的"老友是从来不同小友序齿的",我们不难想象,两百多年前在薛家集那次聘请私塾的宴席上,真正应该受尊重的周进是何等的尴尬!唉,谁让他一大把年纪连个秀才也考不上呢!非但如此,这个少年得志的梅玖还编出一首宝塔诗,貌似预贺周进,实则把周进脸上"羞的红一块白一块"。当时,梅玖(梅三相)可以说出尽了风头。

哪知世事难料,不久,这个周进在他姐夫和周围人的成全下,取得了乡试的资格,中举,再中进士。不几年,官至国子监司业。而当年春风得意的梅玖仍是秀才身份。这一年,他跟当年周进的学生荀玫一起参加秀才岁考,主考乃是周进的门生范进。

范进阅完梅玖的试卷,作色道:"做秀才的人,文章是本业,怎么荒谬到这样地步!平日不守本分,多事可知!本该考居极等,姑且从宽,取过戒饬来,照例责罚!"言下之意,这个多年的秀才,文章乏善可陈,应该取消秀才资格,不过范进决定从宽发落,照例打板子。就在拖上凳子之时,这个梅玖居然急中生智,找到了救命稻草,哀告道:"大老爷!看生员的先生面上开恩罢!"他居然说:"现任国子监司业周蒉轩先生,讳进的,便是生员的业师。"梅玖知道范进出自周进门下，所以才撒了这个谎，因此免受了一遭皮肉之苦。他难道忘了，当年他少年得志，是如何嘲弄周进的？黄小田的评语是，不意"小友"能救"老友"屁股。"我的老师是周进"真是句管用的话。

更可笑的是，当荀玫问及梅玖何时跟随周进读书时，梅玖竟能编出一连串的谎话，还说周进最喜欢他，夸他的文章有才气，就连他的文章被列在汶上县学第四等，他也能说成是范进特意的安排。

吴老先生笔下的儒林中，梅玖算不得重量级人物，但不得不说，其不学无术、厚颜无耻的特征还是很鲜明的。

《儒林外史》汇校汇评本第七回末尾的"卧评"很是精当，特录于下：

此篇文字分为三段。第一段是梅三相考四等，令阅者快然浮一大白。然三相既考四等之后，口若悬河，刮刮而谈，仍是老友口声气息，恬不为耻，世上固不少此老面皮之人。吾想梅三相与严大老官是一类人物，假使三相出了岁贡，必时时自称为乡绅，与知县为密迩至交；大老官考了四等，必仍然自诩为老友，说学台为有意卖情也。

陈和甫请仙为第二段。写山人便活画出山人的口声气息，荒荒唐唐，似真似假，称谓离奇，满口嚼舌。最可笑是关帝亦能作《西江月》词，略有识见者必不肯信，而王、荀二公乃至悚然毛发皆竖，写无识见的人，便能写出其人之骨髓也。

荀员外报丁忧是第三段。呜呼！天下岂有报丁忧而可以"且再商议"者乎？妙在谋之于部书而部书另自有法，谋之于老师而老师"酌量而行"，迨至万无法想，然后只得递呈。当其时举世不以为非，而标目方且以"敦友谊"三字许王员外。然则作者亦胸怀贸贸竟不知此辈之不容于圣王之世乎？曰：奚而不知也？此正古人所谓直书其事，不加论断，而是非立见者也。

《儒林外史》中的"三顾茅庐"

从《儒林外史》第九回、第十一回中,我们将读到娄三公子、娄四公子"三顾茅庐"的故事。

娄三公子、娄四公子从给他们家看坟的邹吉甫那儿听到了一句惊世骇俗的话:"我听见人说,'本朝的天下,要同孔夫子的周朝一样好的,就为出了个永乐爷,就弄坏了'。"一个官僚人家的仆人、看坟人,能说出如此激烈的批评时政的话,听着确实与其身份不合。两位公子不禁好奇起来,问起这话的来历,这便引出了杨执中,引出了娄三公子、娄四公子"三顾茅庐"的故事。

杨执中跟邹吉甫的女儿住一个村,彼时邹吉甫住女儿家。据邹吉甫说,杨执中为人"忠直不过",喜欢读书,极好相与,但偏偏惹上了一件官司。一位盐商因他"为人正气",就让他总管店面,可这个被店员唤作"老阿呆"的杨执中没当回事,除了出外闲游,就是"垂帘看书",一段时间下来,店里竟亏空了七百多两银子,东家恼了,一张状纸将"老阿呆"送进了监狱。

娄三公子、娄四公子听了邹吉甫的介绍,决定出手相救。娄府可不是一般人家,娄三公子、娄四公子的父亲当过宰相,娄三公子、娄四公子的长兄现任通政使。娄三公子、娄四公子没费什么力就把杨执中从狱中解救了出来。两位公子以为杨执中很快会上门道谢,可杨执中不明原委。于是,有了两位公子的"三顾茅庐"。

两位公子第一次造访杨府,迎接他们的是一个衣着破烂、又痴又聋的老妪,她听不明白"大学士娄家"(以为是姓柳,住在大觉寺)。

过了四五日,两位公子第二次来到镇上,开门的依然是那位老妪。因上次传话挨了杨执中拳打脚踢,所以这次再见二娄,她便没好气地说:"为你这两个人，带累我一顿拳打脚踢。今日又来做什么！……我不得工夫，要去烧锅做饭！"

返回的路上，二娄碰到一只卖菱的船，二娄向划船的小孩子打听杨执中，竟有意外收获，他们读到了"枫林拙叟杨允草"的一首七绝："不敢妄为些子事，只因曾读数行书。严霜烈日皆经过，次第春风到草庐。"二娄读后，更是钦佩杨执中的"襟怀冲淡"。二娄可能读诗较少，竟不知这四句乃抄自元人吕思诚的一首律诗。吕思诚的诗写得还真不错，杨执中截取的四句也算应景。

来年正月，过完灯节，在邹吉甫的事先安排下，娄三公子、娄四公子"三顾茅庐"，如愿以偿。

这儿，作者插叙了一些文字，介绍杨执中的处境。喜欢读书的杨执中不会谋生，家里揭不开锅，一天就吃一顿粥，除夕之夜，他是摩弄着他那件心爱的炉子度过的。为了接待二娄，邹吉甫特意带去了鸡，买了肉、酒、蔬菜。在等待二娄上门的时候，我们看到杨执中赌博成性的二儿子醉酒后跌跌撞撞地回家，由此可见杨执中教子无方。

二娄的第三次造访是顺利的，双方的交谈是愉快的。从交谈中我们知道杨执中"乡试过十六七次，并不能挂名榜末"，是科场上的失败者。他们相谈甚欢，一直谈到"起更时候"，"一庭月色，照满书窗，梅花一枝枝如画在上面相似，两公子留连不忍相别"。

娄三公子、娄四公子的"三顾茅庐"，绝非当年刘备的三顾茅庐。刘备当年三顾茅庐，是为了讨教安邦定国的方略；娄三公子、娄四公子的"三顾茅庐"，纯属博取名声。娄三公子、娄四公子科场不如意，没能做官，于是满肚子的牢骚与不平，总爱说："自从永乐篡位之后，明朝就不成个天下！"这显然是极危险的议论。做通政的哥哥怕惹出事来，才让两个弟弟离开京城回到老家浙江湖州。二娄"三顾茅庐"寻访的杨执中，自然是他们的同道中人。从政治上说，他们都对永乐皇帝不满。从才学上说，杨执中貌似能写诗（尽管是抄袭来的诗），像个雅士，所以第十二回"名士大宴莺脰湖"与会的八人中就有杨执中。

但从第三方的眼光看，杨执中充其量是个科场失败者，是个缺乏生活能力的读书人，是个教子无方的不称职的父亲，是个浪得虚名的假名士。他对传错话的"又痴又聋的老妪"拳打脚踢，更让其"名士"形象斯文扫地。

这样一个所谓"名士",竟得娄三公子、娄四公子垂青,花钱将其从囹圄中解救出来,继而一次次造访。我们不禁要怀疑二娄的眼光,进而怀疑二娄的为人了。

权勿用的两个版本

娄三公子、娄四公子"三顾茅庐",将他们认为"襟怀冲淡"的名士杨执中请到了家,奉为座上客。通过杨执中之口,小说引出了另一位"名士"权勿用。

权勿用,是何等样人呢?

版本一:杨执中如是说。

"我有个朋友,在萧山县山里住。这人真有经天纬地之才,空古绝今之学,真乃'处则不失为真儒,出则可以为王佐'。"

"此人若招致而来,与二位先生一谈,才见出他管、乐的经纶,程、朱的学问。此乃是当世第一等人。"

听了杨执中的介绍,读者或许会跟娄三公子、娄四公子一样,渴望尽早结识这位世外高人。

可就在二娄派了仆人晋爵的儿子宦成赶往萧山的路上,宦成听到了权勿用的另一个版本——

版本二:同乡人如是说。

那胡子道:"是他么?可笑的紧!"向那少年道:"你不知道他的故事,我说与你听。他在山里住,祖代都是务农的人,到他父亲手里,挣起几个钱来,把他送在村学里读书。读到十七八岁,那乡里先生没良心,就作成他出来应考。落后他父亲死了,他是个不中用的货,又不会种田,又不会作生意,坐吃山崩,把些田地都弄的精光。足足考了三十多年,一回县考的复试也不曾取。他从来肚里也莫有通过,借在个土地庙里训了几个蒙童。每年应考,混着过也罢了,不想他又倒运。那年遇着湖州新市镇上盐店里一个伙计姓杨的杨老头子来讨账,住在庙里,呆头呆脑,口里说什么天文地理、经纶匡济的混话。他听见就像神附着的发了疯,从此不应考了,要做个高人。

自从高人一做，这几个学生也不来了。在家穷的要不的，只在村坊上骗人过日子，口里动不动说：'我和你至交相爱，分什么彼此？你的就是我的，我的就是你的。'这几句话，便是他的歌诀。"那少年的道："只管骗人，那有这许多人骗？"那胡子道："他那一件不是骗来的！同在乡里之间，我也不便细说。"

杨执中眼里的"当世第一等人"，在其同乡人眼里怎么如此不堪？从胡子的介绍里，我们隐约感觉到，这个权勿用其实有点儿像杨执中。其一，权勿用考了三十多年，连县考的复试资格也没有取得；杨执中考了十六七次乡试（算来也近五十年了吧），榜上始终无名。其二，权勿用"又不会种田，又不会作生意，坐吃山崩，把些田地都弄的精光"；杨执中在盐店总管那么好的位置上不务正业，被店员唤作"老阿呆"，非但做不到能够养家糊口，还硬生生亏空了七百多两银子！有道是"惺惺相惜"，听了杨执中一番不着边际的话，权勿用竟着了魔似的，一门心思要做"高人"。他做高人的基本方式是"骗人"，正如他的乡人所说："他那一件不是骗来的！"他甚至把兰若庵的尼僧霸占在家。最终萧山县的差人大老远赶来，把这位"高士"从二娄家"一条链子锁去了"。

权勿用有句口头禅："我和你至交相爱，分什么彼此？你的就是我的，我的就是你的。"这是他用来行骗的强盗逻辑。后来，他的好友杨执中的蠢儿子偷了他压在枕头边的五百文钱，他很生气，质问杨老六："我的钱，你怎么拿去赌输了？"傻子杨老六这时好像并不傻，他竟然理直气壮地说："老叔，你我原是一个人，你的就是我的，我的就是你的，分什么彼此？"我们能想象得出来权勿用听了这话后的气急败坏。真是骗子遇呆子，一物降一物。

听了权勿用同乡人的话，在二娄家当差的宦成好是纳闷："我家二位老爷也可笑，多少大官大府来拜往，还怕不够相与，没来由老远的路来寻这样混账人家去做什么？"

这句话道出了二娄眼中的"高人"的真实面貌，也从侧面说明了二娄交友的不慎。

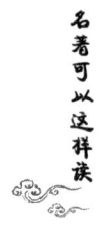

张铁臂算得上侠客吗

应娄三公子、娄四公子盛情相邀,权勿用从萧山县出发,坐船来到湖州。因不懂交通规则,他在街上"脚高步低的撞",连孝帽也被乡里人的扁担挑走,追赶中冲撞到街道厅长官的轿子,发生了争执。吵得不可开交之时,出现一个人,说出一番话,解了权勿用的围。

这解围人便是权勿用的旧相识,侠客张铁臂。书里这样写其出场:头戴一顶武士巾,身穿一件青绢箭衣,几根黄胡子,两只大眼睛。

于是权勿用和张铁臂一同去了娄府。

从张铁臂的衣着看,他有别于《儒林外史》中的一个个书生,他也确实身手不凡。刚到娄府的那晚,他就表演了一番剑术,赢得满堂喝彩。据他自己讲:"晚生小时有几斤力气,那些朋友们和我赌赛:叫我睡在街心里,把膀子伸着,等那车来,有心不起来让他。那牛车走行了,来的力猛,足有四五千斤,车毂恰好打从膀子上过,压着膀子了,那时晚生把膀子一挣,'吉丁'的一声,那车就过去了几十步远。看看膀子上,白迹也没有一个,所以众人就加了我这一个绰号。"听着难免言过其实。对其为人,他这样标榜:"……只是一生性气不好,惯会路见不平,拔刀相助,最喜打天下有本事的好汉。银钱到手,又最喜帮助穷人。所以落得四海无家,而今流落在贵地。"果真如此,他倒算得上个"侠客"。

但《儒林外史》中,我们好像没见到张铁臂任何行侠仗义的行动。

在娄府不久,他便上演了用一颗猪头欺骗二娄的离奇故事,这故事在《儒林外史》的第十二回的最后,作者记述得有头有尾,很是生动。

故事发生在"二十四五,月色未上"之时,二娄正商议着给娄通政回信,"到了二更半后,忽听房上瓦一片声的响,一个人从屋檐上掉下来,满身血污,手里提了一个革囊。两公子烛下一看,便是张铁臂"。够惊悚的吧!

面对着被吓得心胆皆碎的两位公子，张铁臂说："我生平一个恩人，一个仇人。这仇人已衔恨十年，无从下手，今日得便，已被我取了他首级在此。这革囊里面是血淋淋的一颗人头。但我那恩人已在这十里之外，须五百两银子去报了他的大恩。自今以后，我的心事已了，便可以舍身为知己者用了。我想可以措办此事，只有二位老爷。外此，那能有此等胸襟？所以冒昧黑夜来求。如不蒙相救，即从此远遁，不能再相见矣。"说着做出要走的样子。二位公子赶紧拿出五百金，张铁臂携带在身，放下革囊，说两个时辰后回来，说完，"腾身而起，上了房檐，行步如飞，只听得一片瓦响，无影无踪去了。当夜万籁俱寂，月色初上，照着阶下革囊里血淋淋的人头"。

张铁臂这一离开便没了消息。第二天，两位公子才明白过来：上当了！革囊里哪里是什么人头，分明是一个六七斤的猪头！

不得不说，会轻身功夫的张铁臂骗术也了得，轻而易举地骗走了二娄五百金！"侠客"张铁臂的故事暂告一段落。

权勿用被一条链子锁去，张铁臂用一颗猪头骗去了五百金，二娄招揽名士的意兴大受打击，"自此，闭门整理家务"。

张铁臂是侠客吗？相信大家都有了答案。张铁臂跟侠客不沾边，更准确地说，他是个地地道道的骗子。

《神雕侠侣》第二十回中，郭靖对杨过说过一番很有名的话，有关"侠之大者"——

"我辈练功学武，所为何事？行侠仗义、济人困厄固然乃是本分，但这只是侠之小者。江湖上所以尊称我一声'郭大侠'，实因敬我为国为民、奋不顾身地助守襄阳。然我才力有限，不能为民解困，实在愧当'大侠'两字。你聪明智慧过我十倍，将来成就定然远胜于我，这是不消说的。只盼你心头牢牢记着'为国为民，侠之大者'这八个字，日后名扬天下，成为受万民敬仰的真正大侠。"

侠，是个美好的词语。就算"侠之小者"，也得"行侠仗义、济人困厄"，遑论"侠之大者"！

给骗子张铁臂冠以"侠客"之名，实在是玷污了"侠客"二字。

骗子张铁臂从娄府失踪后去了哪里？

我们下次见他，是在第三十一回。他神不知鬼不觉地来到了天长县的杜少卿府上，以"略知医道"的身份出现。

"大眼睛黄胡子"没有变,变的是穿着和姿态:头戴瓦楞帽,身穿大阔布衣服,扭扭捏捏,做些假斯文象。他已改名换姓,叫"张俊民"了。

第三十七回,蘧公孙在杜少卿的河房里巧遇张铁臂,大吃一惊。张铁臂见被人识破,存身不住,只得再回天长。

吴敬梓写张铁臂,用了典型的草蛇灰线之法。

这个秀水差人不一般

这里所谓"差人",指给官府当差之人。

《儒林外史》中的"差人",多为反面形象。大家还记得第一回中的翟买办吧,唯利是图的典型!今天给大家说的,是秀水县的一个差人,小说中没交代这个差人的名姓,我们姑且以"秀水差人"称之吧。

事情的起因大致是——

娄三公子、娄四公子家的仆人晋爵的儿子宦成,小时候与后来做了鲁编修家丫鬟的双红要好,后来,宦成竟大着胆子从湖州来到嘉兴,来蘧公孙家拐走了双红。一向平和的公孙大为生气,告了官,秀水县派差人将宦成、双红拿了回来,临时关押在秀水差人家。宦成托人求公孙,愿意拿出几十两银子作为双红的身价,求公孙将双红赏与他。这公孙断然不允。秀水差人如果按正常程序将宦成两口子交与官府,处理结果应该很明确,宦成挨上一顿板子,双红回到公孙家。但这个秀水差人想借此捞些油水,所以没有将宦成两口子交付官府,而是关押在自己家里,一次次地敲诈宦成,最终宦成的银子被敲诈干净,连衣服都当尽了。山穷水尽之际,两口子想到了双红带出来的一个旧枕箱,想着卖几个钱,他们的谋划恰巧被秀水差人听到了。秀水差人敏感地意识到发财的机会就在眼前!

原来,宦成、双红两口子说的旧枕箱,是当年"附逆"的王惠在逃亡途中邂逅蘧公孙而赠给公孙的,里面最值钱也最敏感的就一本高启的诗话。公孙大意,有次将这箱子的来历告诉了双红。不管怎样,既然王惠是"钦犯",那么这个旧枕箱现在自然成了"钦赃"。于是,这便有了秀水差人与宦成的茶室密谋,原文见《儒林外史》第十三回。

秀水差人将宦成约到了一家僻静的茶室。

这时,吴敬梓看似随意地插写了另一个故事。有个门前经过的人叫了差人一声"老爹",其实就是打了声招呼,差人跟了出去,只听得那人口里抱怨道:"白白给他打了一顿,却是没有伤,喊不得冤。待要自己做出伤来,官府又会验的出。"你猜怎么着?秀水差人真能"成全"恶人,悄悄拾起一块砖头,将那人头上打了一个大洞,那鲜血直流出来。差人道:"你方才说没有伤,这不是伤么?又不是自己弄出来的,不怕老爷会验,还不快去喊冤哩!"我们借此认识了秀水差人的一面:喜欢成全恶人。

秀水差人与宦成的茶室密谋其实比较简单。秀水差人分析了蘧公孙交结钦犯、窝藏钦赃意味着杀头充军,只要有人出来写个出首叛逆的呈子,不怕公孙不拿出银子。秀水差人的真实目的是讹钱,并非告官。密谋结束,差人特别叮嘱宦成:"这话,到家在丫头跟前不可露出一字。"

接下来,秀水差人在蘧公孙的好友马二先生那儿成功实施了他的讹诈计谋,一分不剩地诈取了马二先生的全部束脩,所得九十二两银子给宦成十几两,自己得了七十多两。

秀水差人很会捞钱,茶室密谋、敲诈马二,唯利是图的丑恶面貌暴露无遗。

透过这一事件,我们也认识了一位能为朋友两肋插刀的马二先生——那个八股文选家马纯上。

当然,从蘧公孙的角度分析,我们是不是还可以吸取另外的教训——祸从口出?说话不能不谨慎,不是什么话都可以说的,不是什么话都可以跟任何人说的。

小牛与老牛斗法，哪个更厉害

牛浦郎与舅丈人发生口角，闹得不可开交，最终只得离开舅丈人家。衣食无着中，他想起淮安府安东县任知县的李瑛，于是准备去李知县那儿"打秋风"。在南京燕子矶去扬州的船上，牛浦郎遇到了牛玉圃。于是，小说有了小牛与老牛斗法的精彩故事。

这"头戴方巾"、长有"一双刺猬眼"的牛玉圃是何等样人？我们来听他自我介绍："我不瞒你说，我八轿的官也不知相与过多少，那个不要我到他衙门里去？我是懒出门。而今在这东家万雪斋家，也不是什么要紧的人。他图我相与的官府多，有些声势，每年请我在这里，送我几百两银，留我代笔，代笔也只是个名色。我也不耐烦住在他家那个俗地方，我自在子午宫住。"

其实，牛玉圃就是个地地道道的骗子。他连半个秀才也不是，却装模作样地戴着当时秀才才能戴的方巾，舱口还要特别挂出"两淮公务"的灯笼。说白了，他就是万雪斋家的一个代笔，连住进万府的资格都没有，只能住在万府附近的道观里。牛玉圃原想着年轻的牛浦郎或许能派上用场，不承想万府一行，他发现初涉江湖的小牛乃"上不的台盘的人"，于是再去万府，他便不再带小牛同行，而是让其看家。

这小牛心里老大的不舒服。他跟着道士出来，闲聊中，摸清了万雪斋的底——万有旗程明卿家的书童。万雪斋最忌讳的就是别人说他的出身。小牛掌握了这一情报，便知道应该如何报复老牛了。回到子午宫，听到老牛的抱怨，小牛谎话随口就来："适才我站在门口，遇见敝县的二公在门口过，他见我就下了轿子，说道'许久不见'，要拉到船上谈谈，故此去了一会。"他随口杜撰出了一个李副县长，并且煞有介事地说李副县长"知道叔公"，也认得万雪斋先生。不明真相的老牛信以为真，不经意间上了小牛的当。经

过前面的铺垫，小牛有板有眼地说："万雪斋先生算同叔公是极好的了，但只是笔墨相与，他家银钱大事，还不肯相托。李二公说，他生平有一个心腹的朋友，叔公如今只要说同这个人相好，他就诸事放心，一切都托叔公，不但叔公发财，连我做侄孙的将来都有日子过。"当小牛说出万雪斋的心腹朋友是"徽州程明卿先生"时，老牛竟自以为是地说"这是我二十年拜盟的朋友"！

于是，蒙在鼓里的老牛在下一次去万家的宴席上，说他跟徽州程明卿先生交情如何深，气得万雪斋"两手冰冷"，一句话也说不出来。

老牛稀里糊涂地丢了在万家的代笔差事。有意思的是，他被炒鱿鱼并不是由主人亲自通知的，而是被骗到仪征的万府分店，由那里的店家通报给他的："雪翁昨日有书子来，说尊驾为人不甚端方，又好结交匪类，自今以后，不敢劳尊了。"

这个结果对厚脸皮的老牛来说，无疑是奇耻大辱。他不久便打探出来龙去脉："罢了！我上了这小畜牲的当了！"老牛第一时间寻着小牛，押到一个没人烟的所在，叫随从的两个粗夯汉子把小牛的衣裳都剥尽了，"帽子鞋袜都不留，拿绳子捆起来，臭打了一顿，抬着往岸上一掼"，一走了之。这也算是小牛开涮老牛付出的代价吧。

总体上说，《儒林外史》第二十二、二十三回中小牛与老牛斗法，起因在老牛。小牛毕竟初入行骗江湖，进入盐商万府因一时紧张不知回答主人提问并非不可饶恕，不慎掉入水塘也不是说就不能原谅，可老牛据此下断语说小牛乃"上不的台盘的人"，从此不让其参加外交活动而让其留守"下处"，这便给小牛心里种下了报复的种子。小牛从老牛的性格特点出发，实施的报复行动取得空前成功，直接让老牛丢了饭碗。五十多岁的老牛压根儿不会想到自己会栽在乳臭未干的小牛手里！如梦方醒之后，马上寻到小牛算账。小牛还是虑事不周，算计了老牛之后没有逃之夭夭，所以遭到一顿毒打，差点儿送了性命。

"旁人闲话，说破财主行踪；小子无良，弄得老生扫兴。"这副对联很能概括小牛与老牛斗法的梗概。

我们从老牛、小牛说话的腔调中，是不是隐约听出了严贡生、匡超人的口吻？

万雪斋道："玉翁为什么在京耽搁这许多时？"牛玉圃道："只为我

的名声太大了，一到京，住在承恩寺，就有许多人来求，也有送斗方来的，也有送扇子来的，也有送册页来的，都要我写字、做诗，还有那分了题、限了韵来要求教的。昼日昼夜打发不清。才打发清了，国公府里徐二公子不知怎样就知道小弟到了，一回两回打发管家来请。他那管家都是锦衣卫指挥，五品的前程，到我下处来了几次，我只得到他家盘桓了几天。临行再三不肯放，我说是雪翁有要紧事等着，才勉强辞了来。二公子也仰慕雪翁，尊作诗稿是他亲笔看的。"

道士问道："牛相公，你这位令叔祖可是亲房的？一向他老人家在这里，不见你相公来。"牛浦道："也是路上遇着，叙起来联宗的。我一向在安东县董老爷衙门里，那董老爷好不好客！记得我一初到他那里时候，才送了帖子进去，他就连忙叫两个差人出来请我的轿。我不曾坐轿，却骑的是个驴，我要下驴，差人不肯，两个人牵了我的驴头，一路走上去。走到暖阁上，走的地板格登格登的一路响。董老爷已是开了宅门，自己迎了出来，同我手挽着手，走了进去，留我住了二十多天。我要辞他回来，他送我十七两四钱五分细丝银子，送我出到大堂上，看着我骑上了驴，口里说道：'你此去若是得意，就罢了；若不得意，再来寻我。'这样人真是难得，我如今还要到他那里去。"

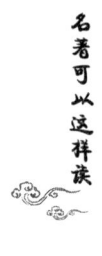

《儒林外史》中的景物描写

《儒林外史》全书描写了多处令人赏心悦目的景物，有薛家集乡村景色，有嘉兴水乡风景，有西湖人间天堂美景，表现出作者非同寻常的审美品位和杰出的语言运用能力。有时三言两语，交代故事发生的时间、背景，有时是相对集中的一小段，刻画出富有地方特色的风景。有时则融情入景，情景交融，传达出人物当时的内心情感。

大致来说，《儒林外史》中的景物描写主要有如下作用。

一、表现当时市井风貌、风土人情

《儒林外史》中有些景物描写是结合了当时的风俗来呈现的，展现了当时杭州、南京等名城的社会风俗。这是全书景物描写中占篇幅最多的，如第十四回马二眼中的西湖繁华景象；第二十四回中间对南京城的全方位描写，秦淮夜色、市民风俗、宗教习俗都展现出来了；第五十三回开头一段，是对明初南京十二楼的风俗描写，写到南京妓女们的"盒子会"。

二、引出下文故事情节

小说第一回中，作者用工笔细描为读者绘制了一幅雨后湖光山色图："那日，正是黄梅时候，天气烦躁。王冕放牛倦了，在绿草地上坐着。须臾，浓云密布，一阵大雨过了。那黑云边上镶着白云，渐渐散去，透出一派日光来，照耀得满湖通红。湖边上山，青一块，紫一块，绿一块。树枝上都像水洗过一番的，尤其绿得可爱。湖里有十来枝荷花，苞子上清水滴滴，荷叶上水珠滚来滚去。"

身处其中的王冕有了"人在图画中"的感觉，我们读之，也不能不陶醉于雨后美丽的湖光山色。大自然真是太美了！这段景物描写，除了写出大自然的明亮可爱，还由荷花这一物象引出了下文王冕画荷花的故事。

陈美林先生在《谈〈儒林外史〉的景物描写》中对比了王冕观荷与马二先生游西湖的景物描写，认为前者是清新可爱的"活文字"（"苞子上清水滴滴，荷叶上水珠滚来滚去"），后者则是暗淡无光的"烂调"（"一处是金粉楼台，一处是竹篱茅舍，一处是桃柳争妍，一处是桑麻遍野"）。此说有一定道理。

再看小说第二回中的一段描写：

不觉两个多月，天气渐暖。周进吃过午饭，开了后门出来，河沿上望望。虽是乡村地方，河边却也有几树桃花柳树，红红绿绿，间杂好看。看了一回，只见濛濛的细雨下将起来。周进见下雨，转入门内，望着雨下在河里，烟笼远树，景致更妙。这雨越下越大，却见上流头一只船冒雨而来。

周进正月二十开馆，不觉已过去两个多月，天气逐渐转暖。那天午饭后，周进看到了乡间春天桃花绿柳，这是鲜明的；还看到了雨中"烟笼远树"，这是朦胧的。读之，我们能感觉出一种恬静之美。而越下越大的雨，则为下文王惠的登场起到了穿针引线的作用。

三、寄托人物内心情感

《儒林外史》中，萧云仙算得上"儒林"之外一个了不起的人物，寄托着作者的理想追求。战场上，有勇有谋；战后治理，劝农重教，给一方百姓带来福音。但就是这样一个人物，非但不能见用于当世，还要赔掉父亲的产业，让当事人绝望，令今天的读者感叹。围绕着对这一人物的刻画，小说第四十回有两处景物描写。第一处可称之为"以乐景写乐情"——

到次年春天，杨柳发了青，桃花杏花都渐渐开了，萧云仙骑着马，带着木耐，出来游玩。见那绿树阴中，百姓家的小孩子，三五成群的牵着牛，也有倒骑在牛上的，也有横睡在牛背上的，在田旁沟里饮了水，从屋角边慢慢转了过来。

萧云仙修好了青枫城，又督促百姓兴修水利，广植柳树。看着自己治理下春光明媚、百姓和乐的景象，萧云仙心里欢喜。与此同时，这位有责任心的"千总"，又想到孩子的教育问题。他对随从木耐说："你看这般光景，百姓们的日子有的过了。只是这班小孩子，一个个好模好样，也还觉得聪俊，怎得有个先生教他识字便好。"他们拜了流落此处多年的沈先生为师，开了十个学堂，教百姓家略聪明的孩子读书，让人们觉得读书是件体面的事。

第二处可称之为"以哀景写哀情"。萧云仙邂逅木耐，两人游广武山，有如下描写——

木耐随手开了六扇窗格，正对着广武山侧面。看那山上，树木雕败，又被北风吹的凛凛冽冽的光景，天上便飘下雪花来。萧云仙看了，向着木耐说道："我两人当日在青枫城的时候，这样的雪，不知经过了多少，那时倒也不见得苦楚。如今见了这几点雪，倒觉得寒冷的紧。"木耐道："想起那两位都督大老爷，此时貂裘向火，不知怎么样快活哩！"

依陈先生的观点，这段景物描写虽文字不多，却很好地烘托了萧云仙内心的无限凄凉，称得上"活文字"。设身处地，萧云仙对木耐说此番话时，心情是复杂的。他此时感觉到的"寒冷的紧"，包含着他对世道的失望甚至绝望。

作者在全书最后为我们介绍了市井中间的四位俗世奇人，这四个人擅长的琴棋书画，恰好代表了中国古代知识分子的高雅情趣。可以说，这正是作者为新一代读书士子设计的人生模式。他们多才多艺，自食其力，不依附于达官显贵，活得洒脱无羁。不过，这只能是作者心造的幻影。作者用简笔描绘了盖宽和邻居老爹在雨花台山顶看到的一轮落日，"那一轮红日，沉沉的傍着山头下去了"。这句景物描写不单纯是写景，好像还象征着一个时代的结束。

读《儒林外史》中这一处处富于诗情画意的景物描写，我们感触最深的是，吴敬梓不仅是一位自然美景的欣赏者，还是一位自然美景的表现者。

宰了我也要白天睡觉

出于对文言文的隔膜（中学生的"三怕"之一），学生在文言文翻译中往往会闹出一些笑话。记得有次我让学生解释"沐猴而冠"，一学生说"洗澡后的猴子戴上了帽子"。我读过的这类错译中，留下印象最深的是对《论语》中"宰予昼寝"的翻译——"宰了我也要白天睡觉"。这应该是个有午睡习惯的同学的杰作！他不知道，孔子是反对午睡的，孔子认为大白天睡觉是浪费时间，不可救药。这位学生可好，"宰了我也要白天睡觉"！估计孔子见了他仍会生出"朽木不可雕"的感叹。

近日读《儒林外史》，读到一个类似情节，分享在这儿。这段故事出自第九回。

娄三、娄四两位公子听了从前的家仆邹吉甫的推介，帮忙把身陷囹圄的杨执中救了出来，并且登门拜访。在一位樵夫的指点下，他们来到了杨执中门前——

两位公子谢了樵夫，披榛觅路，到了一个村子，不过四五家人家，几间茅屋。屋后有两棵大枫树，经霜后枫叶通红，知道这是杨家屋后了。又一条小路，转到前门，门前一条涧沟，上面小小板桥。两公子过得桥来，看见杨家两扇板门关着。见人走到，那狗便吠起来。三公子自来叩门。叩了半日，里面走出一个老妪来，身上衣服甚是破烂。两公子近前问道："你这里是杨执中老爷家么？"问了两遍，方才点头道："便是，你是那里来的？"两公子道："我弟兄两个姓娄，在城里住。特来拜访杨执中老爷的。"那老妪又听不明白，说道："是姓刘么？"两公子道："姓娄。你只向老爷说是大学士娄家便知道了。"老妪道："老爷不在家里。从昨日出门看他们打鱼，并不曾回来。你们有什么说话，改日再来罢。"说罢，也不晓得请进去请坐吃茶，竟自关了门回去了。两公子不胜怅怅，立了一会，只得仍旧过桥，依着原路，回到船上，进城去了。

杨执中这老呆直到晚里才回家来。老妪告诉他道："早上城里有两个什么姓'柳'的来寻老爹，说他在什么'大觉寺'里住。"杨执中道："你怎么回他去的？"老妪道："我说老爹不在家，叫他改日再来罢。"杨执中自心里想："那有什么姓柳的……"忽然想起当初盐商告他，打官司，县里出的原差姓柳。一定是这差人要来找钱。因把老妪骂了几句道："你这老不死，老蠢虫！这样人来寻我，你只回我不在家罢了，又叫他改日来怎的？你就这样没用！"老妪又不服，回他的嘴，杨执中恼了，把老妪打了几个嘴巴，踢了几脚。自此之后，恐怕差人又来寻他，从清早就出门闲混，直到晚上才归家。

这娄家是官宦人家，娄三、娄四的父亲做过"中堂"，在当地自是声名显赫，无奈杨执中家的老妪"又痴又聋"，问她两遍，才能勉强听出来人是打听杨执中家。这老妪听不明白"娄"姓，更听不明白"大学士娄家"。于是，她给杨执中的传话里，将"娄"姓说成了姓"柳"，将"大学士"转成了"大觉寺"。杨执中错误地联想到了衙门的差人，怀疑是来讨钱的，他便把气撒到老妪身上，对其又骂又打。有点儿想不明白吧，娄三、娄四何以会屈尊一次次寻访这样的"名士"！

如果是个儿子，几十个进士、状元都中了

看过《中国诗词大会》的伙伴，估计都记得两位才女、学霸——武亦姝和陈更。她们扎实的积累、敏捷的反应，给观众留下了极为深刻的印象。

这里，我要说的是早武亦姝和陈更两百多年出生的《儒林外史》中的一位学霸，她就是鲁编修家的千金鲁小姐。

这鲁小姐天资聪颖，绝对算得上冰雪聪明。不过，她这个才女跟寻常才女不同，她属于封建社会里少有的知识女性，她熟练掌握了当时八股文的写法。

鲁编修膝下无子，就把鲁小姐当作儿子来教养，五六岁时就给她请了先生，教她读"四五""五经"，十一二岁读文章，把当时写作八股文的名家王守溪的文稿背得滚瓜烂熟，与此同时开始练习八股文的写作。书中写道："到此时，王、唐、瞿、薛以及诸大家之文，历科程墨，各省宗师考卷，肚里记得三千余篇。自己做出来的文章又理真法老，花团锦簇。"难怪做父亲的要不时感叹："假若是个儿子，几十个进士、状元都中来了。"

读到这儿，我就在想，这位鲁小姐，要是生活在当今，她报名参加《中国诗词大会》，那武亦姝和陈更可能都要败北了。

鲁小姐不只记忆力惊人，写作能力也超强。究其成功之道，我觉得除了天资聪颖，父亲教育的得法，还有一个更重要的因素就是主观上勤奋努力。

受当时科举制度的影响，在父亲的教诲下，鲁小姐心无旁骛，将其聪明才智用在了科举事业上："晓妆台畔，刺绣床前，摆满了一部一部的文章，每日丹黄烂然，蝇头细批。"她不仅大量阅读，每天还用红色、黄色墨的蝇头小字批注自己的读书心得。也是受当时风气的影响，她不屑于读诗词歌赋，家里的《千家诗》《解学士诗》之类，她都送给侍女去看。

可惜，在那个时代，鲁小姐是无法参加科考的。她16岁嫁与蘧公孙，

满心想着丈夫不日就能成为少年进士，可这蘧公孙竟无意于功名，妻子出题"身修而后家齐"，他视之为俗事，没有兴趣。最终，对丈夫绝望的鲁小姐，将中举、中进士的希望寄托在了儿子身上。她每晚督促儿子读书到三四更，如果有一天儿子书背得不熟，她会督促其读到天亮。比起当今望子成龙的虎妈，有过之而无不及！读到这儿，我的感觉是这鲁小姐有点儿残忍，她剥夺了儿子无忧无虑的童年。

鲁小姐满腹诗书，但她并不像小说中周进、范进等一个个迂腐的读书人，她的生活能力很强。蘧公孙祖父去世，公孙守丧，小姐一边侍奉守寡的婆婆，一边打理家务，井井有条，亲戚无不称羡。无论是几百年前还是现在，鲁小姐都算得上一个好媳妇。

鲁小姐可能算得上古今第一女学霸了！

编写应试作文的马二先生

《儒林外史》中的马二先生，我们最为熟知的情节应该是他游西湖。跟着马二先生，我们将西湖周遭转了个遍，尽管马二先生没能领略到西湖的美。

但马二先生的出场则比游西湖要早。第十三回里，我们的马二先生出场了。据他自我介绍，他算得上很老的生员了，"补廪二十四年"，偏偏科场不利。为了谋生，这马二先生想到编写应试资料的生计。想想也是，全国人民都热衷于科考，这科考资料应该是比较抢手的。时至今日，吃高考资料饭的人更多，不知他们可知道，这马二先生正是他们这一业的祖先。

那些考生们大抵没想过他们所买资料的编者是何方人氏，要是知道出自科场不利的马二先生之手，或许他们就不会买马二先生精选的考试作文了。

不过，这个马二先生编辑八股范文还是挺用心的，他有着明确的编辑思想。他的八股文写作观是：

文章总以理法为主，任他风气变，理法总是不变。所以本朝洪、永是一变，成、弘又是一变，细看来，理法总是一般。大约文章既不可带注疏气，尤不可带词赋气。带注疏气，不过失之于少文采，带词赋气，便有碍于圣贤口气。所以词赋气尤在所忌。

这马二批文章，也有他一套理念：

也是全不可带词赋气。小弟每常见前辈批语，有些风花雪月的字样，被那些后生们看见，便要想到诗词歌赋那条路上去，便要坏了心术。古人说得好："作文之心如人目。"凡人目中，尘土屑固不可有，即金玉屑又是着得的么？所以小弟批文章，总是采取《语类》《或问》上的精语。时常一个批语要做半夜，不肯苟且下笔，要那读文章的读了这一篇，就悟想出十几篇的道理，才为有益。

可以说，马二先生的八股文写作指导，是切合当时八股文写作实际的。

他也没想着糊弄考生,"时常一个批语要做半夜,不肯苟且下笔",这比后来的匡超人可要用心得多。

马二先生虽说中举无望,但他打心眼儿里拥护科举制度,这一点他跟蒲松龄、吴敬梓可大不相同。马二先生认为当时用文章选拔人才,是"极好的法则","举业二字是从古及今人人必要做的"。他从春秋时代说到战国,再说到汉朝、唐代、宋朝,说历朝历代,都有其科举,通过科举才能做官。他的一番话,点醒了向来淡泊名利的蘧公孙,说得"蘧公孙如梦方醒"。

后来认识了匡超人,他也是如此诲人不倦:"贤弟,你听我说,你如今回去奉事父母,总以文章举业为主。人生世上,除了这事,就没有第二件可以出头。不要说算命、拆字是下等,就是教馆、作幕,都不是个了局。只是有本事进了学,中了举人、进士,即刻就荣宗耀祖。这就是《孝经》上所说的'显亲扬名',才是大孝,自身也不得受苦。古语道得好:'书中自有黄金屋,书中自有千钟粟,书中自有颜如玉。'而今什么是书?就是我们的文章选本了。贤弟,你回去奉养父母,总以做举业为主。就是生意不好,奉养不周,也不必介意,总以做文章为主。那害病的父亲睡在床上,没有东西吃,果然听见你念文章的声气,他心花开了,分明难过也好过,分明那里疼也不疼了。这便是曾子的'养志'。假如时运不好,终身不得中举,一个廪生是挣的来的。到后来,做任教官,也替父母请一道封诰。我是百无一能,年纪又大了。贤弟,你少年英敏,可细听愚兄之言,图个日后宦途相见。"

马二先生的可贵之处在于,他有一副热心肠。县衙差人敲诈蘧公孙,他倾其所有,仗义疏财;骗子洪憨仙去世,他帮着料理丧事;萍水相逢衣衫褴褛的匡超人,他顿起恻隐之心,并送十两银子让其奉养父母。

《儒林外史》中的读书人,马二先生算得上宅心仁厚了。

胡三公子才是吝啬鬼

如果问你：《儒林外史》中著名的吝啬鬼是谁？

你可能会不假思索地回答：严监生！

这样回答应该是正确的，因为严监生临终死不瞑目的那两个指头给大家印象太深刻了。

不过，我倒是觉得，那个严监生真是有些可怜，比起他哥哥严贡生来人品要好许多，偏偏早逝，留下孤儿寡母任严贡生欺凌。并且，我觉得这个严监生也算不得太吝啬。大家记得吧，是他出银子摆平了严贡生的官司，是他很大方地给王德、王仁银子，是他千方百计给妻子王氏治病，是他花了四五千两银子为王氏操办丧事。

我觉得，已故吏部尚书胡老先生的胡三公子才是地道的吝啬鬼。

我们来做个现代文阅读的筛选信息练习：胡三公子是怎样一个人？

一刻到了花港。众人都倚着胡公子，走上去借花园吃酒。胡三公子走去借，那里竟关着门不肯。胡三公子发了急，那人也不理。景先生拉那人到背地里问。那人道："胡三爷是出名的悭吝！他一年有几席酒照顾我，我奉承他？况且他去年借了这里摆了两席酒，一个钱也没有。去的时候，他也不叫人扫扫，还说煮饭的米，剩下两升，叫小厮背了回去。这样大老官乡绅，我不奉承他！"一席话，说的没法，众人只得一齐走到于公祠一个和尚家坐着。和尚烹出茶来。

分子都在胡三公子身上，三公子便拉了景兰江出去买东西。匡超人道："我也跟去玩玩。"当下走到街上，先到一个鸭子店。三公子恐怕鸭子不肥，拔下耳挖来戳戳，脯子上肉厚，方才叫景兰江讲价钱买了。因人多，多买了几斤肉，又买了两只鸡、一尾鱼和些蔬菜，叫跟的小厮先拿了去。还要买些肉馒头，中上当点心。于是走进一个馒头店，看了三十个馒头，那馒头三个钱一个，三公子只给他两个钱一个，就同那馒头店里吵起来。景兰江在旁劝闹。劝了一回，不买馒头了，买了些索面去下了吃，就是景兰江拿着。又去买了些笋干、盐蛋、熟栗子、瓜子之类，以为下酒之物。匡超人也帮着拿些。来到庙里，交与和尚收拾。支剑峰道："三老爷，你何不叫个厨役伺候？为什么自己忙？"三公子吐舌道："厨役就费了！"又秤了一块银，叫小厮去买米。

忙到下午，赵雪斋轿子才到了，下轿就叫取箱来。轿夫把箱子捧到，他开箱取出一个药封来，二钱四分，递与三公子收了。厨下酒菜已齐，捧上来众位吃了。吃过饭，拿上酒来。赵雪斋道："吾辈今日雅集，不可无诗。"当下拈阄分韵，赵先生拈的是"四支"，卫先生拈的是"八齐"，浦先生拈的是"一东"，胡先生拈的是"二冬"，景先生拈的是"十四寒"，随先生拈的是"五微"，匡先生拈的是"十五删"，支先生拈的是"三江"。分韵已定，又吃了几杯酒，各散进城。胡三公子叫家人取了食盒，把剩下来的骨头骨脑和些果子装在里面，果然又问和尚查剩下的米共几升，也装起来，送了和尚五分银子的香资，押家人挑着，也进城去。

胡三公子一行的这次西湖宴集，费用是AA，每人两钱银子，所有费用由胡三公子保管。

他们本来是去一家花园小聚的，但最终去了一个和尚家。为何花园老板不愿接待他们？一句话："胡三爷是出名的悭吝！"这个胡三，借人家场地摆席，临了，不给场地费、座位费不说，"去的时候，他也不叫人扫扫，还说煮饭的米，剩下两升，叫小厮背了回去"。

一个馒头三文钱，他只给馒头店两文钱，为此双方发生了争吵，最终胡三公子改买馒头为挂面了。同伴中有人问为何不叫个厨役帮忙，他的回答是那样就浪费了。堂堂的尚书之子，真是会过日子！（补充一句，这个胡三公子比较爱财，前面差点儿上骗子洪憨仙的当，那可是大当，见第十五回）

从今人光盘行动的角度说，宴集结束胡三公子打包回家无可非议，但是胡三公子毕竟有别于普通百姓，他可是尚书之子啊。非但如此，他还要将剩下的米也让家人挑着回家。打扰人家半日，最终给了和尚五分银子（50文，再加上一文就能买17个馒头了）的香资！

这里有侧面描写，有正面描写，胡三公子的小气、吝啬是不是活脱脱地表现了出来？

我们现在来思考一个问题：说到吝啬，人们为何都记住了严监生，而对这个胡三公子却无人提及？论身份，严监生是乡绅、财主，胡三是诸生，出身官宦，两者分不出轩轾。想来想去，可能还是人物描写中的典型细节起了作用。人之将死，其言也善。严监生，一个家有十万银子的将死之人，还惦记着灯里的两茎灯草而不能瞑目，他那伸着的两个指头使他在中外文学画廊中成了不朽的典型。

跟什么人在一起很重要

《儒林外史》中，匡超人算得上一个重要的角色，占了比较多的篇幅。

匡超人的出场由马二先生带出。第十五回，骗子洪憨仙去世，马二先生送殡回来，在一处茶馆喝茶，看见一位抱着他新选的《三科程墨持运》在读的少年，马二先生走到近前，那少年丢下文章，问他是否要拆字。这少年就是匡超人。他因为家境贫寒，跟着一个卖柴人来省城，在柴行里记账，不料老板生意做砸了，他流落到此，靠替人拆字勉强度日。

听了少年的讲述，天性敦厚的马二先生立马伸出了热情的手，又是管饭，又是劝其读书上进，又是资助盘缠让其回家奉养父母。俩人拜了兄弟，匡超人洒泪告辞，马二先生将其送到江船。

匡超人回到家，一边做生意养家，一边照顾卧床的父亲，比起他哥哥来要能干、孝顺得多。第十六回就讲匡超人非比寻常的孝行、勤奋。他的孝行打动了潘保正，受到知县的重视，22岁的匡超人考取了童生第一。知县还特意将其推荐给了学道。

至此，贫家子弟匡超人侥幸地遇着了他人生路上的三位恩人——马二先生、潘保正、乐清县李知县。读者也在心里庆幸这个青年人的际遇。

孰料节外生枝，乐清县知县被弹劾面临摘印，为避牵连，潘保正劝匡超人出走，并且热心地推荐了在杭州布政司里当差的堂兄弟潘三，让匡超人去寻这个"极慷慨的人"。

第十七回，匡超人旧地重游，其人生一步步发生了根本性变化，他不再是以前的那个孝子，不再是以前那个心地单纯的年轻人。

匡超人在去杭州的路上先是认识了"写诗"的景兰江，接着连带认识了景兰江的一帮同道中人。这帮人的共同点是科场失意，转而附庸风雅，写几句不着调的诗自欺欺人，沽名钓誉，以结交官员为人生最大荣耀。用潘三的话说:"这一班人是有名的呆子。这姓景的开头巾店,本来有两千银子的本钱,一顿诗做的精光。他每日在店里,手里拿着一个刷子刷头巾,口里还哼的是'清明时节雨纷纷',那买头巾的和店邻看了都笑。而今折了本钱,只借这做诗为由,遇着人就借银子,人听见他都怕。那一个姓支的是盐务里一个巡商,我来家在衙门里听见说,不多几日,他吃醉了,在街上吟诗,被府里二太爷一条链子锁去,把巡商都革了,将来只好穷得淌屎!"潘三反对匡超人跟景兰江之流交往。

在文瀚楼,匡超人做起了以前马二先生的差事,所不同者,马二先生批三百篇文章要用两个月,而匡超人只用了六日。他将饭桌上听到的议论稍加敷衍,就成了他选本的序文。

故事继续向前发展。第十九回,匡超人见到了对其人生产生重要影响的潘三。

这个潘三,在衙门里当差,利用职务之便,多方敛财。匡超人自觉地参与了潘三的一些敛财活动,比如制作假公文,比如冒名顶考。匡超人很快有钱了。在潘三的有力支持下,匡超人还成了家。不说潘三的敛财,单就其帮助匡超人致富、成家来说,潘三显然是有恩于匡超人的。后来潘三出事,狱中托人传话,想见匡超人一面,匡超人竟毫不犹豫地拒绝了。我们说他忘恩负义一点儿也不过分。

就在潘三出事,匡超人预感到将有麻烦之时,他又得到了一个好消息,当年发现他的伯乐——乐清县李知县最终无事,还升了京官,捎来书信让其进京。匡超人渡过了难关,还瞒下已成家的事实,娶了李给谏的外甥女。

这时的匡超人已变得恬不知耻,没了人性。第二十回,他跟当初的"诗友"景兰江说话,语气大非从前,信口雌黄。回家开完户籍证明返京的路上,匡超人在船上遇到牛布衣和去参加会试的冯琢庵,他来了顿神吹:"……弟选的文章,每一回出,书店定要卖掉一万部。山东、山西、河南、陕西、北直的客人,都争着买,只愁买不到手。还有个拙稿是前年刻的,而今已经翻刻过三副板。不瞒二位先生说,此五省读书的人,家家隆重的是小弟,都在书案上,香火蜡烛,供着'先儒匡子之神位'。"牛布衣含笑指出了他犯的常识性错误:"先生,你此言误矣!所谓'先儒'者,乃已经去世之儒者,今先生尚在,何得如此称呼?"这个不学无术的匡超人竟然还要红着脸争辩:"所谓'先儒'者,乃先生之谓也!"

一个单纯、不谙世事、孝行感人的小伙子，几年时间，变成了一个大言不惭、恬不知耻、忘恩负义的无耻之徒。我们不得不说，社会是个大染缸，而我们交往的人会在不知不觉中对我们产生重要影响。

我想，当初要是马二先生能预测到匡超人会是这般无耻之人，他会热心相助吗？

匡超人，在一步步变坏的路上，想过当初马二先生的殷切叮嘱吗？他想过父亲临终前的遗言吗？

洪憨仙，你也算骗子

吴敬梓在《儒林外史》中刻画了多位性格鲜明的骗子，我本来想写一篇《〈儒林外史〉中的那些骗子们》，但后来觉得这样会写得比较啰唆，浪费读者时间，现在索性从中选一个出场不多，且还没有造成社会危害的骗子来写一写。

这位骗子叫洪憨仙。

善良的马二先生仗义疏财，解了蘧公孙之困，便身无分文了。他漫无目的地走着，进了"丁仙之祠"，刚想着求签占一卦，不料身后有人呼他姓名，洪憨仙出场了。洪憨仙将其带到寓所，但见四个穿戴整齐的仆役殷勤伺候，小心献茶。这迂腐的马二先生由一首"天台洪憨仙题"的七绝（"南渡年来此地游，而今不比旧风流。湖光山色浑无赖，挥手清吟过十洲。"），屈指一算，竟相信了眼前这个洪憨仙已经活了三百多岁。

马二先生盘缠用尽，急需一个"发财"的活计，洪憨仙居然马上给他指了一条快捷的生财之道：他给了马二先生几块黑煤，让回家"烧起一炉火来，取个罐子把他顿在上面，看成些什么东西"。结果，马二先生烧出了一锭锭细丝纹银！马二先生上街到钱店里验证，是十足的纹银。这下，马二先生有钱了。改天，马二先生去致谢，洪憨仙送了马二先生更多的黑煤，马二先生一天天烧煤，六七天时间竟积了八九十两白银！

一日，洪憨仙说有客来访，约马二先生作陪。这位客人是尚书之子胡三公子，就是我在前文中写过的那个吝啬鬼（见《胡三公子才是吝啬鬼》）。胡三公子有钱癖，想着钱多多益善，于是想从洪憨仙这儿学习"烧银"之法。这胡三公子看着洪憨仙气宇轩昂，仆役轮流献茶，再加上有现场证人——八股文选家马二先生，于是相信了。他让打扫家里花园，以为丹室，说好要订立合同，并且先兑出一万银子作为订金。

接下来，一连几天没了洪憨仙的消息，马二先生去访，洪憨仙竟奄奄一息，不久断气身亡。

原来，那四个仆役并非真的仆役，一个是儿子，两个是侄儿，一个是女婿。这洪憨仙也并非三百多岁的神仙，而是个江湖骗子，66岁。不守本分的洪憨仙成立这么一个骗子公司，貌似生财有道，所谓"黑煤"本就是银子，只是在表面上用煤煤黑了而已。这马二先生终于恍然大悟，洪憨仙结交他，是要钓胡三公子这条大鱼！

马二先生感念洪憨仙的好，用前面所得银子帮忙料理其后事，将剩下的银子给了那四人做盘缠。

比起厚颜无耻、招摇撞骗的张铁臂、牛浦郎，我们分明觉得这个洪憨仙并不可恶。他明明是江湖骗子啊，为何我们并不心生厌恶呢？——他毕竟是个"憨仙"。他非但没有行骗成功的既定事实，客观上反而帮助了困境中的马二先生。再说，就算他行骗成功，受骗者也是那个吝啬鬼胡三公子，不值得我们同情。所以，有情有义的马二才愿意料理其后事，而不是一走了之。

吴敬梓真是一位杰出的现实主义作家，仅就其对江湖骗子的塑造，我们就不得不佩服其对生活细致入微的观察。他让我们知道，骗子这个职业，至少在明清时代就存在了。

娄老爹，《儒林外史》里最会看人的老者

《儒林外史》里的人物虽说多数是为作者所讽刺的，但也不乏作者所肯定或称颂的。作者称颂的人物中，有几位可敬可爱的老者形象，像卜老、牛老、鲍文卿等，他们身上都有着真诚善良的宝贵品质，让人尊敬。相对而言，娄老爹（太爷）更值得我们敬重，小说中危四太爷这样评价娄老爹："真可谓古之君子了！"这位娄老爹严守本分，古道热肠，确实当得起"古之君子"的称号。

别的暂且按下不表，我们来读一读这位老爹的临终遗言——

娄太爷道："这棺木、衣服，我受你的。你不要又拿银子给我家儿子孙子。我在这三日内就要回去，坐不起来了，只好用床抬了去。你明日早上到令先尊太老爷神主前祝告，说娄太爷告辞回去了。我在你家三十年，是你令先尊一个知心的朋友。令先尊去后，大相公如此奉事我，我还有甚么话？你的品行、文章，是当今第一人。你生的个小儿子，尤其不同，将来好好教训他成个正经人物。但是你不会当家，不会相与朋友，这家业是断然保不住的了！像你做这样慷慨仗义的事，我心里喜欢，只是也要看来说话的是个什么样人。像你这样做法，都是被人骗了去，没人报答你的。虽说施恩不望报，却也不可这般贤否不明。你相与这臧三爷、张俊民，都是没良心的人。近来又添一个鲍廷玺，做戏的，有什么好人，你也要照顾他？若管家王胡子，就更坏了！银钱也是小事，我死之后，你父子两人事事学你令先尊的德行，德行若好，就没有饭吃也不妨。你平生最相好的是你家慎卿相公，慎卿虽有才情，也不是什么厚道人。你只学你令先尊，将来断不吃苦。你眼里又没有官长，又没有本家，这本地方也难住。南京是个大邦，你的才情到那里去，或者还遇着个知己，做出些事业来。这剩下的家私是靠不住的了！大相公，你听信我言，我死也瞑目！"

这段话，说得太有见识。娄太爷为人真诚，他接受东家之前给他准备的棺木、衣服，但跟以前一样仍拒绝接受东家另外的馈赠。他知恩图报，心存感激，虽说自己病入膏肓，但不忘让少东家到太老爷神主前祝告。接下来，这位娄老爹对杜少卿及其身边的人做了极中肯的评价。

　　你的品行、文章，是当今第一人。但是你不会当家，不会相与朋友，这家业是断然保不住的了！你眼里又没有官长，又没有本家，这本地方也难住。南京是个大邦，你的才情到那里去，或者还遇着个知己，做出些事业来。

　　臧三爷、张俊民，都是没良心的人。

　　鲍廷玺，做戏的，有什么好人，你也要照顾他？

　　管家王胡子，就更坏了！

　　你平生最相好的是你家慎卿相公，慎卿虽有才情，也不是什么厚道人。

　　或许只有阅人无数，且独具慧眼者，才能下出如此评语吧！《儒林外史》里，最会看人的，当数这位娄老爹！

听杜少卿解读《诗经》

《儒林外史》第三十四回记述了一个学习的场景，其中心话题是杜少卿向迟衡山、马二先生、蘧駪夫、季苇萧、余和声等人谈阅读《诗经》的心得。

杜少卿道："朱文公解经，自立一说，也是要后人与诸儒参看。而今丢了诸儒，只依朱注，这是后人固陋，与朱子不相干。小弟遍览诸儒之说，也有一二私见请教。即如《凯风》一篇，说七子之母想再嫁，我心里不安。古人二十而嫁，养到第七个儿子，又长大了，那母亲也该有五十多岁，那有想嫁之理！所谓'不安其室'者，不过因衣服饮食不称心，在家吵闹，七子所以自认不是。这话前人不曾说过。"迟衡山点头道："有理。"杜少卿道："《女曰鸡鸣》一篇，先生们说他怎么样好？"马二先生道："这是《郑风》，只是说他不淫，还有什么别的说？"迟衡山道："便是，也还不能得其深味。"杜少卿道："非也。但凡士君子，横了一个做官的念头在心里，便先要骄傲妻子。妻子想做夫人，想不到手，便事事不遂心，吵闹起来。你看这夫妇两个，绝无一点心想到功名富贵上去，弹琴饮酒，知命乐天。这便是三代以上修身齐家之君子。这个，前人也不曾说过。"蘧駪夫道："这一说果然妙了！"杜少卿道："据小弟看来，《溱洧》之诗也只是夫妇同游，并非淫乱。"季苇萧道："怪道前日老哥同老嫂在姚园大乐！这就是你弹琴饮酒，采兰赠芍的风流了！"众人一齐大笑。迟衡山道："少卿妙论，令我闻之如饮醍醐。"余和声道："那边醍醐来了！"众人看时，见是小厮捧出酒来。

杜少卿先提出了一个基本观点，就是朱熹解读《诗经》只是一家之言，朱熹原本是要让后来的人将他的解读与其他各家的理解互相参看；后来的人没有理解朱熹的用意，将其奉为圭臬，这是读者的偏颇，跟朱熹无关。杜少卿用简洁的语言概括了当时读书人在阅读《诗经》时的误区。

接下来，杜少卿以三首诗为例，呈现了自己个性化的解读。我们试以第二首为例，来看看杜少卿的解读——

女曰"鸡鸣"，士曰"昧旦"。"子兴视夜，明星有烂。""将翱将翔，弋凫与雁。"

"弋言加之，与子宜之。宜言饮酒，与子偕老。琴瑟在御，莫不静好。"

"知子之来之，杂佩以赠之；知子之顺之，杂佩以问之；知子之好之，杂佩以报之。"

"你看这夫妇两个，绝无一点心想到功名富贵上去，弹琴饮酒，知命乐天。"可以说，杜少卿的理解是生活化的，切合《女曰鸡鸣》的本意。像杜少卿这样，才算体会到《女曰鸡鸣》之美，才算感受到《诗经》之美。

《女曰鸡鸣》如同一幕短剧，全诗通过夫妻对话的形式，表现了和睦的家庭生活以及夫妻间真挚的爱情。女人在催促丈夫起床，丈夫想着再赖会儿床；女人就说，你起来看看天色，启明星很亮了；男人说，我起来后给你去射雁。……透过诗中鸡鸣时的夫妻对话，我们看到了古时候一个恩爱和谐的小家庭的日常生活，饶有情趣。这是一段经典的"诗话"，个人认为它胜过后代好多本"诗话"。

杜少卿对《诗经》中三首诗的解读告诉我们，读书贵在能独立思考，有自己独到的见解。并且，我们不妨效仿古人的生活方式，就像杜少卿一样，享受《溱洧》诗中夫妇同游的快乐（第三十三回有"杜少卿夫妇游山"的精彩描写）。

顺便说一句，吴敬梓真是运用语言的高手。写了这一段经典的"诗话"，最后竟由虚到实，由意念中的"闻之如饮醍醐"，自然过渡到现实中的"那边醍醐来了"。真是达到炉火纯青的境界了。

《儒林外史》中有两只弱智虎

《儒林外史》第三十七回"送孝子西蜀寻亲"、第三十八回"郭孝子深山遇虎"写郭孝子（名力，字铁山）行孝的故事。这个故事有点儿像"二十四孝"中朱寿昌弃官寻母。小说中，这位郭孝子的唯一工作是寻找父亲，找了20年，他的行动得到名士、官员、和尚的鼎力相助。后来，他从南京到西安，再到四川，终于找到了父亲，但父亲至死也不认这个儿子（有人说郭孝子的父亲看破了红尘，我觉得主要原因可能是他不愿让儿子因此受牵连，要知道，他当年做官时可是降过宁王的，有过变节行为，为逃避追究才跑到这儿当了和尚）。吴敬梓很用心地写了郭孝子的故事，读之，我感觉有些离奇，不真实。我只能解释为那个时代的观念下或许有郭孝子的故事吧。

郭孝子深山遇虎的故事读来也感觉荒诞。

正常情况下，孤身一人在大山中遇到老虎，性命自是难保，除非像武松那样有副好身体，有身好武艺。比起我们一般人来说，这郭孝子是习过武的，但从文中看，他的武艺还不足以制服猛虎。有意思的是，吴敬梓竟安排郭孝子两次遇猛虎，并且都有惊无险。

第一次，天色将晚，郭孝子行在深山，望不见村落，碰见一个老者，老者提醒他距离村落还有十几里，这儿夜晚不时有老虎出没，要当心。接下来，小说这样行文——

天色全黑，却喜山凹里推出一轮月亮来。那正是十四五的月色，升到天上，便十分明亮。郭孝子乘月色走，走进一个树林中，只见劈面起来一阵狂风，把那树上落叶吹得奇飕飕的响。风过处，跳出一只老虎来，郭孝子叫声："不好了！"一交跌倒在地。老虎把孝子抓了坐在屁股底下。坐了一会，见郭孝子闭着眼，只道是已经死了，便丢了郭孝子，去地下挖了一个坑，把郭孝子提了放在坑里，把爪子拨了许多落叶盖住了他，那老虎便去了。

郭孝子在坑里偷眼看老虎走过几里，到那山顶上，还把两只通红的眼睛转过身来望，看见这里不动，方才一直去了。……

《儒林外史》的景物描写简洁而生动，像这里写十四五的月亮，"却喜山凹里推出一轮月亮来"，就非常生动。正是在如此美丽的月色下，惊心动魄的一幕出现了。伴随着一阵狂风，一只老虎跳了出来。郭孝子慌了手脚，"一交跌倒在地"。这儿，我们还真看不出郭孝子是习过武的。所幸，老虎并未将郭孝子作为美味，而是挖坑将其藏了起来。我们不能不怀疑这只老虎的智商。郭孝子觉得蹊跷，赶紧上到了树上。果然，三更过后，老虎再次光临，并且还带了一只更厉害的动物：浑身雪白，头上一只角，两只眼就像两盏大红灯笼，直着身子。老虎在坑里没寻到人，顿时慌了，它带来的那头动物一爪就把虎头打掉了。这只怪兽回头一望，看见月光下郭孝子的影子，于是狠命地扑向那棵树，第一次偏离目标，第二次碰到树上一根枯干，戳进了肚皮，最终挂在树上死了。

郭孝子深山遇虎的故事充满童话色彩。故事中，那只弱智虎扮演的是奴仆的角色，负责给怪兽寻找食物；怪兽应该是有神力的，否则不会让老虎臣服于它，并且它一爪就能置老虎于死地，可它居然就能被树上一根干枯的树干结果了性命！不知吴敬梓先生何以能写出这样荒诞的故事。

大概一星期后，郭孝子又一次遭遇老虎——

那日天气甚冷，迎着西北风，那山路冻得像白蜡一般，又硬又滑。郭孝子走到天晚，只听得山洞里大吼一声，又跳出一只老虎来。郭孝子道："我今番命真绝了！"一交跌在地下，不省人事。原来老虎吃人，要等人怕的。今见郭孝子直僵僵在地下，竟不敢吃他，把嘴合着他脸上来闻。一茎胡子戳在郭孝子鼻孔里去，戳出一个大喷嚏来，那老虎倒吓了一跳，连忙转身，几跳跳过前面一座山头，跌在一个涧沟里。那涧极深。被那棱撑像刀剑的冰凌横拦着，竟冻死了。

郭孝子这次遇虎，作者行文比上次简略，但套路相似。先是简洁的景物描写，然后老虎出场，郭孝子叫声不好跌倒在地。所不同者，这只老虎没有挖坑，而是将嘴凑到郭孝子脸上，一茎胡子"戳在郭孝子鼻孔里去，戳出一个大喷嚏来"，把那老虎吓得转身就跑。这儿的描写有点儿像《黔之驴》中老虎第一次听到毛驴叫时的反应。这只老虎逃跑时不慎，跌进山涧，被冻死了。习惯于山林生活的猛兽，竟然是这种结局。这都是什么虎啊！

严重怀疑郭孝子遭遇的不是真老虎，而是吴敬梓想象中的老虎，智商低，本领差。

心理描写的高手

一般认为，西方小说擅长描写人物心理，中国古典小说则长于讲故事。不过，吴敬梓的《儒林外史》中并不乏简洁而传神的心理描写。作者通过人物三言两语的独白，将人物内心世界披露无遗。下面，我们来分析小说第二十回中两处对匡超人的心理描写。

《儒林外史》第十八回的回目中有"访朋友书店会潘三"，第十九回的回目中有"匡超人幸得良朋"，可以看出，吴敬梓是将匡超人与潘三视为朋友的。事实上，潘三在读了堂兄的信后，内心也是高看匡超人的，所以让其参与了造假、冒名顶替等一系列"秘密"行动。匡超人也是通过跟潘三的交往，逐渐改变了自己拮据的处境。

后来，潘三出事了。听到消息，看到"款单"，匡超人"登时面如土色"，真是"分开两扇顶门骨，无数凉冰浇下来"。这时，作者除了通过神态描写表现人物心理外，还有直接的心理描写——

口里说不出，自心下想道："这些事，也有两件是我在里面的，倘若审了，根究起来，如何了得！"

显而易见，匡超人丝毫没有为朋友潘三的处境担忧，更准确地说，匡超人心里并没有把潘三当成朋友。匡超人只想到了自己。潘三最初对匡超人的认识，源于堂兄信中的介绍，"为人聪明，又行过多少好事"。匡超人是聪明，马二先生两个月的工作，他六天就能完成；别人使尽浑身解数勉强凑成的不伦不类的"诗"，他看了一夜《诗法入门》"早已会了"……但潘三的堂兄潘保正没能看出匡超人的本质，潘三也小看了这个"聪明"的匡超人。匡超人的世界里只有他自己。潘三内心，一直是把匡超人当朋友的，身陷狱中，还想着见一见他，并未供出匡超人是同伙。从这件事上看，匡超人的人品要比入狱的潘三差一大截。

我们不得不说，这个匡超人命好，不但潘保正、潘三愿意帮他，八股文选家马二先生愿意帮他，当初在乐清任知县后来调任京城的李给谏更愿意帮他。李给谏负责朝廷考取教习，自然要录取匡超人了。面对李给谏对自己终身大事的询问，正常人肯定会如实作答：已婚。可匡超人自有"超人之处"。作者这样写其心理——

匡超人暗想，老师是位大人，在他面前说出丈人是抚院的差，恐惹他看轻了笑，只得答道："还不曾。"

这里的心理描写，细致入微地刻画出匡超人爱慕虚荣的一面。也正是他"还不曾"的回答，致使李给谏将其外甥女许与他。

匡超人听见这话，吓了一跳。思量要回他说已经娶过的，前日却说过不曾；但要允他，又恐理上有碍。又转一念道："戏文上说的蔡状元招赘牛相府，传为佳话，这有何妨！"即便应允了。

匡超人真会找借口！你怎能跟蔡伯喈比？这样，匡超人娶到了"有沉鱼落雁之容，闭月羞花之貌"的辛小姐。而就在匡超人宴尔新婚之际，结发妻子郑氏因过不惯乡下日子而患病身亡。

仅此两处内心独白，我们便不难看出匡超人自私、虚荣、忘恩负义的本质。我们由此也可以说，吴敬梓称得上是心理描写的高手。

匡太公的临终遗言

吴敬梓在《儒林外史》中描写了四个经典的"弥留时刻"：王冕母亲临终劝王冕将来不要出去做官，严监生因为灯芯里有两茎灯草而迟迟不能瞑目，娄太爷临终向杜少卿吐露肺腑之言，匡太公临终嘱托匡超人。王冕母亲，我在《同读一本书：〈儒林外史〉》中写过，小标题叫"这个母亲不一般"；严监生的故事大家耳熟能详，我在《胡三公子才是吝啬鬼》一文中已提及，这儿不再赘述；娄老爹，我专门写过一篇文章《娄老爹，〈儒林外史〉中最会看人的老者》；今天，我们一起看一看匡太公的临终遗言。

那日，太公自知不济，叫两个儿子都到跟前，吩咐道："我这病犯得拙了，眼见得望天的日子远，入地的日子近。我一生是个无用的人，一块土也不曾丢给你们，两间房子都没有了。第二的侥幸进了一个学，将来读读书，会上进一层也不可知，但功名到底是身外之物，德行是要紧的。我看你在孝弟上用心，极是难得，却又不可因后来日子略过的顺利些，就添出一肚子里的势利见识来，改变了小时的心事。我死之后，你一满了服，就急急的要寻一头亲事，总要穷人家的儿女，万不可贪图富贵，攀高结贵。你哥是个混账人，你要到底敬重他，和奉事我的一样才是！"

就内容而言，匡太公的临终遗言，有点儿像王冕母亲临终的话，都是对儿子的殷切叮嘱。匡太公叮嘱匡超人哪些事呢？其一，功名是身外之物，德行才是要紧的；其二，不可因为将来日子好过就忘了当初的孝悌之心，而生出一肚子的势利见识；其三，寻一门亲事，最好找穷人家的女儿，千万不可贪图富贵；其四，敬重兄长。

匡太公说了，德行是要紧的，但将来的匡超人恰恰在这方面最为欠缺，成了一个恬不知耻的无赖。"人无德不立"，匡超人好像不懂这个道理，他把父亲的叮嘱早忘得一干二净了。乐清李知县被摘印，百姓鸣锣罢市，要留住知县，可受到知县格外关照的匡超人，却觉得是"晦气"，避之唯恐不及；马二先生当初曾帮匡超人改文章、资助他回乡，当冯琢庵问及其编选文章的水平时，匡超人居然说"这马纯兄理法有余，才气不足"，"惟有小弟的选本，外国都有的"；曾帮助匡超人成家立业的潘三爷，最终因黑社会性质而身陷囹圄，潘三在狱中想见匡超人一面，匡超人竟堂而皇之地拒绝了，"潘三哥所做的这些事，便是我做地方官，我也是要访拿他的"……我想不明白，那个潘老爹（保正）为何要一次次地关心、帮助匡超人这个忘恩负义的小人呢？

就形式来说，匡太公的这段话，很好地体现出中国古代白话小说口语化的特点，也显示了作家运用语言的高超艺术。"眼见得望天的日子远，入地的日子近"，比起"大去之日不远矣"之类的表述，要接地气得多；"一块土也不曾丢给你们""就添出一肚子里的势利见识来"又是何等的直观、形象！

螟蛉之子鲍廷玺的跌宕人生

鲍廷玺原名倪廷玺，是家里的老六。父亲倪霜峰20岁上就进了学，做了37年的秀才，据他说，"就坏在读了这几句死书，拿不的轻，负不的重，一日穷似一日"，以修补乐器为业。因为日子过不下去，倪老爹只得把一个个儿子卖往外地，第六个儿子也将面临被卖。这时，鲍文卿回到南京，重操旧业，要修理家中的三弦、琵琶等乐器，于是鲍文卿把倪老爹请到了家里，言谈之间了解了倪老爹的处境，最终倪老爹将第六个儿子过继给了鲍文卿。

虽说鲍廷玺是义子，但鲍文卿比亲生的还疼，送他读了两年书，让其帮自己打理戏班，每日外出应酬都带着他。有一天，鲍文卿邂逅已升任知府的向鼎，向知府念旧，执意将鲍文卿接到自己府上，还给鲍廷玺撮合了一门亲事。可以说，出身穷人家的鲍廷玺遇到了好人家。

鲍廷玺的妻子分娩时因难产死了，这对年轻的鲍廷玺无疑是一次打击。与此同时，向知府升任福建汀漳道，鲍文卿因年老有病不能同行，"鲍文卿同儿子跪在地下，洒泪告辞，向道台也挥泪和他分手"。鲍文卿回到南京，病情加重，不久卧床不起，临终前，将浑家、儿子、女儿、女婿叫到床前，叮嘱："同心同意，好好过日子，不必等我满服，就娶一房媳妇进来要紧。"鲍文卿的去世，将直接改变鲍廷玺以后的生存状况。

鲍文卿去世半年之后，鲍家的戏班教师金次福来家里给鲍廷玺说一门亲事："这人是内桥胡家的女儿。胡家是布政使司的衙门，起初把他嫁了安丰典管当的王三胖。不到一年光景，王三胖就死了。这堂客才得二十一岁，出奇的人才，就上画也是画不就的。因他年纪小，又没儿女，所以娘家主张着嫁人。这王三胖丢给他足有上千的东西：大床一张，凉床一张，四箱、四橱，箱子里的衣裳盛的满满的，手也插不下去。金手镯有两三付，赤金冠子两顶，真珠、宝石，不计其数。还有两个丫头，一个叫做荷花，一个叫做采莲,都跟着嫁了来。你若娶了他与廷玺,他两人年貌也还相合,这是极好的事。"

鲍老太听了金次福一番话,满心欢喜,让她的归姑爷前去打探。归姑爷来到以做媒为业的沈天孚家,却听到了与金次福的介绍截然不同的一个版本——

"这个堂客是娶不得的,若娶进门,就要一把天火!"(连媒人都这样不看好胡七喇子!戏班教师金次福何以那么卖力地推销胡家女儿呢?)

"他原是跟布政使司胡偏头的女儿。偏头死了,他跟着哥们过日子。他哥不成人,赌钱吃酒,把布政使的缺都卖掉了。因他有几分颜色,从十七岁上就卖与北门桥来家做小。他做小不安本分,人叫他'新娘',他就要骂,要人称呼他是'太太'。被大娘子知道,一顿嘴巴子,赶了出来。复后嫁了王三胖。王三胖是一个候选州同(按:金次福说是典当行的掌柜),他真正是太太了。他做太太又做的过了:把大呆的儿子、媳妇,一天要骂三场;家人、婆娘,两天要打八顿。这些人都恨如头醋。不想不到一年,三胖死了。儿子疑惑三胖的东西都在他手里,那日进房来搜。家人、婆娘又帮着,图出气。这堂客有见识,预先把一匣子金珠首饰,一总倒在马桶里。那些人在房里搜了一遍,搜不出来,又搜太太身上,也搜不出银钱来。他借此就大哭大喊,喊到上元县堂上去了,出首儿子。上元县传齐了审,把儿子责罚了一顿,又劝他道:'你也是嫁过了两个丈夫的了,还守什么节。看这光景,儿子也不能和你一处同住,不如叫他分个产业给你,另在一处。你守着也由你,你再嫁也由你。'当下处断出来,他另分几间房子在胭脂巷住。就为这胡七喇子的名声,没有人敢惹他。这事有七八年了,他怕不也有二十五六岁。他对人只说二十一岁。"

由此看来,前文金次福向鲍老太的介绍多有不实。他是受了什么人好处,出于什么动机要撮合这门亲事,小说中未做交代。

按说,鲍家的女婿归姑爷听了沈天孚的介绍,应该阻止这门亲事。但是,不,归姑爷在问清胡七喇子确实有五六百银子后,心里这样想:"果然有五六百银子,我丈母心里也欢喜了。若说女人会撒泼,我那怕磨死倪家这小孩子!"这个女婿还真够狠的,竟然要"借刀杀人"!末了,归姑爷叮嘱沈天孚:"这亲事是他家教师金次福来说的。你如今不管他喇子不喇子,替他撮合成了,自然重重的得他几个媒钱。你为什么不做?"

沈天孚让妻子沈大脚去王太太家说，媒婆沈大脚最初也是摇头的："天老爷！这位奶奶可是好惹的！他又要是个官，又要有钱，又要人物齐整，又要上无公婆，下无小叔、姑子。他每日睡到日中才起来，横草不拿，竖草不抬，每日要吃八分银子药。他又不吃大荤，头一日要鸭子，第二日要鱼，第三日要茭儿菜鲜笋做汤。闲着没事，还要橘饼、圆眼、莲米搭嘴。酒量又大，每晚要炸麻雀、盐水虾，吃三斤百花酒。上床睡下，两个丫头轮流着捶腿，捶到四更鼓尽才歇。我方才听见你说的是个戏子家，戏子家有多大汤水弄这位奶奶家去！"

最终，沈大脚撮合成了这门亲事，她告诉王太太的是，鲍廷玺是举人，家里广有田地，有万贯家私。

王太太进门，对鲍廷玺来说真的是一场灾难。不过，从某种角度来说，王太太也是上当受骗者，她弄明白鲍廷玺的真实身份后，怒火攻心，气成了"失心疯"。

要说，这沈大脚也冤枉，她完全是受人之托。最终，王太太给沈大脚抹了一脸一嘴的屎尿，鲍老太又指着脸骂了一顿。虽说媒人无行，但就这门亲事来说，能怪人家沈大脚吗？明明是鲍家教师金次福的主意，是鲍家老太、归姑爷的愿望。

势利的鲍老太借此将鲍廷玺两口赶出了家门。

就在鲍廷玺前途一片迷茫之际，生活忽然出现了转机。他早年被卖的大哥倪廷珠寻上门来。如今这位大哥在苏州抚院衙门里做幕僚，一年有一千银子的收入。兄弟俩的重逢，给困境中的鲍廷玺带来希望。哪知"荣华富贵，享受不过片时"。倪廷珠因听到妻子去世的消息而大受刺激，溘然离世，鲍廷玺的一线希望也随之幻灭了。

螟蛉之子鲍廷玺的人生，真算得上跌宕起伏了。

听杜慎卿谈诗论人

《儒林外史》第二十九回，杜慎卿出场。

那是春末夏初的一天，天气日渐暖和起来。他穿着浅黄带绿的夹纱直裰，手摇诗扇，脚踏丝履，向我们走来。他"面如傅粉，眼若点漆，温恭而雅，飘然有神仙之概"。他有"子建之才，潘安之貌"，是江南数一数二的才子。他有着显赫的家世，自己又在二十七州县诗赋考试中考了首卷，因此他性格中便多了自负与自傲。那天，他是礼节性地回访诸葛天申，当时在场的还有萧金铉、季恬逸。

杜慎卿随意地从桌上翻出一首诗来，恰是萧金铉春游乌龙潭之作。慎卿点头道："诗句是清新的。"诗作者或许也喜欢这首诗，就不无客套地请慎卿指教，不承想慎卿说出一番令萧金铉"透身冰凉"的话——

杜慎卿道："……诗以气体为主，如尊作这两句：'桃花何苦红如此，杨柳忽然青可怜。'岂非加意做出来的？但上一句诗，只要添一个字，'问'桃花何苦红如此，便是《贺新凉》中间一句好词。如今先生把他做了诗，下面又强对了一句，便觉索然了。"

杜慎卿毫不客气地否定了萧金铉的诗作。

杜慎卿认为，诗歌创作"以气体为主"，须自然，不能硬做，诗不同于词。萧金铉的两句诗恰恰犯了忌讳，是刻意做出来的，所以读起来索然无味。

"问桃花何苦红如此"，经杜慎卿这一改，句子顿时活泼了起来，诗人与景物之间的联系、互动一下子凸显了出来。读之，我们眼前仿佛出现了这样一幕情景：一位书生或女子面对着"灼灼其华"，触景生情。他（她）在赞叹桃花鲜艳，还是感叹人生短暂？

"问桃花何苦红如此"，因为它要珍惜短暂的绽放，不错过每年一次的美丽。

就杜慎卿对"桃花何苦红如此,杨柳忽然青可怜"的解读而言,他是懂得诗心的。仅此而论,他确实称得上名士,有别于娄三公子、娄四公子及其圈子里的所谓名士。

几天后,四人又聚在一处,他们去了雨花台岗儿上。

面对"夷十族处"的一座小碑,杜慎卿发表了一番很有见地的议论——

杜慎卿道:"列位先生,这'夷十族'的话是没有的。汉法最重,'夷三族'是父党、母党、妻党。这方正学所说的九族,乃是高、曾、祖、考、子、孙、曾、元,只是一族,母党、妻党还不曾及,那里诛的到门生上?况且永乐皇帝也不如此惨毒。本朝若不是永乐振作一番,信着建文软弱,久已弄成个齐梁世界了!"

首先,杜慎卿指出了"夷十族"说法的不成立;其次,他为永乐皇帝正了名。杜慎卿认为永乐皇帝并不惨毒,如果不是永乐励精图治,明朝早沦落成衰弱混乱的"齐梁"时代了。针对萧金铉"方先生何如"的提问,杜慎卿仍提出了独到的评价:"方先生迂而无当。天下多少大事,讲那皋门、雉门怎么?这人朝服斩于市,不为冤枉的。"

听惯了人云亦云,再听听杜慎卿有理有据的议论,你是不是觉得耳目一新?联系第八回所写娄三公子、娄四公子常常说的"自从永乐篡位之后,明朝就不成个天下",我们便不难看出,娄三公子、娄四公子的言论更多的是个人牢骚。

无论是谈诗还是论人,杜慎卿都算得上有见地了。

不可学天长杜仪

《儒林外史》中的杜少卿（杜仪），以豪杰见称，但也有人对其为人颇有微词。

杜家的老管家娄老爹临终时说少卿"不会当家，不会相与朋友"，举例说少卿相与的"臧三爷、张俊民，都是没良心的人。……若管家王胡子，就更坏了！"娄老爹所言属实吗？

臧三爷买卖秀才、花钱补廪，张口索要三百银子（正好前不久杜少卿卖掉一处田地得了一千多银子），少卿眉头不皱就答应了。

张俊民，就是在娄三、娄四家用一个猪头骗走五百两银子的张铁臂，想让儿子假冒籍贯应考，一百二十两的捐资，少卿慷慨解囊。

鲍廷玺想组建戏班子，以"家里有个老母亲"需要养活为由向他张口，少卿说："我竟给你一百两银子，你拿过去教班子。用完了，你再来和我说话。"

……

到少卿这一代，他家没有经济来源，家中不可能造出银子，像他这样大手大脚，不坐吃山空才怪呢。所以，娄老爹临终的担忧不无道理。

时任翰林院侍读的高先生，更看不惯杜少卿的行为——

高老先生道："我们天长、六合是接壤之地，我怎么不知道？诸公莫怪学生说，这少卿是他杜家第一个败类！他家祖上几十代行医，广积阴德，家里也挣了许多田产。到了他家殿元公，发达了去，虽做了几十年官，却不会寻一个钱来家。到他父亲，还有本事中个进士，做一任太守——已经是个呆子了，做官的时候，全不晓得敬重上司，只是一味希图着百姓说好；又逐日讲那些'敦孝弟，劝农桑'的呆话。这些话是教养题目文章里的词藻，他竟拿着当了真，惹的上司不喜欢，把个官弄掉了。他这儿子就更胡说，混穿混吃，和尚、道士、工匠、花子，都拉着相与，却不肯相与一个正经人！不到十年内，把六七万银子弄的精光。天长县站不住，搬在南京城里，日日携着乃眷上酒馆吃酒，手里拿着一个铜盏子，就像讨饭的一般。不想他家竟出了这样子弟！学生在家里，往常教子侄们读书，就以他为戒。每人读书的桌子上写一纸条贴着，上面写道：'不可学天长杜仪。'"

这位翰林院侍读的有些观点显然"反动"，趋炎附势，唯利是图，充斥着铜臭味。在他的眼里，做官就是为了"寻钱"；做官要敬重上司，而不能希图百姓说好。他的有些话恰恰给殿元公、给杜太守做了为官清廉的宣传。不过，正如马二先生所说，高先生的话"也有几句说的是"。想想，"不到十年内，把六七万银子弄的精光"！这也太挥金如土，太不知稼穑艰难了吧！难怪那位翰林院侍读将其当成反面教材，让学生在书桌上特别贴一张纸条："不可学天长杜仪。"

杜少卿的洒脱人生

一般认为，杜少卿是《儒林外史》中尤为重要的人物，他身上有作者本人性格和经历的影子。这是个怎样的人物呢？

杜少卿的出场是由杜慎卿引出的。

第三十一回，杜少卿出场前，先是由其堂兄杜慎卿在鲍廷玺面前做了大段介绍。知弟莫如兄，透过慎卿的介绍，读者对少卿形成了如下基本认识：他连纹银成色之类都不懂得，家私不上一万银子，但他习惯大手大脚，只要有人向他诉苦，他就拿出大把的钱让对方用；只要说是见过他家太老爷的，他就极其敬重；他不喜欢别人在他跟前说人做官、说人有钱。

接下来，韦四太爷对慎卿和少卿两兄弟有个比较性的评价："两个都是大江南北有名的。慎卿虽是雅人，我还嫌他尚带着些姑娘气，少卿是个豪杰。"经过这一番铺垫之后，主人公杜少卿正式登场。

臧三爷提议一起会会王知县，杜少卿断然拒绝，足见其不愿攀附达官显贵的真性情。

杨裁缝说母亲得暴病身亡，没有治丧费用，想借"多则六两，少则四两"银子，当时杜少卿拿不出钱，就是说无法帮杨裁缝，但他竟然要通过典当的方式来帮对方："几两银子如何使得？至少也要买口十六两银子的棺材，衣服、杂货共须二十金。我这几日一个钱也没有——也罢，我这一箱衣服也可当得二十多两银子。王胡子，你就拿去同杨司务当了，一总把与杨司务去用。"杜少卿的仗义疏财都发展到打肿脸充胖子的程度了。

第三十二回，着力表现"杜少卿平居豪举"，卖地得来的一千多两银子，转瞬之间所剩无几。以上种种，只有杜少卿做得出来。

第三十三回，杜少卿移家南京秦淮河畔，杜少卿夫妇游清凉山的一幕在全书中很是独特——

又过了几日，娘子因初到南京，要到外面去看看景致。杜少卿道："这个使得。"当下叫了几乘轿子，约姚奶奶做陪客。两三个家人婆娘都坐了轿子跟着。厨子挑了酒席，借清凉山一个姚园。这姚园是个极大的园子，进去一座篱门。篱门内是鹅卵石砌成的路，一路朱红栏杆，两边绿柳掩映。过去三间厅，便是他卖酒的所在，那日把酒桌子都搬了。过厅便是一路山径。上到山顶，便是一个八角亭子。席摆在亭子上。娘子和姚奶奶一班人上了亭子，观看景致。一边是清凉山，高高下下的竹树；一边是灵隐观，绿树丛中，露出红墙来，十分好看。坐了一会，杜少卿也坐轿子来了。轿里带了一只赤金杯子，摆在桌上，斟起酒来，拿在手内，趁着这春光融融，和气习习，凭在栏杆上，留连痛饮。这日杜少卿大醉了，竟携着娘子的手，出了园门，一手拿着金杯，大笑着，在清凉山冈子上走了一里多路。背后三四个妇女，嘻嘻笑笑跟着，两边看的人目眩神摇，不敢仰视。杜少卿夫妇两个上了轿子去了。姚奶奶和这几个妇女采了许多桃花插在轿子上，也跟上去了。

《儒林外史》全书中只有杜少卿能携着娘子的手游清凉山！推而广之，在那个时代，能如杜少卿这般不拘礼法者少之又少，这更显出杜少卿精神世界之可贵。

杜少卿淡泊名利的性格在第三十四回"装病辞官"的选择中表现得格外鲜明。《儒林外史》中那一个个举业迷，考到五六十岁仍然钟情于科举，为的就是有朝一日能金榜题名，能有官做。杜少卿是个例外。听到朝廷派人要征召他去京里做官，他"忙取一件旧衣服、一顶旧帽子，穿戴起来，拿手帕包了头，睡在床上"，这绝非故作姿态，沽名钓誉，而是假戏真做，借此避开朝廷的征召。他的这一抉择常人难以理解，他的娘子大概是理解的，不过还是明知故问，引出少卿一番别样的回答——

娘子笑道："朝廷叫你去做官，你为什么装病不去？"

杜少卿道："你好呆！放着南京这样好玩的所在，留着我在家，春天秋天，同你出去看花吃酒，好不快活！为什么要送我到京里去？假使连你也带往京里，京里又冷，你身子又弱，一阵风吹得冻死了，也不好。还是不去的妥当。"

在杜少卿看来，官场就是一种羁绊，陷身官场意味着失去自由，这与他追求的洒脱人生大异其趣。所以，他才果断而巧妙地回绝了官场的诱惑。这个世界上，确实有不喜欢做官的人，杜少卿就是。

《儒林外史》中的小人

"小人"是个多义词。这里说的"小人"是跟"君子"相对而言的,指喜好搬弄是非、挑拨离间的人。这类人内心卑鄙,不走正道,靠算计别人来充实自己的生活。《儒林外史》第三十六回里,作者写了储信、伊昭两个小人。

新春二月,虞博士栽的一树红梅开了几枝。虞博士懂得分享,他略备薄酒,请知己杜少卿来赏梅。不难想象,红梅树下那对知己谈得何等融洽!他俩与红梅,构成一幅高雅的画。

"少卿,春光已见几分,不知十里江梅如何光景?几时我和你携樽去探望一回。"杜少卿道:"小侄正有此意,要约老叔同庄绍光兄作竟日之游。"

雅人雅事!读到这里,不由心向往之。

可就在此时,两个小人上场了,打断了虞博士与杜少卿观赏十里江梅的话题——

这两人就在国子监门口住,一个姓储,叫做储信,一个姓伊,叫做伊昭,是积年相与学博的。虞博士见二人走了进来,同他见礼让坐。那二人不僭杜少卿的坐。坐下,摆上酒来,吃了两杯。储信道:"荒春头上,老师该做个生日,收他几分礼,过春天。"伊昭道:"禀明过老师,门生就出单去传。"虞博士道:"我生日是八月,此时如何做得?"伊昭道:"这个不妨,二月做了,八月可以又做。"虞博士道:"岂有此理!这就是笑话了!二位且请吃酒。"杜少卿也笑了。

这两个国子监的学生学问如何不得而知,但人品显然成问题。他们大言不惭地怂恿老师如何敛财。他俩的出现,大煞风景,破坏了那幅高雅的画面。

等杜少卿离开,储信、伊昭两个学生与老师间有一番对话,有关杜少卿其人——

杜少卿吃完了酒,告别了去。那两人还坐着,虞博士进来陪他。伊昭问道："老师与杜少卿是什么的相与？"虞博士道："他是我们世交，是个极有才情的。"伊昭道："门生也不好说。南京人都知道他本来是个有钱的人，而今弄穷了，在南京躲着，专好扯谎骗钱。他最没有品行！"虞博士道："他有什么没品行？"伊昭道："他时常同乃眷上酒馆吃酒，所以人都笑他。"虞博士道："这正是他风流文雅处，俗人怎么得知。"储信道："这也罢了，倒是老师下次有什么有钱的诗文，不要寻他做。他是个不应考的人，做出来的东西，好也有限，恐怕坏了老师的名。我们这监里有多少考的起来的朋友，老师托他们做，又不要钱，又好。"虞博士正色道："这倒不然。他的才名，是人人知道的，做出来的诗文，人无有不服。每常人在我这里托他做诗，我还沾他的光。就如今日这银子是一百两，我还留下二十两给我表侄。"两人不言语了，辞别出去。

伊昭先是探底，了解老师与杜少卿的交往。听了虞博士"是个极有才情的"的评价，伊昭竟然还要诽谤，称其"最没有品行"，理由是"他时常同乃眷上酒馆吃酒"。伊昭的造谣没有奏效，他转而说另一层意思，贬低杜少卿，让老师把有钱的工作安排给自己。幸亏虞博士对杜少卿有深入了解，所以才没有听信小人的谗言，他最终的认识仍然是："他的才名，是人人知道的，做出来的诗文，人无有不服。"这样，两个小人算是自讨没趣，悻悻而去了。

虞博士欣赏杜少卿的才情，杜少卿如何看虞博士呢？这之前，虞博士拜访庄征君，庄征君不愿见，杜少卿这样介绍虞博士："这人大是不同，不但无学博气，尤其无进士气。他襟怀冲淡，上而伯夷、柳下惠，下而陶靖节一流人物。"看来，杜少卿和虞博士，他们是惺惺相惜，互相欣赏。

萧云仙:"儒林"外的理想人物

《儒林外史》第四十回重点写的人物是萧云仙,他是作者笔下"儒林"外的理想人物。比较醒目的是,这一回有两处景物描写,都跟萧云仙这一人物有关。

萧云仙的父亲叫萧昊轩,在第三十四回中出现,是随同孙守备解饷进京的,路遇响马,紧急关头萧昊轩拔下一绺头发,把弓续好,手执弹弓,"好像暴雨打荷叶的一般,打的那些贼人一个个抱头鼠窜……"

萧云仙从父亲那儿学得一手好弹子功,逐日苦练。第三十九回,"甘露僧侠路逢仇",这个仇人竟是当年萧昊轩遭遇的响马头目赵大,专吃人脑。萧云仙凭着神奇的弹弓,打瞎响马头目的双眼,救了甘露僧性命。之后不久,松潘卫边关吃紧,朝廷派平少保平乱。萧云仙听父命前往军前效力,平少保让其率五百兵卒作先锋。萧云仙兵分三路,拿下椅儿山,随后夺取青枫城。平乱结束,平少保回京,留下萧云仙修城。萧云仙监督修城三四年,得以竣工。他又督促百姓兴修水利,广植柳树。接下来,有了这一回中第一处景物描写——

到次年春天,杨柳发了青,桃花杏花都渐渐开了,萧云仙骑着马,带着木耐,出来游玩。见那绿树阴中,百姓家的小孩子,三五成群的牵着牛,也有倒骑在牛上的,也有横睡在牛背上的,在田旁沟里饮了水,从屋角边慢慢转了过来。

看着自己治理下春光明媚、百姓和乐的景象,萧云仙心里欢喜。与此同时,这位有责任心的"千总",又想到孩子的教育问题。他对随从木耐说:"你看这般光景,百姓们的日子有的过了。只是这班小孩子,一个个好模好样,也还觉得聪俊,怎得有个先生教他识字便好。"他们拜了流落此处多年的沈先生为师,开了十个学堂,教百姓家略聪明的孩子读书,让人们觉得读书是件体面的事。

不承想，朝廷对萧云仙筑城的开销提出质疑，说青枫一带"烧造砖灰甚便"，流民"充当工役者甚多"，应追回银七千五百二十五两。萧云仙赔完父亲家产，还少三百多两银子。候了五六个月，兵部才兑现了他应天府江淮卫的一个小小守备。难怪武书叹惜："飞将军数奇，古今来大概如此。"那年冬天，萧云仙赴任，途经广武卫，邂逅查夜的木耐。为尽地主之谊，木耐陪萧云仙到广武山阮公祠游玩。这时，小说中又一次出现景物描写——

木耐随手开了六扇窗格，正对着广武山侧面。看那山上，树木雕败，又被北风吹的凛凛冽冽的光景，天上便飘下雪花来。萧云仙看了，向着木耐说道："我两人当日在青枫城的时候，这样的雪，不知经过了多少，那时倒也不见得苦楚。如今见了这几点雪，倒觉得寒冷的紧。"木耐道："想起那两位都督大老爷，此时貂裘向火，不知怎么样快活哩！"

陈美林先生在《谈〈儒林外史〉的景物描写》中对比了王冕观荷与马二先生游西湖的景物描写，认为前者是清新可爱的"活文字"（"苞子上清水滴滴，荷叶上水珠滚来滚去"），后者则是暗淡无光的"烂调"（"一处是金粉楼台，一处是竹篱茅舍；一处是桃柳争妍，一处是桑麻遍野"）。此说有一定道理。依陈先生的观点，此处的景物描写虽文字不多，却很好地烘托了萧云仙内心的无限凄凉，称得上"活文字"。设身处地，萧云仙对木耐说此番话时，心情是复杂的。他此时感觉到的"寒冷的紧"，包含着他对世道的失望甚至绝望。

《儒林外史》中，萧云仙算得上"儒林"之外一个了不起的人物。战场上，有勇有谋；战后治理，劝农重教，给一方百姓带来福音。但就是这样一个人物，非但不能见用于当世，还要赔掉父亲的产业，让当事人绝望，让今天的读者感叹。作者通过前后两处截然不同的景物以及人物不同的心情，揭示了时代的悲剧。

一个人的玄武湖

《儒林外史》第三十四回写了不喜做官的杜少卿之后，又引出书中另一不喜做官的名士，这人便是庄绍光。庄绍光名尚志，绍光是他的字，因受到朝廷征召，故又称庄征君。

庄绍光出身书香门第，用小说中的话说是"南京累代的读书人家"。他十一二岁就会做七千字的赋，称得上神童。小说中，庄绍光出场时已近不惑之年，名满一时。当时的他闭户著书，不肯妄交一人。听说是杜少卿、迟衡山来访，才出来相见。

庄绍光出场之后，即受礼部徐侍郎举荐进京面圣。临行前，面对妻子的疑惑，他说："你但放心，我就回来，断不为老莱子之妻所笑。"他避开应天府的地方官，悄悄地从后门出汉西门去了。

长话短说。皇上在勤政殿接见庄绍光，问"教养之事"，他正要奏对，忽感头顶剧痛，一时难以忍受，只能告诉皇上"容臣细思，再为奏对"。回到下处，除下头巾，原来里面有一只蝎子！他卜了一卦"天山遁"，便就"教养之事"写了十策，并写了"恳求恩赐还山"的申请递了上去。

权臣大学士太保公看出皇上想重用庄绍光，就想着将其拉拢到自己门下，不料庄绍光并不领情："'世无孔子，不当在弟子之列！'况太保公屡主礼闱，翰苑门生不知多少，何取晚生这一个野人？这就不敢领教了。"结果"太保不悦"。接下来，皇上问"这人可用为辅弼么"时，太保便委婉地指出重用庄绍光不合"祖宗法度"。最终，皇上准了庄绍光"还山"的申请，"将南京玄武湖赐与庄尚志著书立说"。这一结果，正是庄绍光最想要的。

回到家，庄绍光见到娘子，笑道："我说多则三个月，少则两个月便回来，今日如何？我不说谎么？"娘子也笑了。读到这一幕，我们是不是很自然地联想起杜少卿携娘子游清凉山的情景？小说中，庄绍光与杜少卿这两位名士有颇多相似之处。

为躲避地方官员的一次次拜访，庄绍光和娘子搬家到了玄武湖。

当年的玄武湖是怎样的模样呢？我们来看吴敬梓的描写——

这湖是极宽阔的地方，和西湖也差不多大。左边台城，望见鸡鸣寺。那湖中菱、藕、莲、芡，每年出几千石。湖内七十二只打鱼船，南京满城每早卖的都是这湖鱼。湖中间五座大洲，四座洲贮了图籍，中间洲上一所大花园，赐与庄征君住，有几十间房子。园里合抱的老树，梅花、桃、李、芭蕉、桂、菊，四时不断的花。又有一园的竹子，有数万竿。园内轩窗四启，看着湖光山色，真如仙境。

皇上能将偌大的玄武湖赐与一名未有功名的读书人，这真是再离奇不过的事！或许，这是吴敬梓的梦想吧！现实生活中是不可能发生的。

接下来，小说进一步写庄绍光和娘子在移家玄武湖后的生活——

一日，同娘子凭栏看水，笑说道："你看这些湖光山色都是我们的了。我们日日可以游玩，不像杜少卿要把尊壶带了清凉山去看花！"闲着无事，又斟酌一樽酒，把杜少卿做的《诗说》，叫娘子坐在旁边，念与他听。念到有趣处，吃一大杯，彼此大笑。庄征君在湖中着实自在。

这是《儒林外史》中最美的景，最惬意的生活。当然，这是作者想象出来的。不过，能有此想象的人，他的精神世界自是丰富无比。

我曾几次去看玄武湖，但一直未将玄武湖与庄绍光联系起来。或许不只是我，好多的人都未在二者之间建立起联系。小说毕竟是小说。

去年暑期去玄武湖，拍过城墙，拍过玄武湖的荷花。这玄武湖，还是庄绍光的玄武湖吗？这荷花，还是庄绍光的荷花吗？

毛二胡子行骗记

《儒林外史》写到的众多人物中，骗子占了比较大的比例，其骗术可谓五花八门。我已写过的《洪憨仙，你也算骗子？》《小牛与老牛斗法，哪个更厉害》，今天再写一个骗子，大家看下毛二胡子是怎样一步步设套，让陈正公心甘情愿上当的。

且说这毛二胡子先年在杭城开了个绒线铺，原有两千银子的本钱，后来钻到胡三公子家做蔑片，又赚了他两千银子，搬到嘉兴府开了个小当铺。此人有个毛病，啬细非常，一文如命。近来又同陈正公合伙贩丝。陈正公也是一文如命的人，因此志同道合。南京丝行里供给丝客人饮食，最为丰盛。毛二胡子向陈正公道："这行主人供给我们，顿顿有肉，这不是行主人的肉，就是我们自己的肉，左右他要算了钱去。我们不如只吃他的素饭，荤菜我们自己买了吃，岂不便宜？"陈正公道："正该如此。"到吃饭的时候，叫陈虾子到熟切担子上买十四个钱的熏肠子，三个人同吃。那陈虾子到口不到肚，熬的清水滴滴。

这段可看作概括介绍。毛二胡子与陈正公，都是"一文如命"之人，志同道合，当时合伙贩丝。从他俩对丝行里提供的饮食的选择中，能看到他俩"精打细算"的性格。

一日，毛二胡子向陈正公道："我昨日听得一个朋友说，这里胭脂巷有一位中书秦老爹要上北京补官，攒凑盘程，一时不得应手，情愿七扣的短票，借一千两银子。我想这是极稳的主子，又三个月内必还。老哥买丝余下的那一项，凑起来还有二百多两，何不秤出二百一十两借给他？三个月就拿回三百两，这不比做丝的利钱还大些？老哥如不见信，我另外写一张包管给你。他那中间人，我都熟识，丝毫不得走作的。"陈正公依言借了出去。到三个月上，毛二胡子替他把这一笔银子讨回，银色又足，平子又好，陈正公满心欢喜。

"啬细非常"的毛二胡子，竟然给陈正公介绍这么好的生意！毛二胡子多方证明这桩生意可靠，"一文如命"的陈正公竟丝毫没起疑心。好在三个月下来陈正公收获了本和利。陈正公第一次尝到甜头，"满心欢喜"。

又一日，毛二胡子向陈正公道："我昨日会见一个朋友，是个卖人参的客人。他说国公府里徐九老爷有个表兄陈四老爷拿了他斤把人参，而今他要回苏州去，陈四老爷一时银子不凑手，就托他情愿对扣借一百银子还他，限两个月拿二百银子取回纸笔，也是一宗极稳的道路。"陈正公又拿出一百银子交与毛二胡子借出去。两个月讨回，足足二百两，兑一兑还余了三钱，把个陈正公欢喜的要不得。

第二次高利贷生意。时间更短，利润更大。陈正公再一次尝到甜头，"欢喜的要不得"。这让我们想到赌场设局，开始先让对方一次次得到好处。

……

那一日，毛二胡子接到家信，看完了，咂嘴弄唇，只管独自坐着踌躇。

不得不说，毛二胡子很会演戏。

陈正公问道："府上有何事？为甚出神？"毛二胡子道："不相干，这事不好向你说的。"陈正公再三要问，毛二胡子道："小儿寄信来说，我东头街上谈家当铺折了本，要倒与人。现在有半楼货，值得一千六百两，他而今事急了，只要一千两就出脱了。我想，我的小典里若把他这货倒过来，倒是宗好生意。可惜而今运不动，掣不出本钱来。"陈正公道："你何不同人合伙倒了过来？"毛二胡子道："我也想来，若是同人合伙，领了人的本钱。他只要一分八厘行息，我还有几厘的利钱。他若是要二分开外，我就是'羊肉不曾吃，空惹一身膻'，倒不如不干这把刀儿了。"陈正公道："呆子，你为甚不和我商量？我家里还有几两银子，借给你跳起来就是了。还怕你骗了我的？"毛二胡子道："罢！罢！老哥，生意事拿不稳，设或将来亏折了，不够还你，那时叫我拿什么脸来见你？"

毛二胡子欲擒故纵，陈正公感觉有利可图，主动找上门来。

陈正公见他如此至诚，一心一意要把银子借与他。

毛二胡子真是个行骗高手，能让被骗的人心悦诚服地送钱给他。

说道："老哥，我和你从长商议。我这银子，你拿去倒了他家货来，我也不要你的大利钱，你只每月给我一个二分行息，多的利钱都是你的，将来陆续还我。纵然有些长短，我和你相好，难道还怪你不成？"

陈正公见钱眼开，根据前文毛二胡子对利润的分析，提出每月"二分行息"。

毛二胡子道："既承老哥美意，只是这里边也要有一个人做个中见，写一张切切实实的借券，交与你执着，才有个凭据，你才放心。那有我两个人私相授受的呢？"陈正公道："我知道老哥不是那样人，并无甚不放心处，不但中人不必，连纸笔也不要，总以信行为主罢了。"当下陈正公瞒着陈虾子，把行箧中余剩下以及讨回来的银子，凑了一千两，封的好好的，交与毛二胡子，道："我已经带来的丝，等行主人代卖。这银子本打算回湖州再买一回丝，而今且交与老哥，先回去做那件事，我在此再等数日，也就回去了。"毛二胡子谢了，收起银子，次日上船，回嘉兴去了。

毛二胡成功地骗取了一千两银子，当事人还蒙在鼓里。

又过了几天，陈正公把卖丝的银收齐全了。辞了行主人，带着陈虾子，搭船回家，顺便到嘉兴上岸，看看毛胡子。那毛胡子的小当铺开在西街上。一路问了去，只见小小门面三间，一层看墙，进了看墙门，院子上面三间厅房，安着柜台，几个朝奉在里面做生意。陈正公问道："这可是毛二爷的当铺？"柜里朝奉道："尊驾贵姓？"陈正公道："我叫做陈正公，从南京来，要会会毛二爷。"朝奉道："且请里面坐。"后一层便是堆货的楼。陈正公进来，坐在楼底下，小朝奉送上一杯茶来，吃着，问道："毛二哥在家么？"朝奉道："这铺子原是毛二爷起头开的，而今已经倒与汪敝东了。"陈正公吃了一惊，道："他前日可曾来？"朝奉道："这也不是他的店了，他还来做什么！"陈正公道："他而今那里去了？"朝奉道："他的脚步散散的，知他是到南京去北京去了？"陈正公听了这些话，驴头不对马嘴，急了一身的臭汗。同陈虾子回到船上，赶到了家。

庆幸陈正公发现得早！当然，更庆幸有凤四老爹这位英雄替他讨债！否则，他真是捡了芝麻丢了西瓜，那可是一千两白银啊！

吴敬梓写毛二胡行骗，写陈正公上当受骗，生活化，接地气。

毛二胡摸准了陈正公爱财的特点，据此设计、实施了一系列骗局。他先是让陈正公尝到小甜头，进而尝到大甜头，从而让对方对自己深信不疑。在此基础上引对方上钩。

陈正公上当受骗，从根本上说是唯利是图导致的。生活中，不少人上当源于贪图便宜，他们忘了天上不会掉馅饼这一常识。

骗子最大的特点是厚颜无耻，脸皮薄的人是无法从事行骗这一行业的。或许，陈正公是将毛二胡子当成朋友的，而毛二胡子则是清醒的，他结交陈正公的唯一目的就是行骗。

骗子可恶，但骗子脸上并没有"骗子"的标签，如何识别骗子进而防止上当受骗也是一门学问。好多人是吃一堑长一智，问题是有时候这一"堑"我们"吃"不起，更有甚者，有的人吃一堑并不能长一智，所以骗子这一行业总是后继有人。

"那一轮红日，沉沉地傍着山头下去了"

《儒林外史》第五十五回在"那南京的名士都已渐渐销磨尽了"的背景下，作者为我们介绍了"市井中间"中的四个"奇人"。

一个是写字的，叫季遐年，自小无家无业，总在寺院里安身。他写得一手好字，但性格比较怪，必须是他情愿时才写，否则任凭王侯将相、大捧的银子送他，他看都不看一眼。

一个是卖火纸筒子的，叫王太，他祖代是三牌楼卖菜的，到他父亲手里穷了，卖掉了菜园子。父亲死后，他每日到虎踞关一带卖火纸筒过活。他自小儿喜欢围棋，其貌不扬的他不经意间下棋赢了"天下的大国手"。众人大惊，要拉他吃酒，他竟头也不回地走了。

另一个是开茶馆的，叫盖宽，他年轻的时候，家里比较有钱，开着当铺，又有田地。他喜欢画画，爱才如命，遇着一些作诗画画的，就留着吃饭喝酒，有人张口，他几百几十地拿给人用。当铺里的伙计看他这样，就舞弊起来，不久生意赔了，再后来卖掉了田产，以至连大房子都卖了。生活无着，他就在僻静小巷寻了两间房子开起了茶馆。后来，有个人家出了八两银子束脩（《儒林外史》中最低标准的束脩，周进当年在薛家集村学的束脩都要十二两呢）请他到家里做馆去了。

还有一个叫荆元，50多岁，在三山街开着一个裁缝铺。每天做完活计，他喜欢弹琴写字。朋友劝他不必做裁缝这个低贱行业，应该多跟读书人交往，他反驳说："至于我们这个贱行，是祖、父遗留下来的，难道读书识字，做了裁缝就玷污了不成？况且那些学校中的朋友，他们另有一番见识，怎肯和我们相与？而今每日寻得六七分银子，吃饱了饭，要弹琴，要写字，诸事都由得我，又不贪图人的富贵，又不伺候人的颜色，天不收，地不管，倒不快活？"这荆元弹琴的技艺可谓炉火纯青，这一回的最后有几句对琴声的描写:"荆元慢慢的和了弦,弹起来,铿铿锵锵,声振林木,那些鸟雀闻之,都栖息枝间窃听。弹了一会,忽作变徵之音,凄清宛转。于老者听到深微之处,不觉凄然泪下。"

这四个奇人,从事的是极平常的职业,他们都各怀绝技,生活却无着落。盖宽曾说:"像我也会画两笔画,要在当时虞博士那一班名士在,那里愁没碗饭吃!不想而今就艰难到这步田地。"这番话从一个侧面说明当时已非虞博士时代可比。他和邻居老爹来到当年盛极一时的泰伯祠,看到的是一片破败景象,这让我们想到《桃花扇》中《哀江南》曲词所描绘的景象。一个朝代进入末世就会这般荒凉破败。

作者为何要在全书最后为这四位俗世奇人立传?大体上说,应该是要表达作者的理想与寄托。这四个人擅长的琴棋书画,恰好代表了中国古代知识分子的高雅情趣。可以说,这正是作者为新一代读书士子设计的人生模式。他们多才多艺,自食其力,不依附于达官显贵,活得洒脱无羁。不过,这只能是作者心造的幻影。幻影终归是幻影,"那一轮红日,沉沉的傍着山头下去了"。从这一意义上说,这一结尾更像是一曲那一时代的挽歌。

向鼎：《儒林外史》中闪耀着人性光辉的官员

如果现在问你：《儒林外史》给你的总体印象是什么？我们不少人的回答可能是辛辣的讽刺。作为中国古代讽刺小说的巅峰之作，它在讽刺艺术上的成就毋庸置疑。不过，《儒林外史》除了讽刺科举制度下的各种怪相，还有更宽泛的内容。吴敬梓除了讽刺，还有歌颂。《儒林外史》中不乏温馨动人的篇章。

还记得五更时分秦老爹为王冕送行吗？记得牛老爹和卜老爹之间的真诚相待吗？记得杜少卿在船上送别虞博士吗？……这里，我们推出《儒林外史》中一位闪耀着人性美的官员向鼎，他与一位戏子之间的情谊感人至深。

向鼎的戏份在《儒林外史》中所占篇幅不多，如果仅是浏览，我们或许会忽略了这位官员的存在。但就做人的境界而言，我们是不能忽略他的。他算得上《儒林外史》中难得的一位闪耀着人性光辉的官员。

向鼎的出场在第二十四回。受前任董知县之托，向知县多少有些偏袒冒名的牛布衣，没有细审牛奶奶状告牛浦的案子。不料这件事传到上司耳中，"说向知县相与作诗文的人，放着人命大事都不问"。就在崔按察司推敲参处向鼎公文之时，有一个对向鼎以后人生产生重大影响的人物出场了，这人便是鲍文卿，当时他是崔按察司门下的一名戏子。鲍文卿并不认识安东县的知县向鼎，但向鼎之名他是熟悉的，他小时候学戏，唱的就是向鼎作的曲子，于是，他说了这番一般戏子说不出来的话，替向鼎求情："这老爷是个大才子，大名士，如今二十多年了，才做得一个知县，好不可怜！如今又要因这事参处了。况他这件事也还是敬重斯文的意思，不知可以求得大老爷免了他的参处罢？"

差一点儿祸从天降，侥幸转危为安。向鼎自是感激千感激万地感激这位素昧平生的鲍文卿。无奈鲍文卿不受他的拜谢，也不接他敬的酒，更不受他赠的银子。在鲍文卿的意识里，向鼎是朝廷命官，而自己是从事卑贱职业的戏子，不能坏了朝廷体统。这样，向鼎只好作罢。

　　鲍文卿第二次见向鼎，完全是一次邂逅，是在十多年后，向知县升为向知府。向知府以"老友"相称，请鲍文卿来自己任所，作主将王总管的女儿许配给了鲍文卿的义子鲍廷玺。一次聚会，向鼎跟同案季守备介绍鲍文卿，听到是"一个老梨园脚色"，季守备脸上"不觉就有些怪物相"，这说明当时的主流社会是瞧不起戏子的。但向鼎不是，他言语之间表达了对鲍文卿由衷的赞赏："而今的人，可谓江河日下。这些中进士、做翰林的，和他说到传道穷经，他便说迂而无当；和他说到通今博古，他便说杂而不精。究竟事君交友的所在，全然看不得！不如我这鲍朋友，他虽生意是贱业，倒颇多君子之行。"向鼎不以出身论品性，这样的官员在那个社会无疑是稀缺的。

　　鲍文卿在向知府的府上待了一年多，身体大不如前，就在这时，向知府荣升福建道台，鲍文卿正好借此辞行，向知府封了一千两银子相谢，鲍文卿不受，向知府说："你若不受，把我当作甚么人！"鲍文卿才勉强收下。向知府叫了一艘大船，置酒送行，彼此洒泪相别。

　　鲍文卿回到南京，没过几月，病势日渐加重，卧床不起，不久撒手人寰。做了福建汀漳道台的向鼎陛见回来，经过南京，想要会会鲍文卿，不料其已经作古。向道台要到灵柩前祭拜，鲍廷玺哭着跪辞，向道台执意走到柩前，叫着"老友文卿！"恸哭了一场，上了一炷香，作了四个揖。然后题写了如下铭旌："皇明义民鲍文卿享年五十有九之柩。赐进士出身中宪大夫福建汀漳道老友向鼎顿首拜题。"一个是道台，一个是戏子，身份悬殊，但"向观察升官哭友"是那般的自然真挚，没有丝毫的勉强。在那样一个等级观念森严的社会，向鼎与鲍文卿之间超越身份的相交，确实难得！

《儒林外史》时代，当家教一年能挣多少钱

《儒林外史》时代，科考之路充满不定数，因为录取比例极低，像周进、范进那样考到五六十岁仍连个秀才资格都无法取得的并非个例，有的考生甚至会考到八九十岁。这些科举迷，在考取功名前日子大多过得很艰难，像倪老爹，20岁进了学，然后做了37年的秀才，"拿不的轻，负不的重，一日穷似一日"，为生活所迫，不得不将一个个儿子卖往他州外府。这倪老爹还有门手艺，就是能修理各种乐器，没有手艺的那些考生如何维持生计呢？如果进了学，有秀才身份，便可以选择在别人家做馆，当家庭教师。大家想过没有，那个时代，当家教一年能挣多少钱呢？

周进，在薛家集设馆，年薪十二两银子。尽管他参加知县主持的童试得过第一名，但毕竟没进过学，就是没有秀才身份，所以年薪较低。就这低微的年薪还极不稳定，不久因为他"呆头呆脑"而失了馆，只能跟姐夫去省城给人家记账过日子。

范进，进学之前"面黄肌瘦，花白胡须，头上戴一顶破毡帽"；侥幸进学后，丈人给他设计的未来是"明年在我们行事里，替你寻一个馆，每年寻几两银子"，在胡屠户的圈子里，家庭教师的年薪貌似更有限，好在范进运气好，不久便中举了。

虞博士，24岁进学，次年去二十里外一家姓杨的人家教书，年薪三十两银子。41岁中举，依旧教馆，书中没有写年薪，想是应该提高标准了吧，毕竟学历提升了。

余特，书里说他是明经先生，即明清时期的贡生，秀才中比较优秀的，他去表弟虞华轩家设馆，年薪四十两银子。

盖宽，《儒林外史》篇末写的市井奇人之一，家道中落后开茶馆，擅长画画，最后去一户人家做馆，束脩八两银子。这个年薪比当年周进的标准还

要低,是因为盖宽无学历,还是彼时经济更不景气?

　　同样做家庭教师,年薪各有不同,这并非吴敬梓先生随意所写,而是有其必然性。年薪的多寡,应该取决于几方面因素:教师的学历、资历,做馆人家的家境,时代的经济状况。

王玉辉的悲剧人生

至少，在《儒林外史》时代，王姓应该已经是一个大姓。吴敬梓《儒林外史》的开篇是王冕的故事，篇末市井四奇人中的围棋高手也姓王，叫王太。

王玉辉的故事出现在小说第四十八回。相比王冕、王太，这个王玉辉确实不是读者喜欢的角色。

余大先生（余特）被任命为徽州府学训导，他带着弟弟走马上任。有一天，"只见外面走进一个秀才来，头戴方巾，身穿旧宝蓝直裰，面皮深黑，花白胡须，约有六十多岁光景"。这来人便是王玉辉。交谈中得知，做了三十多年秀才的王玉辉，在专心做一件事：编写三部书（礼书、字书、乡约书）"嘉惠来学"。看来，王玉辉不像周进、范进那样一直痴心于科考，命运也不如周进、范进那样在人生的晚年忽然柳暗花明，他可能料定自己这辈子终难取胜科场，便另辟蹊径，著书立说。

这一回的主要故事是王玉辉女儿为其夫殉情。

听说三女婿病重，老人家赶了二十多里路来到女婿家。最终女婿病故，女儿竟立誓要随丈夫一同去。听到女儿的离奇想法，身边人有怎样的反应呢？

公婆两个听见这句话，惊得泪下如雨，说道："我儿，你气疯了！自古蝼蚁尚且贪生，你怎么讲出这样话来！你生是我家人，死是我家鬼。我做公婆的怎的不养活你，要你父亲养活？快不要如此！"

王玉辉道："亲家，我仔细想来，我这小女要殉节的真切，倒也由着他行罢。自古'心去意难留'。"

因向女儿道："我儿，你既如此，这是青史上留名的事，我难道反拦阻你？你竟是这样做罢。我今日就回家去叫你母亲来和你作别。"

老孺人道："你怎的越老越呆了！一个女儿要死，你该劝他，怎么倒叫他死？这是什么话说！"

面对女儿的愚昧想法，王玉辉的反应出奇冷静、超然，他就像个局外人，甚至鼓励女儿殉情，说这是"青史上留名的事"！他居然要拿女儿的生命来换取"烈妇"之名！

最终，王玉辉的女儿绝食八日气绝。做母亲的听见，哭得死去活来。王玉辉竟无动于衷地劝道："你这老人家真正是个呆子！三女儿他而今已是成了仙了，你哭他怎的？他这死的好，只怕我将来不能像他这一个好题目死哩！"

女儿如王玉辉所愿成为"烈妇"。看着老妻日日悲恸，王玉辉起了出游的念头，余大先生分别给庄征君、杜少卿、迟衡山、武正字写了信，让王玉辉到南京后拜见。王玉辉的南京之行不是很顺利，要见的人一个也没见到。还好，就在盘缠用尽之际，邂逅朋友之子邓质夫，在其接济下踏上了回家的路。

王玉辉不只是深受封建科举制度的毒害，还深受封建礼教思想的毒害。在这种思想毒害下，面对女儿的殉情，他能做到波澜不惊。从这一意义上说，王玉辉的悲剧超过了那些科举迷们。

《儒林外史》第四十六回读书笔记

《儒林外史》第四十六回的回目名称是"三山门贤人饯别　五河县势利熏心"。从回目名称能看出这一回内容上的明显特点。

这一回的故事发生在两个地方：三山门和五河县。

这一回的线索人物是余大先生。余大先生葬了父母后去南京感谢杜少卿，在杜少卿的河房里邂逅来拜访的汤镇台，汤镇台拜访了杜少卿在南京的朋友圈，庄征君提议做登高会，顺便为虞博士送行。登高会结束，杜少卿送虞博士回来，余大先生收到余二先生的信，余大先生便渡江回家，在虞华轩府上做馆，小说由此展开了对五河县势利风俗的记述。

这一回的内容前后两部分一雅一俗恰成对比。后部分的人物也有正反对比，余大先生、虞华轩代表的是清流，唐二棒椎、姚五爷、成老爹则是五河县势利风俗的代表。

登高会传达出与会人的高雅怀抱。由虞博士"二位老先生当年在军中，想不见此物"，引发了汤镇台、庄征君、迟衡山、杜少卿、武正字等人有关萧云仙不公正待遇的议论，或巧妙用典，或直陈其事，我们在赞叹他们儒雅谈吐的同时，更佩服吴敬梓先生渊博的学识及高超的语言艺术。这是一段非常精彩的文字。

这一回勾连起了前文的不少内容。"至今想来，究竟还是意气用事，并不曾报效得朝廷，倒惹得同官心中不快话，却也悔之无及。"——交代了汤镇台野羊塘完胜，非但没能升迁反而降了三级的原因。"二位老先生当年在军中，想不见此物。"——引发了萧云仙对青枫城六年生活的回忆。"晚生把梨园榜上有名的十九名都传了来。"——联系起了当年杜慎卿、季苇萧莫愁湖定梨园榜的韵事。"不说别的，府里太尊、县里王公，都同他们是一个人，时时有内里幕宾相公到他家来说要紧的话。百姓怎的不怕他！"——

由成老爹这句话，我们是不是能联想起第一回那个胖子的话——"这一回小婿再去，托敝亲家写一封字来，去晋谒危老先生。他若肯下乡回拜，也免得这些乡户人家，放了驴和猪在你我田里吃粮食。""现有一个姓'吉'的'吉'相公下来访事，住在宝林寺僧官家。今日清早就在仁昌典方老六家。方老六把彭老二也请了家去陪着。三个人进了书房门，讲了一天。不知太爷是作恶那一个，叫这'吉'相公下来访的。"——成老爹这句，则跟杨执中家那位又痴又聋的老妪把"大学士"听成"大觉寺"有一比。

这一回里有一个感人的镜头。这一镜头将"三山门贤人饯别"推向了高潮。

那日，叫了一只小舡，在水西门起行，只有杜少卿送在舡上。杜少卿拜别道："老叔已去，小侄从今无所依归矣！"虞博士也不胜凄然，邀到舡里坐下，说道："少卿，我不瞒你说，我本赤贫之士，在南京来做了六七年博士，每年积几两俸金，只挣了三十担米的一块田。我此番去，或是部郎，或是州县，我多则做三年，少则做两年，再积些俸银，添得二十担米，每年养着我夫妻两个不得饿死，就罢了。子孙们的事，我也不去管他。现今小儿读书之余，我教他学个医，可以糊口，我要做这官怎的？你在南京，我时常寄书子来问候你。"说罢和杜少卿洒泪分手。

杜少卿上了岸，看着虞博士的船开了去，望不见了，方才回来。

这是一对知己的送别，送行的人恋恋不舍，被送的人"不胜凄然"。虞博士的一番话耐人寻味，对于做官、对于教子，他是何等的冲淡啊！据此，我们就不能说《儒林外史》中没有好官。

这一回对五河县的势利风俗有生动刻画。姚五爷，明明在虞华轩家吃的中饭，但在唐二棒椎跟前偏要扯谎说是在仁昌典方老六家吃的；姚五爷、唐二棒椎都不相信来访虞华轩的季苇萧是从太守那里来的，他们骨子里认为从太守那里来的人只能去彭老三、方老六家；那个成老爹更是满脑子的市侩思想："大先生，我和你是老了，没中用的了。英雄出于少年，怎得我这华轩世兄下科高中了，同我们这唐二老爷一齐会上进土，虽不能像彭老四做这样大位，或者像老三、老二候选个县官，也与祖宗争气，我们脸上也有光辉。"而就在五河县如此势利的大环境下，虞华轩执意要让余大先生教授自己的儿子，为的是学习余大先生的品行，不做那势利小人。鲜明的对比中更显虞华轩的可贵。

虞博士年表中的纰漏

虞博士的故事主要在《儒林外史》第三十六回"常熟县真儒降生　泰伯祠名贤主祭",后面第三十七回写到主祭泰伯祠,第四十六回写到南京名士为虞博士送行,第四十八回一笔带过交代他去了浙江做官。

下面按小说行文简单梳理一下虞博士的生平年表。

虞博士,应天苏州府常熟县麟绂镇人。出生有传奇色彩,其父未曾进学,以教书为业,人到中年尚无子嗣,夫妇俩到文昌帝君面前求子,得一纸条,上写"君子以果行育德",当下有了娠,十月后诞下虞博士,取名育德,字果行。

虞博士3岁丧母,6岁父亲替他开蒙。

14岁父亲去世,他给祁太公9岁的儿子做先生。

十七八岁,虞博士随常熟云晴川先生习诗文,与此同时跟随祁太公学看风水、算命、挑选吉日、读考卷。

24岁进学,25岁到20里外的杨家村当家庭教师,年薪30两银子。

27岁成家,住祁家;29岁从祁家搬出,在祁家附近寻了4间屋,继续做馆。

32岁,上半年失馆。给郑姓人家看坟地,得银12两;回来的路上救了一寻短见的男子,接济4两银子让其葬埋父亲。下半年继续做馆。年底儿子出生,取名感祁。

以下直到50岁中进士的年表,书中叙述有纰漏。

41岁参加乡试,中举。次年会试,不中。

42岁,跟随常熟康大人到山东,在巡抚衙门代作诗文。过了两年多,第二次参加会试,又不中。回到江南,继续做馆。

三年后,虞博士50岁,进京会试,中进士,殿试在二甲。补南京国子监博士。六七年后,去浙江做官。

（按：虞博士42岁第一次参加会试,第二次应在45岁,第三次应是48岁。小说中写他参加了3次会试,说他50岁中进士,时间跟年龄对不上。可能是作者当初安排这一人物生平时出现了纰漏。设计为43岁参加乡试,调整个别时间词即可）

《儒林外史》中的草蛇灰线法

《儒林外史》在情节结构设计上有其鲜明的特点,好多人注意到的是链状结构。除此以外,我觉得草蛇灰线法也是其情节结构上的突出特点。

比如张铁臂,第一次出场在第十二回,是由权勿用引出的。书中这样写其出场:头戴一顶武士巾,身穿一件青绢箭衣,几根黄胡子,两只大眼睛。他跟着权勿用进了娄府。在娄府他做了件惊天动地的大事,就是用一个猪头骗取了娄公子五百两银子,然后杳无踪影。二娄望眼欲穿,没有等来张铁臂,加上权勿用被人用一条链子锁去(第五十四回借陈木南之口说明是遭人诬陷,这也是草蛇灰线法),二娄从此对招揽"名士"没了信心,而转向"闭门整理家务"。

按说,张铁臂的故事到此就算画了句号,毕竟他不属于主要人物。但是,且慢。小说第三十一回里,我们似曾相识的"大眼睛黄胡子"神不知鬼不觉地来到了天长县的杜少卿府上,以"略知医道"的身份出现:头戴瓦楞帽,身穿大阔布衣服,扭扭捏捏,做些假斯文象。他已改换名字,叫"张俊民"了。娄老爹临终跟杜少卿说了:"你相与这臧三爷、张俊民,都是没良心的人。"本来嘛,张俊民就是个骗子,上次骗了二娄五百两,这次又厚颜无耻地跟杜少卿"要"了一百二十两,解决他儿子的考试问题。

后来,杜少卿移家南京。第三十七回,蓬公孙在杜少卿的河房里巧遇张铁臂,大吃一惊。张铁臂见被人识破,存身不住,只得再回天长。吴敬梓写张铁臂,用了中国古典小说常见的草蛇灰线之法。

我们再看一个更次要的人物——葛来官。

第三十回,杜慎卿策划了莫愁湖大会,给六十多位唱旦角的戏子排了名次,类似于今天说的"选秀",其中灵和班小旦葛来官位列排行榜第二名。后文中,这个葛来官仍有几次出场——

第四十一回，姚奶奶跟沈琼枝的对话中有提及："昨日我在对门葛来官家，看见他相公娘买了一幅绣的'观音送子'，说是买的姑娘的，真个画儿也没有那画的好。"

第四十二回，鲍廷玺将其介绍给了汤大公子："这对河就是葛来官家……那年天长杜十七老爷在这里湖亭大会，都是考过，榜上有名的……"

第四十三回，汤大爷、汤二爷回汤镇台官署，"葛来官听见，买了两只板鸭，几样茶食，到船上送行……"

如此次要人物都能贯穿小说前后文，这使得小说在结构的安排上更加有机，足见作者当初构思之匠心。

不难想象，作者在写作《儒林外史》之初，应该对书中将要登场的这两百余人的故事都做了必要的规划，对其出场的时间也做了必要的安排。正因为这样，我们今天读这部人物众多的小说才感觉井然有序，而不觉得杂乱无章。

跟着吴敬梓写论文

胡适说:"我们安徽的第一个大文豪,不是方苞,不是刘大櫆,也不是姚鼐,是全椒县的吴敬梓。"吴敬梓的伟大在于写出了传世经典《儒林外史》。

众所周知,吴敬梓的《儒林外史》是批判科举制度的讽刺小说,吴敬梓能教我们写论文吗?肯定地说,能!

吴敬梓在《儒林外史》第四十四回里给我们演示了写作论文的思路与方法。

作者在该回里写,五河县的风俗很坏,好多的人势利、没廉耻,唯独余特、余持兄弟俩是例外,他们守着祖宗的家训,闭户读书。但近朱者赤,近墨者黑,至少在寻墓地下葬方面这兄弟俩跟当地村民是一样的想法,所以他们的父母去世十多年,因没有选到合适的墓地,灵柩还停放在家里。

那次余特挣了笔不该挣的钱,回家的路上经过南京,顺路看望了他的表弟杜少卿。贫寒中的杜少卿用庄濯江家送来的端午节礼招待了余特表哥,并约迟衡山、武正字作陪。

余特借这次小聚向在座贤达提及他们县讲究迁葬,因寻地艰难,每每耽误先人不能及时入葬。他问迟衡山、武正字,郭璞之说到底可信不?

余特抛出了论题:如何看待风水之说?

迟衡山首先发言:"只要地下干暖,无风无蚁,得安先人,足矣。那些发富发贵的话,都听不得。"观点很鲜明。他怎样论述观点呢?"小弟最恨而今术士托于郭璞之说,动辄便说:'这地可发鼎甲,可出状元。'请教先生:状元官号,始于唐朝,郭璞晋人,何得知唐有此等官号,就先立一法,说是个甚么样的地就出这一件东西?这可笑的紧!若说古人封拜都在地理上看得出来,试问淮阴葬母,行营高敞地,而淮阴王侯之贵,不免三族之诛,这地是凶是吉?……"迟衡山痛斥术士假借郭璞之说行骗,他主要用的是归谬法，很有说服力。

接下来，武正字则另辟蹊径，讲了施御史家的一件奇事："施御史昆玉二位。施二先生说乃兄中了进士，他不曾中，都是太夫人的地葬的不好，只发大房，不发二房。因养了一个风水先生在家里，终日商议迁坟。施御史道：'已葬久了，恐怕迁不得。'哭着下拜求他，他断然要迁。那风水又拿话吓他说：'若是不迁，二房不但不做官，还要瞎眼！'他越发慌了，托这风水到处寻地。家里养着一个风水，外面又相与了多少风水。这风水寻着一个地，叫那些风水来覆。那晓得风水的讲究叫做：父做子笑，子做父笑，再没有一个相同的。但寻着一块地，就被人覆了说：'用不得。'家里住的风水急了，又献了一块地，便在那新地左边，买通了一个亲戚来说，夜里梦见老太太凤冠霞帔，指着这地与他看，要葬在这里。因这一块地是老太太自己寻的，所以别的风水才覆不掉，便把母亲硬迁来葬。到迁坟的那日，施御史弟兄两位跪在那里，才掘开坟，看见了棺木，坟里便是一股热气，直冲出来，冲到二先生眼上，登时就把两只眼瞎了。二先生越发信这风水竟是个现在的活神仙，能知过去未来之事，后来重谢了他好几百两银子。"武正字则是通过一个反面例子，批驳了风水之说。

至此，如何看待风水之说应该阐述得很有力了。那么，怎样才能刹住五河县这样讲究迁葬的风气呢？杜少卿提出了办法："这事朝廷该立一个法子，但凡人家要迁葬，叫他到有司衙门递个呈纸，风水具了甘结，棺材上有几尺水，几斗几升蚁。等开了，说得不错，就罢了。如说有水有蚁，挖开了不是，即于挖的时候，带一个刽子手，一刀把这奴才的狗头斫下来。那要迁坟的，就依子孙谋杀祖父的律，立刻凌迟处死。此风或可少息了！"如果朝廷接受少卿的建议，我估计没人敢当风水先生了吧！

怎样，提出问题，分析问题，解决问题，思路何等清晰，论证何等有力！吴敬梓用小说的方式手把手地给我们上了一节论文写作指导课。

《儒林外史》阅读策略与评价研究

《儒林外史》自出版到现在算起来已近220年,比起《红楼梦》《水浒传》等古典名著,它受到的关注还不是很充分,跟其成就不是很相称。学界有识之士对这部名著给予了较高评价,但尚未在更大层面得到社会呼应。

《儒林外史》现存最早的刻本是嘉庆八年(1803)的卧闲草堂本。此书前面有闲斋老人的短序。闲斋老人在序中说:"与其读《水浒传》《金瓶梅》,无宁读《儒林外史》!"

一百多年后,钱玄同在《〈儒林外史〉新叙》开头说:"中国近五百年来第一流的文学作品,只有《水浒传》《儒林外史》和《红楼梦》三部书;我常常希望有人将这三部书加上标点符号,分段分节,重印出来,以供研究文学者之阅读。"并且,经过比较,钱玄同认为《儒林外史》"大可以拿他来列入现在中等学校的模范国语读本之中"。钱玄同归纳了《儒林外史》的三层好处,其中第一层为《儒林外史》与《水浒传》《红楼梦》所共有,后两层则为《儒林外史》所独有:①描写真切,没有肤泛语,没有过火语;②没有一句淫秽语;③国语的文学。钱玄同的意思,《儒林外史》的任何一回都可以拿来让中学生读,而《水浒传》和《红楼梦》不是。

与钱玄同同时代的胡适在《吴敬梓传》里说:"我们安徽的第一个大文豪,不是方苞,不是刘大櫆,也不是姚鼐,是全椒县的吴敬梓。"胡适进一步说,"《儒林外史》这部书所以能不朽,全在他的见识高超,技术高明。"

当年在高校讲授过中国小说史的鲁迅在《中国小说的历史的变迁》里说:"讽刺小说从《儒林外史》而后,就可以谓之绝响。"

中国文学研究家夏志清说:"中国古典小说包括《红楼梦》在内,难得如《儒林外史》写出的白话那么纯粹,而能代表中国人的语言。"

以上，是学界对《儒林外史》这部白话小说的比较有影响的评价，无疑是权威的。但《儒林外史》并未走进更多读者的阅读视野。

近年来推出的统编本初中语文教材，第一次将《儒林外史》列入了九年级学生的"必读"书目，这一举措无疑体现出教材编者独到的见识，客观上说也是对钱玄同、胡适、鲁迅等现代学者观点的有力响应。即便如此，不少人仍对《儒林外史》颇有成见，有人认为《儒林外史》所揭示的主题"时代意义有限"，更有人觉得《儒林外史》"语言生涩难懂又拗口"。照此推论，《红楼梦》《水浒传》《西游记》的"时代意义"又在哪里？那显然不及《儒林外史》。而在几部古典名著中，《儒林外史》的语言显然要规范得多，否则钱玄同不会说"大可以拿他来列入现在中等学校的模范国语读本之中"。

《儒林外史》该不该列入九年级学生的"必读"？我想这个问题一百多年前钱玄同早就回答得很清楚了，认真读过这部经典的应该都能认同。现在我们要做的，应该是如何引导学生阅读这部名著，如何有效测评学生的阅读效果。

一、《儒林外史》的阅读策略

1. 知人论世

先说"知人"。

《儒林外史》的创作在很大程度上跟《红楼梦》有点儿像，两位作家都是经历了家庭的巨变，饱尝了炎凉世态后用尽心血完成其不朽之作的。因此，了解作家生平经历，就成了我们走进文本之前必须要做的工作。

吴敬梓出身于科举世家。曾祖兄弟五人有四人中进士，曾祖父吴国对是顺治十五年（1658）殿试第三名（探花），官至翰林院侍读；祖父一辈，吴晟是康熙三十年（1691）殿试第二名（榜眼）；到了父辈逐步中落，父亲吴霖起是个拔贡，曾做赣榆县教谕，是个清贫的学官。吴敬梓18岁考取秀才，29岁赴滁州参加科考，终以"文章大好人大怪"而遭到斥逐，此后再没有参加考试。

吴敬梓少年时代过了几年安逸的读书生活，13岁丧母，23岁丧父。父亲一死，族人欺他两代单传，纷纷来侵夺祖遗财产，他由愤激变为狂放不羁。不几年，由于他的挥霍与乐于助人，致使父亲死时留下的财产消耗殆尽，正如他在《减字木兰花》（其三）中所写："田庐尽卖，乡里传为子弟戒。"33岁时，吴敬梓怀着决绝的感情，变卖了安徽全椒的祖产，移家南京。在南京时他常与当地文人聚会，饮酒赋诗，又联合一批同道修葺雨花台的先贤祠。晚年生活日益贫困，依靠卖文和朋友接济度日，甚至以书易米。冬季寒冷，他和朋友夜间去城外绕城步行几十里，以此取暖，谓之"暖足"。他迁居南京后，用了十五六年的时间，创作了《儒林外史》。

《儒林外史》中的杜少卿、虞华轩两个人物身上就有比较多的吴敬梓的影子，可以说他们两人的原型就是吴敬梓。

再简单说一说"论世"。

小说是对特定历史时期特定人群生活方式的艺术再现，无疑，古人的思维方式、生活状况跟今人不同，尤其是阅读像《儒林外史》这样刻画古代士人生活细节的文学作品，如果你对当时的时代特点一片空白，对生活在当时的人的生活观念一无所知，那么你就很难真正走进作品。

吴敬梓有意把《儒林外史》中的故事假托发生在明代，以类"正史"，而实际上描绘的却是清代广泛的社会生活，从中我们看得出来，科举考试到了明清时期，从内容到形式已趋向僵化，严重地束缚着读书人的思想，于是出现了小说中周进、范进、王惠、王玉辉等一批畸形的读书人。

2. 分门别类

小说的中心任务是刻画人物形象。《儒林外史》人物众多，形象繁杂，全书有两百多个人物，但没有贯穿全书的中心人物，就算是比较重要的人物也往往只出现在有限的几回，次要人物甚至就出现在某一回的某个场景之中。阅读这样的小说作品，我们应该如何把握一个个形象呢？《儒林外史》卧闲草堂本闲斋老人序中有这样一段话："其书以功名富贵为一篇之骨：有心艳功名富贵而媚人下人者；有倚仗功名富贵而骄人傲人者；有假托无意功名富贵，自以为高，被人看破耻笑者；终乃以辞却功名富贵，品地最上一层，为中流砥柱。"这里，闲斋老人对《儒林外史》的主旨做了概括，对其中人物做了分类。小说开篇所写胖子、瘦子和胡子就是"心艳功名富贵而媚人下人者"的代表；从夏总甲到梅玖到王惠到高翰林，我们从下到上看到了一系列"倚仗功名富贵而骄人傲人者"；景兰江、赵雪斋之流自命风雅，便是"假托无意功名富贵，自以为高，被人看破耻笑者"；虞博士、庄征君、迟衡山等，辞却功名富贵，是"中流砥柱"，屹立在《儒林外史》中，也屹立在读者心中。

我们可借鉴这一思路，从不同角度对书中人物进行梳理，分类别整理书中人物图谱，从而把握人物形象，理解作者思想倾向。比如：

从小说题目"儒林外史"出发，我们可将书中人物分为儒林和非儒林两类：儒林是主流，如周进、范进、王德、王仁、杜慎卿、杜少卿等，是作者重点刻画的对象；非儒林是支流，如秦老爹、甘露僧、萧云仙、沈琼枝、凤四老爹、聘娘等，它跟主流合在一起才完整地再现了当时社会的面貌。

儒林中，我们可以根据对科考的热衷程度，将其分为热衷科考和不屑科考的形象：热衷科考的，如周进、范进、王惠等，考了一辈子，这是作者着力批判的人物；不屑科考的，如王冕、杜少卿、庄绍光等，朝廷给官做也千方百计逃避，这是作者肯定的理想人物。

名士中，我们可根据其情操、行为将其分为真名士与假名士：真名士品德高尚，淡泊名利，如虞育德、庄绍光、杜少卿、迟衡山等；假名士"假托无意功名富贵"，实则热衷功名，如杨执中、权勿用、蘧公孙、赵雪斋等。

我们可以根据作者对人物的态度，将其分为正面形象与反面形象：正面形象，如卜老爹、牛老爹、娄老爹、蘧太守、虞育德、庄绍光、杜少卿、迟衡山等；反面形象，如严贡生、胡屠户、王德、王仁、王惠、牛浦郎、潘三、匡超人、张乡绅、宋为富等。

我们也可以根据职业、性格特点将人物分为：科举迷、吝啬鬼、变色龙、习武之人、市井奇人、骗子、官员、艺人、女人、媒人、盐商、妓女、差人、小人等。

……

经过这样的梳理，我们就可以在头脑中大致完成《儒林外史》的人物系列图谱，这将有助于清晰地理解各色人等，有助于理解作品思想倾向。

在此基础上，我们可以安排学生完成一次作业，来强化对《儒林外史》刻画人物的理解：从《儒林外史》中选取一个（一类）你印象最深的人物，写一篇述评。比如，下列选题可以参考：薛家集的村干部；王冕有个好邻居；胖子、瘦子和胡子；科举迷周进的悲喜人生；中国小说中也有条变色龙；张乡绅为何要给范进送一份大礼；考神范进到底有无真才实学；赵氏对王氏的感情是真的吗；《儒林外史》中最无耻之人；胡三公子才是吝啬鬼；洪憨仙，你也算骗子；张铁臂算得上侠客吗；《儒林外史》中的女人们；冰雪聪明鲁小姐；匡超人是怎样变坏的；科考义务宣传员；《儒林外史》中最贪婪无耻的官员；这个秀水差人不一般；娄老爹：《儒林外史》中最会看人的老者；这个世界上也有不喜欢做官的人；小牛与老牛斗法，哪个更厉害；毛二胡行骗记；向鼎：《儒林外史》中闪耀着人性光辉的官员；萧云仙："儒林"外的理想人物；《儒林外史》中的小人；螟蛉之子鲍廷玺的跌宕人生；王玉辉的悲剧人生；你见过这样的"渣男"吗；市井四奇人；等等。

钱玄同在《〈儒林外史〉新叙》中写道："……他描写各人的性情、言语、动作，都能各还其真面目：那地位相差太远的人自不必说，如杨执中和权勿用，娄公子和蘧公孙，杜少卿和迟衡山，虞博士和庄征君……很容易写得相像，他却能够写得彼此绝不相同；又如他描写胡屠户、严贡生、马二先生、成老爹诸人，真是淋漓尽致，各极其妙，而又没有一句不合实情的肤泛语和过火语。闲斋老人的序中说，'篇中所载之人，不可枚举，而其人之性情心术——活现纸上'，这句话，真能道出《儒林外史》之好处。"没有对各色人等从外到内细致的体察，没有一支生花妙笔，就写不出如此丰富多样的人生。《儒林外史》绝非只写了周进、范进两个科举迷，作者对各阶层人物都有精彩刻画，为中国古典文学画廊提供了一系列性格鲜明的人物形象，比如兄弟系列，《儒林外史》写了十几对弟兄，如严贡生与严监生、汤知县与汤镇台、卜诚与卜信等，他们性格各异，读者绝对不会将其混淆。如此多个性鲜明的人物形象，是如何刻画出来的呢？这儿我们单说一说《儒林外史》高超的讽刺艺术。

《儒林外史》刻画人物运用较多的讽刺手法有以下几种：其一，将一个人物前后截然不同的语言和行动相对照，使读者看清其面貌。最典型的语段莫过于写胡屠户在范进中举前后判若两人的表现。其二，通过漫画式夸张，描写人物在特定环境下的表现。最典型的语段是周进在贡院撞号板，痛不欲生；范进听到中举的消息后发疯。其三，让反面人物一本正经地说假话、大话，但作者在不经意间轻轻一笔点出漏洞，让读者会心一笑。匡超人在牛布衣等人跟前吹嘘自己的片段就活画出了匡超人浅薄无知而恬不知耻的吹牛家的嘴脸。这种讽刺艺术，需要我们潜心品味才能感觉出其中的妙处。

在知人论世的基础上，通过分门别类的方式研究《儒林外史》中的一个个人物，我们自会品尝到这部经典的深味，并认可钱玄同"大可以拿他来列入现在中等学校的模范国语读本之中"的观点。

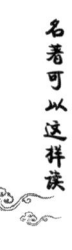

二、《儒林外史》的阅读评价

关注中考的老师应该都注意到了，从2019年开始，中考名著阅读的命题有了明显变化。以前位于"积累运用"板块的名著阅读，有不少考区将其纳入了"阅读"板块。以前的名著阅读，更多是语文试卷上的一种点缀，考查的层级大多停留在识记层面，现在则走向深度阅读。以前的名著阅读赋分是3分到5分，现在一般增加到了8分到12分，南京卷2019年高达20分，安徽卷2020年高达22分！而在名著阅读受到明显重视的近年中考试题中，有一部名著格外受到命题人青睐，那就是《儒林外史》。《儒林外史》是一部好书，其中有太多可挖掘的命题元素。

如何有效检测学生《儒林外史》整本书阅读的效果？

我们先来看课标要求与中考模式。"义教课标"对文学作品阅读的评价建议是"着重考察学生感受形象、体验情感、品味语言的水平，对学生独特的感受和体验应加以鼓励"。综观近年来各地中考对《儒林外史》的测试内容，大致可归纳为三个方面：其一，对名著基本内容的积累与识记；其二，对名著内容的理解与分析；其三，对名著内容、人物、情节等的评价体悟。从题型上说，主要有选择、填空、简答等形式，当然有的考区也会设计一些较为新颖的形式，如2019年浙江绍兴卷采用了表格的形式（见表1）：

表1

作品	类别	人物	类别	人物	思考
《儒林外史》	主要人物	杜少卿 虞育德 严监生	次要人物	娄焕文 郭铁山 胡屠户	在阅读人物众多的小说作品时，对人物进行分类整理有何作用？我的理解：（4）▲
	（1）▲形象	杜少卿 沈琼枝 虞育德	（2）▲形象	牛浦郎 潘三 严监生	
	热衷科考的形象	范进 周进 匡超人	不屑科考的形象	杜少卿 庄绍光 （3）▲	

简答题更能够考查学生思考问题的广度、深度以及表达能力，是当下各地中考名著阅读采取的主要测试形式。

作为课程与教学的重要环节，评价会对教学、学习过程产生回冲效应，作为测试的设计开发者和测试结果的使用者，我们应该追求的目标是，最大限度地发挥测试的积极回冲作用。显而易见的事实是，中考一般都是从整体上着眼，选取书中精彩片段，进行设题，它无法承担起一本整体上"大可以拿他来列入现在中等学校的模范国语读本之中"的名著的阅读指导。如何最大限度地纠正以往不读书、只读简介或提纲的"伪阅读"倾向，让学生的阅读行为真正发生，从而走进名著？几经思考，我们想出了逐回检测这一办法。

事实上，阅读能力的各个层级（a识记、b理解、c分析综合、d赏析评价、e表达应用、f探究）确实各有其最佳测试题型，但我们发现，在选择、填空、简答等题型中，选择题可以对各个层级做考查。于是，我们尝试以每回为一个单位，紧扣文本，出5道选择题（以单选为主）：第1题检索信息，即从文中选出四条重点信息，让学生判定正误；第2题理解文意，对该回重点语句或者篇章的理解；第3题整合、概括、推断信息；第4题鉴赏评价，鉴赏人物形象、环境描写、情节发展，赏析词句、段落、标题的作用，分析线索、语言风格、写作方法等；第5题探究或者拓展类，任选其一。5道题按照"1易—2中—3中—4较难—5难"的梯度确定难易度。

以《儒林外史》第五十五回为例，我们设计的阅读检测是：

1.下列说法跟本回内容不一致的一项是（　　）

A.季遐年自创格调，写得一手好字，要是他不情愿，即使是王侯将相，他连正眼儿都不看。

B.王太擅长围棋，他赢了姓马的天下大国手。

C.盖宽出身贫寒，以开茶馆为生，会画画，最后当了家庭教师。

D.荆元开着裁缝铺，工作之余弹琴写字，还喜欢做诗。

2.下列对本回开头段理解有误的一项是（　　）

A.这段交代了万历二十三年南京的名士渐渐"销磨尽了"的背景。

B.当时风气，但以功名论，以富贵论，不讲究文章好坏，不在乎品行高低。

C."无非讲的是……""又不过……"表达了作者对趋炎附势世态的批判，对贫贱读书人专心治学的肯定。

D.末句引出本回重点内容——写市井四个奇人的故事。

3.下列推断不正确的一项是（　　）

A.季遐年要是脾气好点儿，凭他的一手好字，不至于寄身天界寺混饭吃。

B. 荆元以裁缝为业，业余弹琴写字，但他不愿意与学校里的人交往，因为他觉得自己从事的职业卑贱，学校里的人也不愿意与他交往。

C. 盖宽和邻居老爹来到当年盛极一时的泰伯祠，看到的是一片破败景象，这让我们想到《桃花扇》中《哀江南》曲词所描绘的景象，一个朝代进入末世就会这般荒凉破败。

D. 盖宽曾说："像我也会画两笔画，要在当时虞博士那一班名士在，那里愁没碗饭吃！不想而今就艰难到这步田地。"这番话说明在虞博士的时代，像盖宽这样有一技之长的人不会因为生活无着而发愁。

4. 下列对本回内容或写法鉴赏有误的一项是（　　）

A. "你是何等之人，敢来叫我写字！我又不贪你的钱，又不慕你的势，又不借你的光，你敢叫我写起字来！"季遐年找上门对施乡绅的这番大骂，说明他为人傲慢，自以为是。

B. "天下那里还有个快活似杀矢棋的事！我杀过矢棋，心里快活极了，那里还吃的下酒！""说毕，哈哈大笑，头也不回就去了。"作者通过语言神态及动作描写，写出了一个洒脱不羁的棋坛高手形象。

C. "那一轮红日，沉沉的傍着山头下去了。"这是简洁的景物描写，读者由这句景物描写还能产生联想，想到一个时代的结束。

D. "荆元慢慢的和了弦，弹起来，铿铿锵锵，声振林木，那些鸟雀闻之，都栖息枝间窃听。弹了一会，忽作变徵之音，凄清宛转。于老者听到深微之处，不觉凄然泪下。"作者通过写鸟雀的反应、于老者的感动，从侧面表现出荆元弹琴的技艺可谓炉火纯青。

5. 下列对作者在全书最后为四位俗世奇人立传的用意探究不正确的一项是（　　）

A. 这四个奇人，从事的是极平常的职业，他们都各怀绝技，生活却无着落，作者形象地告诉我们，只有改变生活方式生活才能发生改观。

B. 这四个人擅长的琴棋书画，恰好代表了中国古代知识分子的高雅情趣，可以说，这正是作者为新一代读书士子设计的人生模式。

C. 四位奇人多才多艺，自食其力，不依附于达官显贵，活得洒脱无羁，这表达了作者的理想与寄托。

D. 这是作者心造的幻影，这一结尾更像作者为那一时代唱的一曲挽歌。

第1题概述了第五十五回所写市井四位奇人的基本情况，只要在文本中一经检索就会发现选项C与本回内容的叙述不一致，盖宽年轻时家里很有钱，开着当铺，又有田地，又有洲场。后来因为不善经营，败落了。所以说"盖宽出身贫寒"就错了。

第2题考查对开头段的理解，前三个选项是对内容的检测，选项D是对其作用的分析。选项C中"无非讲的是……"显然是批评世人的趋炎附势，而"又不过……"一句并非对贫贱读书人专心治学的肯定，而是批判"贫贱儒生"一门心思在"揣合逢迎"科考之事。

第3题选项B推断的前提错了，荆元安心于祖、父遗留下来的职业，觉得"每日寻得六七分银子，吃饱了饭，要弹琴，要写字，诸事都由得我……天不收，地不管，倒不快活？"所以不能说"他觉得自己从事的职业卑贱"。

第4题考查鉴赏评价，涉及人物语言、动作分析，景物描写作用分析，侧面描写分析。选项A"说明他为人傲慢，自以为是"错，应该是说明季遐年不屈从于富贵。

第5题探究作者在全书结尾为四位俗世奇人立传的用意，选项A"只有改变生活方式生活才能发生改观"理解表面化，作者为市井四奇人总产值，从根本上说隐含了对当时社会的批判。

答对这5道选择题的前提是读懂该回文本。要是答错了，同学们也可借助选项的表述纠正自己对文本理解的偏差。

以上就《儒林外史》的阅读策略及测评方式做了粗线条阐述。最后还有一个问题简单提一下，就是阅读进度的规划。学生在学校需要完成多门功课的学习，要安排整段的空闲时间集中阅读《儒林外史》似不现实，阅读时间的合理的规划很有必要。有人说，"若时间允许，也可以用一个周末集中精力先完成全部阅读，以便对作品形成比较好的整体感觉"，这种规划明显急于求成，不现实，也不可能。像《儒林外史》这样的经典，我们必须采取精读的方式，方能保证读有所获。

参考文献

[1] 吴敬梓.儒林外史[M].南京：凤凰文艺出版社，2017.

[2] 吴敬梓.儒林外史[M].武汉：崇文书局，2018.

[3] 鲁迅.鲁迅全集（9）[M].北京：人民文学出版社，2005.

[4] 吴敬梓.儒林外史[M].杭州：浙江文艺出版社，2017.

［5］中华人民共和国教育部制定.义务教育语文课程标准（2011年版）［S］.北京：北京师范大学出版社，2011.

［6］吴欣歆.培养真正的阅读者——整本书阅读之理论基础［M］.上海：上海教育出版社，2019.

［7］吴敬梓.儒林外史［M］.北京：人民教育出版社，2018.

《三国演义》：
历史的天空闪烁几颗星

"温酒斩华雄"的写作启示

"温酒斩华雄"是罗贯中在《三国演义》中推出的第一个精彩故事。

斩华雄这件事，就关羽个人来说，是他一生战斗历史的开端，这以后他斩颜良、诛文丑、过五关斩六将，不断地斩将立功，声名大振；就这次战争的意义来讲，这一胜利大大打击了董卓的嚣张气焰，为联军进入汜水关，大破虎牢关打开了胜利之门，董卓因此不得不从洛阳迁都长安。

关羽温酒斩华雄之前的形势是这样的：十七路诸侯响应曹操的号召，公推袁绍为盟主，以长沙太守孙坚为先锋，联合讨伐董卓。联军兵进汜水关，首次交锋，遇上了董卓的部将华雄。华雄此人身长九尺，虎体狼腰，豹头猿臂，十分骁勇，第一阵就刀劈了诸侯军的部将鲍忠，接着又赶得先锋孙坚走投无路，连头上的帽子都做了敌人的战利品，部将祖茂被其砍于马下。战到天明，华雄引兵上关。联军这边，先锋孙坚由于折了祖茂"伤感不已"，盟主袁绍束手无策，只好聚众商议退敌之策。正当此时，华雄再次下关，用长竿挑着孙坚赤帻来寨前搦战。袁术的骁将俞涉、太守韩馥手下的上将潘凤先后应战，都被华雄斩了。

正是在华雄所向披靡、联军无计可施之时，主人公关羽闪亮登场。

关羽斩华雄，本是一个战斗英雄斩将立功的战斗场面，一般的写法无外乎大写特写战场情景，罗贯中是怎么写的呢？这给了我们怎样的写作启示呢？

罗贯中没有直接写战场，而是着意写会场，把战场放在会场的后面来写。"众诸侯听得关外鼓声大振，喊声大举，如天摧地塌，岳撼山崩，众皆失色。正欲探听，鸾铃响处，马到中军，云长提华雄之头，掷于地上。"有了前番华雄不费吹灰之力连砍联军将领的战绩，众诸侯对云长此去应该大多没抱什么希望。所以，不难想象，听着关外"鼓声大振，喊声大举，如天摧地塌，岳撼山崩"，众诸侯"失色"理所当然。这种实写会场、虚写战场的艺术手法，在有限的篇幅里增加了作品的容量。这几个四字短语从侧面有力地渲染了关羽温酒斩华雄的英雄气概。作者没有直接描写关羽的武艺如何高强，甚至连他跟华雄交战的具体情形都一字不提，而是着意渲染华雄的勇不可当，众诸侯的惊恐失色，这种侧面烘托的写法取得了正面描写难以取得的表达效果。

同样一件事，不同的人往往有不同的态度、反应。华雄咄咄逼人，十七路军的统帅一个个傻眼了。就在他们束手无策之际，关羽挺身而出。袁绍除了问是何人，还不忘问"现居何职"。听到是县令的马弓手后，袁绍的弟弟袁术不干了："汝欺吾众诸侯无大将耶？量一弓手，安敢乱言！与我打出！"袁绍也觉得"使一弓手出战，必被华雄所笑"。多亏曹操斡旋，主张"得功者赏，何计贵贱乎"，这才有了温酒斩华雄的著名故事。从这一故事中我们能读出袁绍、袁术等人以门第和出身看人的势利与浅薄，也能读出曹操识人爱才的政治家的风度，这是对比写法的效果。

作者在讲述"温酒斩华雄"这一故事时，还插入了一个经典的细节，那便是"一杯酒"。曹操教酾热酒一杯，与关公饮了上马，这是壮行酒。关公自信地回答："酒且斟下，某去便来。"等关羽斩了华雄的头到来，"其酒尚温"。这算得中外文学名著中独有的一杯酒，它形象地表明了关羽作战神速、武功盖世，斩华雄是那样的轻而易举！

"温酒斩华雄"这一故事的魅力，有赖于作家恰到好处地使用了侧面烘托的笔法，有赖于作家运用了对比描写的笔法，有赖于作家独创性地使用了"一杯酒"这一细节描写。这些正是作品给我们提供的写作启示。

《捉放曹》主人公陈宫的命运

《捉放曹》是古典名著《三国演义》中的一个著名故事，故事的主人公叫陈宫。

曹操夸下海口要行刺董卓，董卓身材胖大，不是很好下手，失去机会的曹操只能将计就计，把王司徒的宝刀献给了董卓。曹操以试马的名义，骑上吕布挑来的西凉快马逃出城外。经过中牟县时，被守关军士擒获。时任中牟县令的正是陈宫。

当时董卓"遍行文书，画影图形，捉拿曹操"：捉到曹操者，赏千金，封万户侯；窝藏者同罪。陈宫县长既然捉得曹操，升官发财的大好机会就在眼前，但听了曹操一番慷慨陈词，陈县长非但没将曹操解去请赏，反而放了曹操，并且愿意放弃县令身份，跟着曹操亡命天涯。曹操究竟说了什么话打动陈县长呢？——

"吾祖宗世食汉禄，若不思报国，与禽兽何异？吾屈身事卓者，欲乘间图之，为国除害耳。今事不成，乃天意也！""吾将归乡里，发矫诏，召天下诸侯兴兵共诛董卓：吾之愿也。"

听了曹操的话陈宫不由得称赞："公真天下忠义之士也！"看得出来，陈宫也是位忠义之士。

他俩逃到成皋地界，天色已晚，正好曹操父亲的结拜兄弟吕伯奢家就在那儿。两人赶紧进了伯奢家。伯奢安顿下后出门沽酒。就在这时，有点儿像惊弓之鸟的曹操听到磨刀之声，又听到"缚而杀之，何如"的话，于是不假思索地杀了伯奢一家八口。当曹操和陈宫看到厨下被缚的一头猪时，陈宫意识到由于曹操的多心致使他们犯了错误。两人出庄上马而行，半路遇到打酒回来的伯奢，伯奢纳闷"贤侄"的离去，曹操却出其不意一剑砍杀了伯奢。陈宫大为不解。曹操的逻辑是："伯奢到家，见杀死多人，安肯干休？若率众来追，必遭其祸矣。""宁教我负天下人，休教天下人负我。"这简直是彻头彻尾的冷血动物！陈宫悔不当初：我将曹操当成忠义之士，弃官跟着他逃亡，哪知"操卓原来一路人"！就在陈宫举刀要杀死睡着的曹操之时，他变了主意："我为国家跟他到此，杀之不义。不若弃而他往。"陈宫不等天明，只身离开了曹操。

要是陈宫当初将曹操押送官府，陈宫和曹操的命运固然要重写，恐怕三国的历史也要改写！要是陈宫发觉曹操跟董卓是一丘之貉而在那个夜里杀死了曹操，三国的历史也要改写！当然，这只是假设，历史已经成为历史，是无法通过假设来改写的。今天的我们看《捉放曹》，会生出许多遗憾，尽管陈宫在历史上没有曹操名气大，但历史地看，他原本是可以改写历史的人。

离开曹操后的陈宫，做过东郡太守乔瑁的从事，投奔过陈留太守张邈，后来主要做吕布的参谋。

徐州太守陶谦，为人温厚纯笃，本想着要跟曹操套近乎，所以曹操父亲曹嵩一行经过徐州时陶谦热情接待，并且派部下护送，不承想陶谦所派头领张闿乃是投降过来的"黄巾余党"，半途竟杀了曹嵩全家，抢了所有财物。曹操闻说，大怒，发誓要"洗荡徐州"，为父报仇。"操令但得城池，将城中百姓，尽行屠戮，以雪父仇"，显然曹操是有些疯狂了。陈宫与陶谦交情不浅，听到此消息后连夜来见曹操。曹操并不给陈宫面子："公昔弃我而去，今有何面目复来相见？陶谦杀吾一家，誓当摘胆剜心，以雪吾恨！"

陈宫辅助吕布后，曾一次次献计，无奈吕布逞匹夫之勇，动辄一句"吾怕谁来"，"遂不听宫言"，丧失一次次大好机会。不得不说，上天给了吕布好多机会，但他错失了这些机会，最终成为曹操的阶下囚。

曹操本不想杀陈宫，就是说陈宫有活命的机会，但他选择了从容就死。临刑前，他谴责曹操"心术不正"，恨吕布"不从吾言"。他用掷地有声的语言，用蹈死不顾的行动，为自己的人生画上了令世人赞叹的句号。

我一直觉得，陈宫慷慨赴死，是《三国演义》中感人至深的一幕。

大将军何进为何死于非命

堂堂一国大将军，竟被几个太监算计，身首异处，你信吗？《三国演义》的作者用一首诗概括大将军何进的人生：

> 汉室倾危天数终，无谋何进作三公。
> 几番不听忠臣谏，难免宫中受剑锋。

第一句交代何进生活的时代，第二句概括何进的性格特征及位高权重，第三、四句是何进的结局。循着这首诗，我们来看下大将军何进为何招致杀身之祸。

何进出身卑微，他最初的职业跟《儒林外史》中的胡屠户一样，是杀猪的。因其妹入宫为贵人，生了皇子刘辩，升级为皇后，何进也飞黄腾达起来。难怪董太后跟何皇后吵架时骂何皇后："汝家屠沽小辈，有何见识！"董后内心是看不起何皇后，看不起何进的。

因何进出身屠户，后来竟一步步做到大将军，所以我们可叫他"杀猪大将军"。或许跟其出身有关，何进其人的最大特点是"无谋"，作者还说"进本是没决断之人"。我们可以通过将何进与宦官对比，与曹操、袁绍、陈琳等对比，来了解何进的"无谋"和"没决断"。

灵帝病笃，董太后劝皇帝立幼子刘协为太子，中常侍蹇硕献上计谋："若欲立协，必先诛何进，以绝后患。"皇帝同意了，"宣进入宫"。这次，如果不是司马潘隐通风报信——"不可入宫。蹇硕欲谋杀公"，何进就已性命不保。

时任典军校尉的曹操见识在何进之上，他能提出"今日之计，先宜正君位，然后图贼"的建议，但何进认为"汝小辈安知朝廷大事！"

蹇硕已死，司隶校尉袁绍对何进说："中官结党，今日可乘势尽诛之。"

多好的提议啊！但狡猾的张让之流花言巧语，说动了何后，愚昧的何后竟为张让说话，何进相信了何后的话。尽管袁绍警告："若不斩草除根，必为丧身之本。"何进就是听不进去。事态的发展、事件的结局正如袁绍预料。

张让之流依附的董太后被何进逐出国门最终药死，张让、段珪马上用"金珠玩好"来巴结何进的弟弟何苗，让其在何后面前"善言遮蔽"，于是张让他们又一次金蝉脱壳。

袁绍意识到宦官的危害，引经据典，再一次劝何进当机立断，铲除宦官。听到消息的张让慌了，赶紧贿赂何苗。就在何进迟疑之时，何苗已与何后达成一致意见，为十常侍说话。何苗、何后真的是愚昧到极点，其短视行为跟其兄长的愚昧有一比！何进又一次丧失了除掉十常侍的大好机会！

无奈的袁绍给何进出了个"召四方英雄之士，勒兵来京，尽诛阉竖"的主意，这下何进采纳了，认为"此计大妙"，但这显然是引狼入室，主簿陈琳富有远见地指出了此计的不当：凭着何进当时大将军的身份，杀几个宦官，"如鼓洪炉燎毛发耳"；从京外调兵非但无济于事，反而会生出祸乱。无奈何进听不进劝说。

接到密诏的董卓大喜过望，点起军马，浩浩荡荡开向洛阳。朝廷中有远见的大臣意识到问题的严重，纷纷劝谏何进。

侍御史郑泰曰："董卓乃豺狼也，引入京城，必食人矣。"

卢植曰："植素知董卓为人，面善心狠；一入禁庭，必生祸患。不如止之勿来，免致生乱。"

"无谋"的何进哪里听得进他们的话！张让等听到何进招来董卓，则想先下手为强，意欲通过何后宣大将军进宫之时下杀手。陈琳、袁绍、曹操判断出十常侍的阴谋，狂妄的何进"笑曰"："此小儿之见也。吾掌天下之权，十常侍敢待如何？"最终，杀猪大将军用性命为其"无谋"、狂妄买了单。

这场外戚与宦官的激烈斗争，以何进的身首异处而终结。本来，身为大将军的何进可以凭着压倒性优势除掉十常侍，但他却死在十常侍埋伏的刀斧手手里，让人感叹！究其原因，何进是死于自己的"无谋"，死于自家弟、妹的短视，死于听不进袁绍、陈琳等的建议，死于十常侍的狡猾。"无谋"，再加上不能听取正确的建议，焉能不败！

罗贯中怎样写董卓之死

秉承着"好人更好,坏人更坏"的创作原则,《三国演义》的作者把董卓写成了十恶不赦之徒。《三国志》中叙述的董卓"少好侠""有才武",立下战功后所得赏赐"卓悉以分与吏士",在《三国演义》中是找不到的。我们在《三国演义》中读到的董卓,除了身材肥大,其性格核心词就是残忍暴虐。

为增强故事的可读性,罗贯中在小说中添加了不少花边材料,最有名的当是王司徒用美人计离间董卓与吕布的关系,最终吕布一戟刺死董卓。这一故事扣住"英雄难过美人关"这一人性特点来设计,有其合理性。

董卓废了在位四个月的少帝,立了9岁的陈留王刘协,即汉献帝,自为相国。董卓从此跋扈到了极点,借机派人杀了少帝及妃子、何太后,杀了汉末忠臣伍孚。有道是物极必反,董卓的暴行激起了王允等旧臣的不满,在曹操献刀败露后,王允精心设计了针对董卓的美人计。这里,着重说一说罗贯中笔下董卓掉脑袋前发生的事。

吕布的老乡李肃带着诏书去郿坞见董卓,董卓一听宣自己进京是接受皇帝禅位,禁不住大喜:"吾夜梦一龙罩身,今日果得此喜信。时哉不可失!"董卓觉得自己的皇帝梦马上就要实现,能不"大喜"吗?当时的董卓可能把梦也当成现实了吧!临行前,董卓不忘跟90多岁的老母亲告别。董卓母亲显然比董卓清醒:"吾近日肉颤心惊,恐非吉兆。"后来的事实证明,董卓母亲的第六感觉更准确。但当时的董卓显然是单线思维,啥都要往好的方面附会:"将为国母,岂不预有惊报!"

郿坞是董卓劳民伤财修建的行宫,规模跟长安相仿,距离长安城二百五十里。董卓从郿坞到长安,这一路上经历了几件今天看来很不吉利的事。

"行不到三十里,所乘之车,忽折一轮,卓下车乘马。又行不到十里,那马咆哮嘶喊,掣断辔头。"车折轮,马断辔,应该不是经常发生的,所以董卓问同行的李肃,这是啥兆头。李肃附会说:"乃太师应绍汉禅,弃旧换新,将乘玉辇金鞍之兆也。"这显然是谎话,董卓居然"喜而信其言"。

读到这儿,我们感觉此时的董卓智商真低,跟杀猪猪大将军何进有一比了。

"次日,正行间,忽然狂风骤起,昏雾蔽天。"这算是异常的天气现象,类似我们今天说的沙尘暴。李肃给董卓的解释是:"主公登龙位,必有红光紫雾,以壮天威耳。"被皇帝梦冲昏头脑的董卓"又喜而不疑"。

作者特意写这些不吉利,其用意显然是在暗示董卓,此行凶多吉少!"多行不义必自毙",大概是上天也无法容忍董卓的作恶多端了吧!

经过一路跋涉,董卓到了长安,住进了相府。当天晚上,有十多个小孩子在城外反复唱着一首童谣,歌声悲切,微风将歌声送到了董卓的耳中:"千里草,何青青!十日卜,不得生!"这意思再明白不过了("千里草"是"董","十日卜"是"卓",童谣是说,"董卓,你活不了啦"),但董卓还是没有意识到。

第二天一大早,董卓入朝见皇帝,路上见到一个道人,"青袍白巾,手执长竿,上缚布一丈,两头各书一'口'字"。长竿上绑的是布,布的两头写了"口"(合起来是"吕"),这其实是点明了要董卓命的人是吕布。董卓不解其意,问李肃,李肃说这是个神经病,赶紧让将士赶走了道人,可能是怕董卓明白过来吧。

如果说前面的自然现象只是一种暗示、一种示警,那么童谣及道人长竿上的话,就再明确不过地给董卓下了死亡通知书。

执迷不悟的董卓就这样走到了王允精心为他设计的人生终点站,吕布"一戟直刺咽喉",李肃"早割头在手"。

罗贯中笔下的董卓之死还真是有趣!

蔡邕的是与非

有人用"七分史实,三分虚构"来评价《三国演义》,其合理之处在于这一评价揭示了《三国演义》这部演义小说的部分人物、情节源于《三国志》等史书,不合理之处在于《三国演义》毕竟是文学作品,而文学作品显然有别于历史著作,所以其虚构的成分远远超过"三分"。蔡邕,历史上确有其人,是蔡文姬的父亲,东汉名臣,文学家,书法家。《三国演义》中的蔡邕则与历史人物相去甚远。

蔡邕的出场在《三国演义》第四回,只有寥寥几句。

董卓废少帝,立九岁的陈留王为帝,是为献帝,改年号初平。为收买民心,董卓的女婿李儒劝董卓选拔任用一些有声望的人,这时李儒推荐了蔡邕。董卓派人送去任命文书,无意于仕途的蔡邕没有接受。身为相国的董卓大发其火,派人对蔡邕说:"你可想清楚了,你如果执意不来做官,我会杀掉你家所有人!"这下蔡邕害怕了,只得勉为其难来到京城。董卓一见蔡邕,就喜欢上了,一个月的时间给他升了三次官,后来任命蔡邕做了侍中,对其礼遇有加。

蔡邕第二次也就是最后一次出场,是在小说第九回。

司徒王允巧设连环计除掉了董卓,王允大摆筵席庆祝胜利。忽然有人报告,有人趴在董卓尸体上哭。王允听了大怒:"董贼被杀,百姓无不拍手称快;这是什么人,这样大胆!"就让武士将其捉来。不一会儿,这个大胆的人被带来了,众人一看,大吃一惊:原来此人正是侍中蔡邕!王允呵斥道:"今日铲除逆贼,是国家的大幸,你是汉朝的臣子,不为国家庆幸,反而为奸贼哭泣,这是为什么?"蔡邕解释道:"我虽然没什么才能,但我明白何为大义,怎么可能背叛国家偏袒董卓呢!只是因为董卓对我有知遇之恩,所以哭他一场。希望大人原谅,倘能黥首刖足,让我写完汉史,来将功折罪,就是我最大的幸运了。"太傅马日䃅悄悄劝王允说："蔡邕是天下奇才，如果让其写完汉史，实在是件盛事。况且他素以孝行闻名，今天突然杀了他，恐怕会失去民心。"王允哪里听得进去，说："以前孝武皇帝就因为没有杀司马迁，让其写史书，才使得诽谤朝廷的书流传世上；当今国运衰微，朝政错乱，绝不可让奸邪谄媚的臣子在幼主旁边写文章，令我们蒙受毁谤议论。"于是下令将蔡邕下狱并缢死。一代大学者就这样被权臣以"冠冕堂皇"的理由杀害了。当时的士大夫听说这件事，都为之流下眼泪。

对于蔡邕的行事及结局，《三国演义》的作者这样评价：蔡邕之哭董卓，固自不是；允之杀之，亦为已甚。意思是，蔡邕哭董卓确实不对，但王允因此杀了蔡邕也有点过分。

从小说设置的情节看，霸道的董卓很欣赏、器重蔡邕；董卓被杀，蔡邕哭之，这也无可厚非。倒是王允容不得人，有些小题大做。太傅马日䃅的话有一定道理："王允其无后乎！善人，国之纪也；制作，国之典也。灭纪废典，岂能久乎？"

《三国演义》用一首诗小结了蔡邕的教训："董卓专权肆不仁，侍中何自竟亡身？当时诸葛隆中卧，安肯轻身事乱臣。""良禽择木而栖，贤臣择主而侍。"看来，做臣子的在选择主子时一定要慎重。

两百年后，李贽读到《三国演义》中的蔡邕哭董卓，提出了独到的看法："今人俱以蔡邕哭董卓为非，是论固正矣。然情有可原，事有足录，何也？士各为知己者死。设有人受恩桀纣，在他人固为桀纣，在此人则尧舜也，何可概论也？董卓诚为邕之知己，哭而报之，杀而残之，不为过也。犹胜今之势盛则借其余润，势衰则掉臂去之，甚至为操戈，为下石，无所不至者。毕竟蔡为君子，而此辈则真小人也。"

士为知己者死，李贽认为蔡邕哭董卓是出于对知己者的感念，情有可原。比起那些趋炎附势的小人，蔡邕才是真正的君子。或许，蔡邕少了一般人的圆滑，但其做人的本真，正是他身上宝贵的品质。